書山有路勤為徑
學海無崖苦作舟

文經閣

書山有路勤為徑
學海無崖苦作舟

文經閣

Thick Face, Black Heart

厚黑學大全 肆

厚黑之道教戰篇

「厚黑」這個名詞古代沒有，但這種道理古今中外人人都見得到，有看見全體的，有看見一部分的，有看得清清楚楚的，有看得依稀恍惚的。因為所見到的形式千差萬別，所以擬定的名詞也就千差萬別。老子見到了，給它起名叫「道德」；孔子見到了，給它起名叫「仁義」；孫子見到了，給它起名叫「廟算」；韓非子見到了，給它起名叫「法術」；達爾文見到了，給它起名叫「競爭」；俾斯麥見到了，給它起名叫「鐵血」；他的信徒威廉見到了，起名叫「生存」。

李宗吾◎著

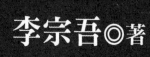

前言

俗話說：「世事洞明皆學問，人情練達亦文章」。人生在世，每時每刻都不離開與人打交道，待人處世與每個人的關係，猶如魚和水一樣，須臾不可分離。然而，世事紛繁，我們怎樣才能在越來越複雜的社會中站穩腳跟、呼風喚雨、左右逢源、一帆風順地使自己的人生更為完美呢？

世事如井水，如何探得其中深淺，最終達到如魚得水的境地，確實需要下一番功夫。而如果你知曉一些厚黑智慧，掌握厚黑處世的一些基本法則，在社會生活和待人處世中你才能圓潤通達、左右逢源，戰無不勝，得心應手。

「厚黑」這個名詞古代沒有，但這種道理古今中外人人都見得到，有看見全體的，有看見一部分的，有看得清清楚楚的，有看得依稀恍惚的。因為所見到的形式千差萬別，所以擬定的名詞也就千差萬別。老子見到了，給它起名叫「道德」；孔子見到了，給它起名叫「仁義」；孫子見到了，給它起名叫「廟算」；韓非子見到了，給它起名叫「法術」；達爾文見到了，給它起名叫「競爭」；俾斯麥見到了，給它起名叫「鐵血」；他的信徒威廉見到了，起名叫「生存」。

長期以來，談起厚黑學，人們一直存在一個誤區，認為厚黑學中的理論只是教人如何做到臉厚心黑，是惡的源頭。一切事物都具有其兩面性，譬如刀刃，它既可以用來切割物品，助人一臂之力，同時也可以用來傷害人，殘害生命。然而，厚黑學並非是教人作惡的洪水猛獸，而是教我們如何在當今複雜的社會中安身立命，為人處事的法寶。它是一種謀心之學，關鍵在於人們如何去運用它。厚黑學的運用完全在於人內心的需求，即人們運用它來達到什麼樣的目的。如果我們把它用在好的一方面，我們在處理職場、愛情、人際關係等方面的問題就處理的更加理智、更為科學。

厚黑學並不神秘，人的日常交往中皆可體現厚黑學的運用價值，厚黑學的運用會讓人在處世為人中左右逢源遊刃有餘。

所謂「厚」，並非只是臉厚，而是隱忍、寬厚與醇厚，它要求我們為人處事要有「厚」的誠心，用誠意和寬容之心去對待人，你才能遊刃有餘，應對自如，否則你就很難與他人友好相處，更不可能廣結人脈，為己所用。由此可見，為人處世確實要有「厚」的功夫。如果你為人內向靦腆，不能忍受那些在處世交往中的屈辱，過於顧及自己的虛榮之心，你就不能夠與朋友和敵人相處，更不可能抓住適當的機會來顯示自己。既使你本身的才智再出眾，也會淹沒在芸芸眾生之中，那是非常可惜的。

所謂「黑」，並非讓你不擇手段、放棄道德，去做只對自己名利有益的事情，也不是強調用陰謀詭計去陷害和算計別人，而更多地包含了處事為人的種種計謀和智慧，也包含了保護自己、認清他人的深刻內涵。社會複雜，人心叵測，常言道「防人之心不可無」，運用「黑」的智慧，可以防禦別人的圈套陷阱，達到保護自己的目的。

所以，我們要對厚黑學中所謂的「厚」與「黑」要有正確的認識和理解：「厚」是一種交往態度，而「黑」則是一種處事態度。

當今社會，既是競爭的社會，更是鬥智的社會。誰要想充分實現自我的價值與品質，誰就要擁有較別人更多的智慧與韜略。你是願意做一個智力上的弱者，還是努力在智力較量中斬將奪關，決勝千里呢？相信每一個渴望取勝的人都能從《厚黑學智慧大全集》一書中找到自己的答案。本書把厚黑學的智慧全面地滲入社會生活的方方面面：教你如何使用計謀；教你做人做事的智慧；教你如何走上成功之道……願讀者諸君能夠有所悟，有所得，並對您在社會上輕鬆自如地行走有所裨益。

編者

第一篇 厚黑之道

第一章 空道：敷衍推諉，明哲保身

厚黑之道一：凡事留餘地

厚黑真經

俗話說：「過頭飯不可吃，過頭話不可講。」在待人處世中，萬不可把事做絕，要時時處處為自己留下可以迴旋的餘地。就像行車走馬一樣，你一下跑到山窮水盡的地方，要想再調頭就不容易，你留有一些餘地，調頭就容易多了。

厚黑妙用

一個青年到河邊釣魚，遇到一捕蟹老人，身背一個大蟹簍，但沒有上蓋。他出於好心，提醒老人說：「大伯，你的蟹簍忘記蓋上了。」

老人回頭看了他一眼，微微一笑：「年輕人，謝謝你的好意。不過你放心：蟹簍可以不蓋。要是有蟹爬出來，別的蟹就會把牠鉗住，結果誰都跑不掉。」

聽完老人的回答，年輕人感慨良多。我們再來看一個與此截然相反的例子：

某地發生大地震，有個小煤礦的工人誰也不甘落後，爭先恐後往外擠。由於坑道口太小，結果誰也無法逃生。而在另一個小煤礦裡，隊長當時很鎮定，他大聲喊道：「大家不要擠！一個一個來。」他自己不急於逃生，而是留在後面指揮。結果二十多個礦工全都安全逃了出來，他自己也脫離了險境。

給人留路，給己鋪路。如果你不給別人機會，最終將是自斷生路，不會有長遠的發展。

獅子發現了一隻小鹿，便兇狠地向牠撲去。小鹿見狀，撒腿就跑，不料慌忙之中，掉入了一口井裡。井口離地面很高。小鹿在井水裡拚命撲騰著，想跳到地面上來。

獅子跑了過來，見狀便撿起一根木棍，趴在井邊，使勁地搗井中的小鹿。小鹿逃生不得，情急之中緊緊地抱住了木棍，想抓住木棍爬上來。獅子大為惱火，牠拚命往回抽木棍。想擺脫小鹿，哪知小鹿卻死死抓住木棍不放。獅子急了，為了抽回木棍，牠便把身子往前傾了傾，卻沒想到身體失重，自己也掉進了水井裡。

任何時候都要給別人留有餘地，即使是敵人，也不要將其置於死地。為人處世，應有一顆寬容的心，得饒人處且饒人。如果做事太過分，沒有分寸，只想著把對手往懸崖下逼，那麼，先掉下懸崖的往往是你自己。

《宋稗類鈔》一書中有這樣一個故事：宋朝有個名叫蘇掖的常州人，官至州縣監察官。他家中十分有錢，但非常吝嗇，常常在置辦田產或房產時，不肯付足對方應得的錢。有時候，為了少付一分錢，他會與人爭得面紅耳赤。他還趁別人困窘危急之時，壓低對方急於出售的房產、地產及其他物品的價格，從而牟取暴利。

有一次，他準備買下一戶破產人家的別墅，竭力壓低房價，為此與對方爭執不休。他兒子在一旁看不下去了，忍不住發話道：「父親，您還是多給人家一點錢吧！說不定將來哪一天，我們兒孫輩會出於無奈而賣掉這座別墅，希望那時也有人給個好價錢。」蘇掖聽兒子這麼一說，又吃驚又羞愧，從此有所醒悟，有所改變了。

留三分餘地給別人，就是留三分餘地給自己。為人處世中，我們不能只考慮眼前的得失，考慮到以後的生存和發展才是最明智的選擇。

嵇鶴齡曾給胡雪巖講過一個故事：

蘇州有一家很大的乾貨行，叫方裕和。從兩年以前就開始發生貨物失竊走漏的事情，而且丟的都是燕窩、魚翅等貴重的海貨。知道了這件事後，方老闆不動聲色地查訪，經過了很長時間才弄清楚，原來是他最信任的夥計夥同漕幫的人，將店裡貴重的貨物弄出去以後，運到外面去，經過了水路的週轉，之後再出售。難怪方老闆在本地並沒有找到可疑的贓貨。

在方老闆的逼問之下，那個夥計終於承認了自己的偷竊行為。按照普通人的做法，那個夥計一定會在賠償店裡的損失以後被開除，可是方老闆沒有那麼做，他覺得一個人在兩年之內沒有讓他找到蛛絲馬跡，也是一種本事，而且這件事牽扯較大，如果深究下去，一定要開除一批人，也不利於自己店面的營運，所以就沒有讓那個夥計「走路」，反而給他升了職，還加了他的薪水。那個夥計感恩圖報，就再也不幹偷貨的事了。

這種做法，胡雪巖覺得做得相當漂亮了。可是，他覺得還有一點不足，就是不應該跟那個夥計說明他的偷竊行為已經被老闆知道了。「一發現這個人不對頭，就請他走路，這是普通人的做法，最好是不下手則已，一下手就叫他曉得厲害，心生佩服。」胡雪巖的理由是，做賊的，一定不能被拆穿，一旦拆穿了，就會留下痕跡，以後不管怎麼做，心理總會有一點不舒服。所以，最好的辦法就是不動聲色，還給他加薪升職，專門讓他負責查處丟貨一事。胡雪巖就是用這種方法對待他店裡的夥計朱福年的。

朱福年利用東家的錢「做小貨」，這事很快就被胡雪巖查清楚了。可是，胡雪巖並沒有知會朱福年，而是讓他感到自己的「把柄」似乎已經落在了東家的手裡，可是又好像沒有實情。胡雪巖給了他補過的機會，讓他核對年底的帳目，等於明確告訴他，只要盡力，他仍然有機會得到重用。朱福年瞭解了東家的心思，對胡雪巖感激不盡，徹底服帖了。

俗話說：「人怕破臉，樹怕扒皮。」人做了壞事，如果被戳穿了，即使沒有給予處罰，心中也會留下疙瘩，日後也沒有辦法安心地與老闆相處。他會因為害怕老闆不信任而畏首畏尾，沒有辦法放開手去做工作。這樣，等於是老闆的損失。所以，做事情要多考慮別人的想法，給對方留有餘地，才能讓他因為感恩而對自己更加死心塌地。這正如李嘉誠所說的：「凡事都留個餘地，因為人是人，人不是神，不免有錯處，可以原諒人的地方，就原諒人。」

厚黑之道二：兩面要三刀

厚黑真經

當處於矛盾的夾縫中時，最好保持中立的態度，盡量做到左右逢源，誰都不得罪。萬一不行的話，就厚起臉皮，硬起心腸，看準哪一方勢力大，別管原來關係如何，毫不猶豫地投入力量強大一方的懷抱，先撈到眼前的實惠再說。

厚黑妙用

清末民初被人稱為三朝元老的徐世昌在慈禧掌權時，他曾做過軍機大臣；載灃當政時，他做過郵傳尚書；袁世凱任總統時，他做過國務總理；段祺瑞執政時，他做過總統。為什麼他能永遠屹立不倒、大紅大紫呢？

袁世凱死後，北洋軍閥分裂，一派是皖系，以段祺瑞為首；一派是直系，以馮國璋為首。徐世昌則不屬於任何一個派系。

一九一七年，張勳復辟失敗，黎元洪下臺，馮國璋繼任大總統，段祺瑞任政府總理。馮、段兩人貌合而神不合，雙方誰也不買誰的帳，雖說段祺瑞把持著政府，掌握實權，但據此想把馮國璋當作黎元洪一樣成為他操控的機器，是不可能的。馮國璋同樣也處處拆段祺瑞的臺。

段祺瑞對南方用兵，想統一天下，派皖系軍人傅良佐入主湘中，而馮國璋則指示直系軍隊不戰而退，使皖系軍隊失利。

馮國璋與段祺瑞之間的關係日趨惡化，梁士怡請徐世昌出面調解，徐世昌說：「往昔府院明爭，我能解；今乃暗鬥，我沒辦法，做不到。」他不想得罪任何一方。

南北雙方再戰，北洋軍直系的後起之秀吳佩孚一路取勝，一直打到衡陽。但不久，吳佩孚就通電主和，公開攻擊段祺瑞的「武力統一」政策「實亡國之政策」。

為了倒馮，段祺瑞表示要與馮國璋同時下野，這樣給馮國璋一個面子。

正在雙方鬥得不可開交時，徐世昌卻當選為「中華民國」總統。

有人說這是「鷸蚌相爭，漁翁得利」，有人說徐世昌的總統是撿來的。但不管怎麼說，他終歸是總統。徐世昌做官時間長，對上層的鉤心鬥角瞭解最深。所以他做官盡量避免捲入政治鬥爭的漩渦，對官員們能保則保，能幫則幫，是個「大好人」。

例如，徐世昌是一九〇五年進入軍機處的，在軍機處時，他也行「中庸」的做官之道。

軍機大臣當時是慶親王奕劻，他與袁世凱關係密切，當時與奕劻和袁世凱對立的是瞿鴻機。瞿鴻機與袁世凱、奕劻對立，對徐世昌卻頗有好感，他「獨信徐世昌，謂其謹厚」。另一位軍機大臣鹿傳霖，又以鄉誼與徐世昌親近，因此徐世昌在軍機處頗為得意。

徐世昌與瞿鴻機親近，與袁世凱更近，在清末著名的「丁未政潮」中，岑春煊對慈禧痛言奕劻貪黷誤國，要求罷免奕劻，但後來奕劻卻保住了自己的權位，還與袁世凱一起反擊，結果岑春煊被罷職。而徐世昌為保奕劻是出了大力的。

徐世昌不得罪奕劻，也不得罪瞿鴻機。奕劻和袁世凱商議，以瞿鴻機當時兼領外務部尚書為由，派他出洋，他自然無法推卸，只能離京啟程。奕劻、袁世凱讓徐世昌在軍機處提出此議，瞿鴻機聽了徐世昌的話，一下子就明白了，他說：「我老了，不能遠涉重洋，還是讓年富力強的人去吧！」徐世昌隨機應變，立即改為自請成行，給了瞿鴻機一個臺階下，瞿鴻機對徐世昌十分感激。

後來，徐世昌見上層鬥爭太激烈，難以應付，就請調東北三省總督，遠離了官場激烈鬥爭的漩渦。

一九〇八年，光緒、慈禧相繼去世，溥儀入繼大統，其父載灃做了攝政王。

載灃為了打擊北洋勢力，將袁世凱開缺「回籍養痾」。徐世昌在此危急關頭，急流勇退，採用以退為進的方法，疏請開缺，清廷卻以他向來辦事認真為由駁回了他的辭職申請。

不久，徐世昌離開東北，入京就任郵傳部尚書。

一九一〇年，載灃又提任徐世昌任軍機大臣，授體仁閣大學士，享受了清代文臣的最高榮譽。

一九一一年十月十日，武昌起義爆發，清政府派北洋軍前去鎮壓，但北洋軍「只知有宮保（袁世凱），不知有朝廷」，因而作戰不力，很快南方各省紛紛獨立。

這時，精明的徐世昌看到，這是一個不可多得的歷史時機，必須靠他的密友袁世凱出山，收拾殘局，於是他開始加緊活動。後來有人說，袁世凱下野後，徐世昌是他在北京的「靈魂」，此話有一定的道理。

但不管怎麼說，徐世昌卻是由科舉之路，靠「中庸之道」，左右逢源，一帆風順，在仕途上飛黃騰達的。雖說有些做法頗具兩面派的意味，但宦海風波，惡浪滔天，如果沒有一點心機，光憑做個老好人，是難以生存下去的。

既然抵不過大風的威力，倒不如乾脆做一棵隨風而倒的牆頭草，隨風而動，看似柔弱實則堅韌，懂得因時、勢而變通，才能不被攔腰折斷。這才是在風雲詭譎的人生路上的自我保全之法。

厚黑之道三：好人自己做

厚黑真經

將不得人心的事情假手於人，而將施恩分惠的事情留給自己親自來辦——總之一句話，好人一定要自己來當。只有這樣，在待人處世中，我們才不會因為得罪人而增加自己成功道路上的阻礙，才能一路亨通，不會遇到發展的阻力。

厚黑妙用

山頂住著一位智者，他鬍子雪白，誰也說不清他有多大年紀。男女老少都非常尊敬他，不管誰遇到大事小情，他們都來找他，請求他提些忠告。

但智者總是笑瞇瞇地說：「我能提些什麼忠告呢？」

這天，又有年輕人來求他提忠告。智者仍然婉言謝絕，但年輕人苦纏不放。智者無奈，他拿來兩塊窄窄的木條，兩撮釘子：一撮螺絲釘，一撮鐵釘。他還拿來一個錘子，一把起子，他先用錘子往木條上釘直釘，但是木條很硬，他費了很大勁，也釘不進去，倒是把釘子砸彎了，不得不再換一根。

一會兒工夫，好幾根釘子都被他砸彎了。最後，他用鉗子夾住釘子，用鐵錘使勁砸，釘子總算歪歪扭扭地釘到木條裡面去了。但他還是前功盡棄了，因為那根木條裂成了兩半。智者又拿起螺絲釘、起子和鐵錘，他把螺絲釘往木板上輕輕一砸，然後改用起子擰了起來，沒費多大力氣，螺絲釘鑽進木條裡了。而剩餘的螺絲釘，還是原來的那一撮。

智者指著兩塊木板笑了笑：「忠言不必逆耳，良藥不必苦口，人們津津樂道的逆耳忠言、苦口良藥，其實都是笨人的笨辦法，硬碰硬有什麼好處呢？說的人生氣，聽的人上火，最後傷了和氣，好心變成了冷漠，友誼變成了仇恨。我活了這麼大年紀，只有一條經驗，那就是絕對不直接向任何人提忠告。當需要指出別人的錯誤時，我會像螺絲釘一樣婉轉曲折地表達自己的意見和建議。」

與人的交流是存在一定的技巧的。比如我們看到了別人身上的錯誤和缺點，但是不能直接指出來，而應該給予適當的暗示。被批評的人，不會希望自己不光彩的事情被公諸於眾，所以能夠顧及他人的面子，又能夠及時地指出他人的缺點和錯誤，才是最明智的。如果我們想不到很好的方法來指正，那麼就不要輕易說出口，做一些得罪人卻不討好的事情。只有這樣，我們才不至於在與人交往的過程中，扮演「壞人」的角色。

俗話說，「傷人一堵牆」，如果得罪了人，說不準什麼時候就會堵住自己發展的道路。所以在官場中，做事情一定要讓自己做好人，把不好的事情留給別人去做。只有這樣，我們才能一路亨通，不會遇到發展的阻力。

清軍與太平軍的戰場拉到了杭州附近，清軍大舉進入杭州城，為了買通清軍將領蔣益豐。胡雪巖曾答應給他十萬兩銀子，以便讓他約束自己的軍隊，不要讓軍隊為了糧餉的爭奪而傷害了百姓。隨後，胡雪巖順便問了一句：「您的糧臺在哪裡？」

「浙江的總糧臺。我的小糧臺在瓶窯。」

「那麼藩庫呢？」胡雪巖又問。

「藩庫？」蔣大人笑道：「我沒有藩庫。」

胡雪巖趕緊上前說：「大人手下那麼多精兵，卻沒有一個藩庫，那不是所有的事情都要去糧臺辦理嗎？如果有人想要給大人捐獻軍餉，豈不是也找不到門路？」

蔣益豐一聽，覺得很有道理，可是一時之間怎麼才能建起藩庫來，也是一個撓頭的問題。胡雪巖趁機給他講解了錢莊代理的好處，說以前阜康錢莊就是代理浙江藩庫的。但是，當時阜康錢莊已經倒了，如果再立起來，恐怕會牽扯原來的借貸問題。所以，不如將阜康改名為阜豐，代理蔣大人的藩庫，替大人排憂解難。

蔣益豐說：「不管是阜康，還是阜豐，我都只信得過胡兄你這個人啊。」於是，他很快與胡雪巖達成了協定，想要藉由貼告示的方式宣告天下，從此蔣益豐的藩庫就由胡雪巖全權代理了。

這時，胡雪巖問蔣益豐說：「大人，來辦事的人，什麼款該出，什麼款不該出，是不是能給我個暗號？」

蔣益豐一時糊塗了，還是身邊的侍從提醒了他：「大人，做當家人很難，有時候誰都會來找大人辦事，要糧要餉更是在所難免。如果不答應給，就會讓大人難做，如果答應給，恐怕又給不過來。胡觀察使想要個暗號，大人就儘管答應，該給的還是不該給的，胡觀察使就會按照您給的暗號兌現。」

「啊！」蔣益豐恍然大悟，「我懂了。我也一直在為這事傷腦筋呢。都是跟我一起出生入死的兄弟，欠了誰的糧餉都不好，可是人一多了，我就弄混了，什麼人該給，什麼人不該給，就批亂了。弄得後來不該給的倒給了，該給的卻領不到糧餉。糧臺也總找我訴苦，可是我也沒辦法。現在好了，『好人』由我來做，『壞人』就由別人來做。雪巖兄，你就說用什麼暗號吧！」

胡雪巖趕緊跟大人解釋說，「暗號要經常換，不然就會被人察覺。先定一個簡單的方法，大人在案頭上寫『豐』字就是全給，寫『益』字就是給一半，寫全名就是不給。大人儘管批，下面的總會想辦法搪塞過去的。」

胡雪巖的一席話，說得蔣益豐心花怒放。其實，這樣的方法在很多當官的身上都有所應用。官場中總要得罪人，把一些得罪人的事情交給下屬去做，「好人」則由自己來當，是每一個熟諳世事的官員必用的手段。

厚黑之道　四：正話要反說

厚黑真經

在待人處世中，直言直語是一把傷人傷己的雙面利刃。因此，明明對某人某事不滿，也不要直接進行攻擊，而是指桑罵槐（漂亮的別名叫「春秋筆法」），採用迂迴的方式表露自己的意願，拐個彎點到為止地說。

厚黑妙用

有個人在朋友家作客，天天喝酒，住了很久還沒有啟程之意，主人實在感到討厭，但又不好當面驅逐。

一次兩人面對面坐著喝酒，主人講了這麼一個故事：「在偏僻的路上，常有老虎出來傷人。有個商人販賣瓷器，忽然遇見一隻猛虎，張著血盆大口，撲了過來。說時遲，那時快，商人慌忙拿起一個瓷瓶投了過去，老虎不離開，又拿一瓶投了過去，老虎依然不動。一擔瓷瓶快投完了，只留下最後一瓶，於是他手指老虎高聲罵道：『畜生畜生！你走也只有這一瓶，你不走也只有這一瓶！』」

客人一聽，拔腿就走了。

主人明說老虎暗指客，這種暗示性的警告達到了逐客的效果，避免了主客的正面交鋒。對於某些人的愚蠢行為，通常應該直言不諱，立刻制止，然而，在某種特殊情況下對某些特殊人物，直接進行口舌交鋒，往往達不到你要的效果。此時，正話反說的說服手法就派上用場了。

有一次，齊景公的一匹愛馬突然病死，他遷怒於養馬人，下令將養馬人推出去斬首。在場的晏子聽後，略一思索，便跪到齊景公面前數落起養馬人的「罪狀」：「大王，您想處死養馬人，應該先讓他知道自己犯了什麼罪才行呀！現在讓我來列舉他的三條罪狀，請您聽一聽。」

齊景公點頭同意，晏子便對著養馬人高聲說道：「你為君王養馬，卻把馬養死了，這是第一條罪狀；

「而死掉的這匹馬，又是君王最喜愛的，所以又增加一條罪狀；

「因為馬的死，君王要處死你，這消息如果讓老百姓知道了，他們就會怨恨君王，讓鄰國知道了，他們就會看不起齊國，讓君王背上一個重馬不重人的惡名，這不是你的第三條罪狀嗎？

「你犯下如此三條大罪，應該處以死罪。」

齊景公聽完這些話，覺得晏子是處處衝著自己來的，遂有所醒悟地說：「把養馬人放了吧！別損害了我仁愛的名聲。」

晏子的話表面上處處順著景公的心意，口口聲聲數落馬夫的罪狀，而實際上字字句句都在諷刺齊景公，從反面申述齊景公的錯誤，點出殺掉馬夫的危害是「積怨於百姓，示愚於諸鄰」，勸其儘早打消這一念頭。

這種蘊含大義的弦外之音，齊景公畢竟還能聽得出，只好釋放了馬夫。

當一個上司要責備屬下時，也可以使用這種技巧。譬如，雖然你明明是要責備乙的不是，但你並不正面指責，而以指桑罵槐的方式來責備甲，因為此時你若是責備乙，乙的心裡必感到難受，對日後的改進不見得就會有效，何況你們兩人之間尚有一段距離。

但是為何又要責備甲呢？因平時你與甲之間已不存在隔閡，即使甲也犯了同樣的過錯而受到上司的指責，也不會感到十分在意。但是，因為當時乙也在場，他聽後心裡會想「原來這樣的過錯我也犯過」，於是乎你的目的便已達到。

而此時的乙也絕不會認為「反正這是別人的錯，不關己事」，反而會因為「原來上司是在說我，但他並不責罵我，反而責罵他人來顧全我的臉面」而感激不盡。

這種正話反說，指桑罵槐的指責方式，對下屬是很奏效的。它的好處在於不直接針對具體對象，然而透過故事的情境性，又能轉換出受眾對強調之物的感受性——所謂說的是那裡的閒話，指的其實是這裡的事情。

我們要特別注意，正話反說的指桑罵槐術不是一種常用的方法，只是在某些特殊的、偶然的場合。如果濫用此術去攻擊同事和朋友，只能導致眾叛親離的惡劣後果。

厚黑之道五：會說場面話

厚黑真經

生命不會從謊言中開出燦爛的鮮花，但說些無傷大雅的場面話卻是在這個變幻莫測的社會中生存下去的必需。一個人不可能完完全全地在別人面前表現最真誠的一面，正如一個人不能把別人說過的每一句話都信以為真一樣，場面話，總是可說不可信，一旦你違背了這條原則，善良便會退化為愚鈍，真誠也會成為傷害自己又危及他人的利器。

厚黑妙用

「場面話」是人性叢林裡的現象之一，而說「場面話」也是一種生存智慧，在人性叢林裡進出過一段時日的人都懂得說，也習慣說。這不是罪惡，也不是欺騙，而是一種「必要」。撇開道德的標準，謊言就是一種「智慧」，所以，有時說一些無礙於原則與是非標準的場面話，也是一個人在紛紜複雜的社會中立足的一種本能。

人一踏入社會，應酬的機會自然就多了，這些應酬包括作客、赴宴、會議及其他聚會等。不管你對某一次應酬滿不滿意，「場面話」一定要講。

什麼是「場面話」？簡言之，就是讓別人高興的話。既然說是「場面話」，可想而知就是在某個「場面」才講的話，這種話不一定代表內心的真實想法，但講出來之後，就算別人明知你「言不由衷」，也會感到高興。聰明人懂得：「場面之言」是日常交際中常見的現象之一，而說場面話也是一種應酬的技巧和生存的智慧。

一·學會幾種場面話

當面稱讚他人的話：如稱讚他人的孩子聰明可愛，稱讚他人的衣服大方漂亮，稱讚他人教子有方，等等。這種場面話所說的有的是實情，有的則與事實存在相當大的差距，有時正好相反，而且這種話說起來只要不太離譜，聽的人十有八九都感到高興。

當面答應他人的話：如「我會全力幫忙的」、「這事包在我身上」、「有什麼問題儘管來找我」等。說這種話有時是不說不行，因為對方運用人情壓力，當面拒絕，場面會很難堪，而且當場說會得罪人；對方纏著不肯走，那更是麻煩，所以用場面話先打發一下，能幫忙就幫忙，幫不上忙或不願意幫忙再找理由。

二·如何說場面話

去別人家作客，要謝謝主人的邀請，並稱讚菜餚豐盛可口，並看實際情況，稱讚主人的室內佈置。小孩的乖巧聰明……

赴宴時，要稱讚主人選擇的餐廳和菜色，當然感謝主人的邀請這一點絕不能免。

參加酒會，要稱讚酒會的成功，以及你如何有「賓至如歸」的感受。

參加會議，如有機會發言，要稱讚會議準備得周詳等。

說「場面話」的「場面」當然不只以上幾種，至於「場面話」的說法，也沒有一定的標準，要依當時的情況而定。切忌講得太多，點到為止最好，太多了就顯得虛偽。

總而言之，「場面話」就是感謝加稱讚，如果你能學會講「場面話」，對你的人際關係必有很大的幫助，你也會成為受歡迎的人。

但從另一個角度來講，如果別人在某些特定的場合、特定的際遇下對你說了一些場面話，作為聽眾的你千萬不可把這些場面之言當真。

當萍水相逢之人在你面前作出許諾時，不能被這一時的「善」意沖昏了頭腦，應保持理智，讓自己回到真實的生活軌道上來。

對於稱讚或恭維的「場面話」，你尤其要保持你的冷靜和客觀，千萬別因別人兩句話就樂昏了頭，因為那會影響你的自我評價。冷靜下來，反而可看出對方的用心。

對於拍胸脯答應的「場面話」，你只能持保留態度，以免希望越大，失望也越大，只能姑且信之，因為人心無法預測，你既然猜不出別人的真心，就只好抱持最壞的打算。要知道對方說的是不是場面話也不難，事後求證幾次，如果對方言辭閃爍、虛與委蛇，或避不見面、避談主題，那麼對方說的真的是「場面話」了！

俗話說得好，「蜜比醋更能吸引蒼蠅」，在社交場合，我們要學會說點場面話，給別人一點甜頭，但萬不可做被別人的場面話所吸引的「蒼蠅」，輕信別人的一時之言有時不是一種善良，而是一種愚鈍。

厚黑之道六：防患於未然

厚黑真經

《易經．繫辭》有這樣一句話：「君子安而不忘危，存而不忘亡，治而不忘亂，是以身安而國家可保也。」意思是說：君子在安逸時不敢忘記危險，在生存時不敢忘記滅亡，太平時不敢忘記動亂，因而能夠讓自身平安而國家也能夠保全。萬物發展有其規律，到極致時就會走向反面，到鼎盛時就會走向衰敗。熊熊燃燒之火，離快要熄滅的時候已經不遠了——而在火滅之前先點燈才是明智之人。

厚黑妙用

楚國的春申君黃歇，門下有三千門客，是戰國著名的「四公子」之一。當時楚國考烈王沒有子女，春申君就四處搜尋美女獻給楚王。當時有個趙國人，叫李園，他有個妹妹長得很漂亮。李園本想把妹妹獻給楚王，但是他臨時改變了主意，把妹妹獻給了春申君。

春申君寵幸這個美女，沒過多久，她就懷孕了。美人想到了一條妙計，和她哥哥偷偷商量後，對春申君說：「夫君，楚王跟您的感情真是好啊！」

春申君動情地說：「是啊，我和楚王的感情就連親兄弟也比不上。」

美人又說：「可是楚王沒有兒子，他死後只有讓自己的親兄弟做國君。新國君一定只重用自己身邊的人，哪輪得到您呢？而且您現在的地位這麼高，肯定有對楚王的兄弟不夠禮貌的地方，那您的處境豈不是更危險了嗎？」

春申君聽了，說：「是呀，可是又有什麼辦法呢？」

美女眨了眨眼睛，說：「辦法倒是有一個。我已經懷孕了，如果楚王現在喜歡上我，那我生下的孩子就可以當上國君。那您就不用擔心以後的前途啦。」

春申君照這個美女說的，把她獻給了楚王。美女果然很快就得到了楚王的寵愛。後來，這個美女在王宮生了一個男孩。隨後這孩子被立為太子，美女也就當上了王后。楚王又提拔她的哥哥李園當了高官。但是，李園是個有野心的人，他一來想奪取春申君的權位，二來也怕春申君洩露秘密，便在私底下養了許多殺手，計畫伺機殺他滅口。

此時的春申君還被蒙在鼓裡。他的一個門客朱英對他說：「您做楚國的丞相已經二十多年了，一人之下，萬人之上。有一天楚王死了，您就要輔佐年幼的太子，直到他長大成人。這是您的福氣，但這其中也可能隱藏著災禍。正所謂禍兮福之所倚，福兮禍之所伏。」

春申君沒有將他的話放在心上，滿不在乎地說：「我現在過得很好啊，至於將來，會有什麼不幸呢？」

朱英憂心忡忡地說：「李園一直想奪取您手中的權力，他早就偷偷養了許多殺手，只等楚王一死，便將矛頭指向您。這就是我說的災禍啊。不過，現在挽救還來得及，您只要先把我派到楚王的身邊，替您幹掉李園，先下手為強，免除您的後顧之憂。」

春申君聽了，哈哈一笑，拍拍朱英的肩膀說：「先生多慮了。我瞭解李園，他是個膽小、溫和的人，我又一直對他那麼好，他不會做出什麼對不起我的事。」

過了十幾天，楚考烈王死了。李園先到宮裡，安排殺手埋伏在宮門內。春申君匆忙進宮，剛走進宮門，李園的殺手就從兩旁殺出來。春申君還沒來得及喊救命，頭就被割了下來，連他的家人也沒能逃過這場血光之災。

戰國四公子之一的春申君就這樣被殺掉了，更為悲慘的是他可能到死也不知道是誰殺死他的，因為在他印象中，李園是膽小溫和且自己對其有恩的人。

春申君的主要悲劇，就在於他沒有認清李園這樣的小人，對他沒有防範，更沒有先下手為強的意識，最終導致了自己被殺的局面。從中我們知道，害人之心不可有，防人之心不可無。面對敵人，千萬不能掉以輕心，以君子之心度小人之腹，防患於未然才能使自己不受侵犯。

孫叔敖原來是位隱士，被人推薦給楚莊王，三個月後做了令尹（宰相）。他善於教化引導人民，因而使楚國上下和睦，國家安寧。

有位孤丘老人，很關心孫叔敖，特意登門拜訪，問他：「高貴的人往往有三怨，你知道嗎？」

孫叔敖回問：「您說的三怨是指什麼呢？」

孤丘老人說：「爵位高的人，別人嫉妒他；官職高的人，君王討厭他；俸祿優厚的人，會招來怨恨。」

孫叔敖笑著說：「我的爵位越高，我的心胸越謙卑；我的官職越大，我的欲望越小；我的俸祿越優厚，我對別人的施捨就越普遍。我用這樣的辦法來避免三怨，可以嗎？」

孤丘老人感到很滿意，於是走了。

孫叔敖按照自己說的做了，避免了不少麻煩，但也並非是一帆風順，他曾幾次被免職，又幾次復職。有個叫肩吾的隱士對此很不理解，就登門拜訪孫叔敖，問他：「你三次擔任令尹，也沒有感到榮耀；你三次離開令尹之位，也沒有露出憂色。我開始對此感到疑惑，現在看你的氣色又是如此平和，你的心裡到底是怎樣想的呢？」

孫叔敖回答說：「我哪裡是有什麼過人的地方啊！我認為官職爵祿的到來是不可推卻的，離開是不可阻止的。得到和失去都不取決於我自己，因此才沒有覺得榮耀或憂愁。況且我也不知道官職爵祿應該落在別人身上呢，還是應該落在我的身上。落在別人身上，那麼我就不應該有，與我無關；落在我身上，那麼別人就不應該有，與別人無關。我的追求是隨順自然，悠然自得，哪裡有工夫顧得上什麼人間的貴賤呢？」

孔子後來聽說了這件事，很感慨地說：「古代的真人，有智慧的不能使他意志動搖，美女不能使他淫亂，強盜不能劫持他，就是伏羲、黃帝也不配和他交遊。死和生對於人是極大的事情了，可都不能改變他的操守，何況是官職爵位呢？像他這樣的人，精神穿越大山無阻礙，潛入深淵也不會被水沾濕，處於卑微地位不會感到狼狽不堪。他的精神充滿天地。他越是給予別人，自己越是感到富有。」

孫叔敖後來得了重病，臨死前告誡兒子說：「楚王認為我有功勞，因此多次想封賞我土地，我都沒有接受。我死後，楚王為了回報我生前的功績，一定會封給你土地，你千萬不要接受富饒的土地。在楚國和越國之間，有個地方叫『寢丘』，這個地方土地貧瘠，而且名字很不好聽。楚國人信奉鬼神，越國人講求吉祥，都不會爭奪這個地方，因此這個地方可以長久據有它。」

孫叔敖死後，楚王果然要封給他兒子一塊相當好的土地，他兒子辭謝不受，只請求寢丘之地，楚王答應了他的請求。按照楚國的規定，分封的土地不許傳給下一代，唯有孫叔敖兒子的封地可以世代相傳。

很多人在利令智昏的時候往往沒有考慮到物極必反這一點，一旦犯錯了想要挽救時已經是不可能的事。最明智的選擇是要防患於未然，正如一堆燃燒的火，在它熄滅之前為自己點燈才能不至於迷失自我。

第二章 恭道：逢迎拍馬，有奶是娘

厚黑之道七：假話要真說

厚黑真經

通常情況下，在待人處世中都講究要真誠待人，說假話最要不得。然而《厚黑學》卻不這樣看，不僅鼓勵人們要說假話，而且要善於把假話當成真話來說。雖然實際情況也許和你說的有距離，但這無關緊要。只要你厚起臉皮，把一些恭維的假話當成真話來說，效果肯定會不錯。

厚黑妙用

有一位女主管，快五十歲了，但是保養得不錯，看起來比實際年齡要小一些。於是這天一個下屬在跟她聊天的時候說道：「我剛見您的時候，您看起來也就三十歲左右的樣子。我還想著既然當了這麼高職位的上司，怎麼也得有三十五歲了吧。後來才……」女主管非常高興，過段時間就把這位下屬升了職。

哪個女子不喜歡別人誇自己漂亮！即使一句誇獎漂亮的「假」話，只要能「真」說，也能把她們感性的一面大大激發出來。這對誇獎她們的人來說自然是有好處的。

以買衣服為例，當一個女顧客在服裝店試穿一件衣服，還在那裡猶豫著不知道買不買時，營業員發話了：「啊，真漂亮！穿起來非常合身，既樸素又大方，簡直是為你訂做的！」這時，她就會滿心喜歡，不再那麼猶豫，很可能爽快地買下這件衣服。

有時，為了避免恭維奉承之嫌，我們也可以借用第三者的口吻誇女性漂亮的地方。例如說：「你真是漂亮，難怪某某一直說你看起來總是那麼年輕！」可想而知，對方必然會認為這不是在奉承她，而只是在承認並轉述他人的看法。在一般人的觀念中，總認為「第三者」所說的話是比較公正、實在的。因此，以「第三者」的口吻來誇獎，更能得到女性們的好感和信任。

愛聽恭維話是人的天性——不僅女性這樣，男人也如此。當聽到對方的吹捧時，他們心中就會產生一種莫大的優越感和滿足感。

竊國大盜袁世凱，日夜覬覦著蓄謀已久的皇位。有一次竟在白天進入夢中。一位丫鬟正好端來參湯，準備供袁世凱醒後進補，誰知不慎將玉碗打翻在地。丫鬟自知大禍臨頭，嚇得臉色蒼白、渾身打戰。因為這只玉碗是袁世凱在朝鮮王宮獲得的「心頭肉」，過去連皇帝也不願用來孝敬，現在化為碎片，這是殺身之禍；罪是無論如何也逃不脫的了。正當那位丫鬟惶惶不安時，袁世凱醒了，他一看見玉碗被打得粉碎，氣得臉色發紫，大吼道：「今天我非要你的命不可！」

丫鬟連忙哭訴著：「不是小人之過，有下情不敢上達。」

袁世凱罵道：「快說快說，看你編的什麼鬼話！」

丫鬟道：「小人端參湯進來，看見床上躺的不是大總統。」

「混帳東西！床上不是我，能是啥？」

丫鬟下跪道：「我說。床上……床上……床上躺著的是一條五爪大金龍！」袁世凱一聽，以為自己是真龍轉世，要登上夢寐以求的皇帝寶座了，頓時一陣喜悅從心中湧起，怒氣全消了，情不自禁地拿出五十兩黃金為丫鬟壓驚。

丫鬟在生死存亡關頭，透過一句恭維妙語，不僅免了殺身之禍，還得到了對方的獎賞。正是情急之下的恭維之語，迎合了竊國大盜袁世凱的「皇帝夢」的心理，才使這丫鬟由禍轉福，變危為安；倘若她不能投其所好，只是聽天由命的話，眼前就只有死路一條了。

恭維話人人愛聽，你對人說恭維話，如果恰如其分適合其人，他一定會十分高興，對你更有好感。最怪的是，越傲慢的人，越愛聽恭維話，越喜歡接受別人的恭維。有的人義正詞嚴，說自己不受恭維，願聽批評，其實這只是他的門面話，你如果信以為真，毫不客氣地率直批評他的缺點，他心裡一定不會高興。表面上雖然未必有所表示，內心卻是十分惱火，對於你的感情，只有降低，絕不會增進。

每個人都有希望，年輕人寄希望於自身，老年人寄希望於子孫。年輕人自以為前途無量，你如果舉出幾點，證明他的將來大有成就，他一定會十分高興，引你為知己；你如說他父親如何了不得，他未必感興趣，至多你說明他是將門之子，把他與他的父親一齊稱讚，才對他的胃口。但是老年人則不然，他自己歷盡滄桑，幾十年的光陰，並未達到預期的目的，他對自己，不再十分相信，不再有十分希望，他所希望的，是他的子孫。你如果說他的兒子，無論學問能力，都勝過他，真是個可造之才，雖然你是抑父揚子，當面批評他，他不但不會怪你，而且會十分感激你，口頭上雖連連表示不敢當，內心裡卻認為你是慧眼識英雄。可見說恭維話時對於對方的年齡，應該要特別注意。

對於商人，你如果說他學問好、道德好、清廉自守、樂道安貧，他一定不高興。你應該說他才能出眾、手腕靈活，現在紅光滿面，發財即在眼前，他聽了才高興。對於官吏，你如果說他生財有道，定發大財，他一定不高興，你應該說他為國為民、一身清正，他才聽得高興。對於文人，你如果說他學有根底，筆上生花，思想正確，寧靜淡泊，他聽了一定會很高興。總之，一句話，他從事什麼職業，你說什麼恭維話。

恭維話是博得人心的好方法，一些「假」的恭維話要學會「真」說，只要說到點子上，就能深入人心，與人打交道共事就輕而易舉了。

厚黑之道八：有奶便是娘

厚黑真經

有奶便是娘，這是許多歷史人物的經驗之談。想想也是，如果沒「奶」的話，無論其中有多少割捨不下的關聯，終究是要挨餓的，「有奶是娘」確實是厚黑學中最「現實」的東西。在這個社會上，人們所得到的利益大小與一個人的厚黑程度有關，也就是說，只有厚下臉皮，降低自己的尊嚴，去逢迎在某些方面比自己好的優越者，即使被逢迎者對自己傲慢無禮，也要厚臉相迎。因為這種「卑己尊人」正是待人處世中，能夠獲得豐厚回報的先期投資。

厚黑妙用

東漢時期，「改年號的拍馬術」已比「美人計謀」拍馬術又高出了一籌。漢平帝死後，王莽先是以挾皇帝擅政，不久便自己稱帝，建立起新朝。但是太后卻是死守著漢朝的封號不肯改變。王莽想來想去，拿不出什麼好主意來說服太后改號。正在為難之際，王諫上書說：「漢朝氣數已盡，新朝得立，實乃天命。」王莽看後非常高興，接著小史張永立刻奉上符命銅璧，上面寫著：「太皇太后當為新室太皇太后。」陰謀自是得逞。當然，拍馬者——即幫助他成就皇業的人自然也是「雞犬升天」。

唐玄宗開元二十八年，安祿山被封為范陽節度使。安祿山初次入朝，皇上命令太子與安祿山相見，安祿山對太子不下拜行禮。唐玄宗責問他，而他卻狡辯說：「臣子是胡人，不懂法度，不知太子是何官職？」皇上說：「是未來的皇帝。」安祿山說：「臣是愚笨之人，只知道有陛下，不知道有太子。」左右令安祿山趕快拜見太子，安祿山這才下拜。唐玄宗認為安祿山老實，忠君志誠，很是喜歡他。

安祿山入朝後，得知唐玄宗寵愛楊貴妃，就竭力巴結，他竟恬不知恥地拜比自己小十歲左右的楊貴妃為養母，每次入朝總是要先拜楊貴妃，再拜唐玄宗。唐玄宗有些不高興，他又辯解說：「臣子是番人，番人的習慣是先拜母親，再拜父親。」皇上明白過來後，更加喜歡安祿山。常言說得好：「戲法人人會變，各有巧妙不同。」安祿山的拍馬術可謂別出心裁。但是其目的還是萬變不離其宗：討主子的歡心。安祿山的「先母後父」拍馬術發揮了一舉兩得的效果。

有一天，安祿山向玄宗獻上一籠鸚鵡。玄宗問：「這隻鸚鵡從何而來？為何要獻給朕？」安祿山就騙他說：「臣前次征討奚契丹，路經北平，夢見先朝大臣李靖、李勣，向臣求食。臣想著他們曾為聖朝開疆拓土，勞苦功高，就向他們設祭獻食。忽然，這隻鸚鵡從空中飛來，站在祭壇上長鳴不飛。臣以為牠是隻吉祥鳥，就造了這個金籠子來餵養。經過一年的餵養，馴化，如今稍有薄技，臣因此才敢把牠呈獻給陛下。」唐玄宗聽了這話，半信半疑，瞅了瞅籠中的鸚鵡順口說：「御苑中雖然也養了一批鸚鵡，但都比不上這隻高潔。」

「謝萬歲恩獎！」原來，安祿山先教了一些讓這隻鸚鵡讚美皇上、貴妃的話，所以這時鸚鵡又高叫：「萬歲，萬歲，萬萬歲！」

玄宗聽到此聲，馬上非常高興，對左右侍臣說：「貴妃素愛鸚鵡，可宣她出來，一同玩賞。」左右領旨而去，一會兒裡面環佩叮噹，鸚鵡聞聲又叫道：「娘娘來了，妃子娘娘來了！」玄宗看著鸚鵡出神，安祿山的目光卻轉向那叮噹作聲處。

不一會兒，只見許多宮女，眾星捧月般地簇擁著一個天仙般的美人，姍姍而來。那麗人剛剛步出珠簾，卻又故意退後幾步，似作迴避狀。直至玄宗召喚：「愛妃，安大夫不是外人，妳出來吧！無須迴避。」楊貴妃才輕移蓮步，緩緩步出珠簾。與此同時，安祿山也裝腔作勢地向玄宗叩頭，請求退避，玄宗讓他留下，他才拱手肅立在殿階之下。

《厚黑學》認為，「無行到了極點，便可以無法無天，」待人處世上的無上心法便是「自甘墮落」，由此才能反襯出上司或者所求之人的高大，這是一種變相的吹捧，而且往往能取得意想不到的效果。「有奶便是娘」的做法確實是有辱自己的人格，所以很多人無法堅持到底。看來，這一策略是否管用，還要看你是否徹頭徹尾地做到臉厚心黑。

厚黑之道 九：巧灌迷魂湯

厚黑真經

當一個人聽到別人的恭維話時，心中總是非常高興，臉上堆滿笑容，口裡連說：「哪裡，我沒那麼好」，「你真是很會講話！」即使事後冷靜地回想，明知對方所講的是恭維話，但心底卻仍是甜蜜蜜的。每個人都喜歡聽合其心意的讚譽，因為這種讚譽，能給他們能力倍增、成就和自信的感覺。

厚黑妙用

袁枚是清朝著名的才子，他少年成名，剛過二十歲就被任命為某地知縣，赴任前，袁枚去老師那裡告辭。老師問他：「官不是那麼好當的，你年紀輕輕就做上了知縣，有什麼準備啊？」

袁枚說：「並未做什麼特別的準備，只是帶了一些高帽子，準備見人就送一頂，因為人人都喜歡戴高帽子啊！」

老師一聽，不高興了：「為官要正直，虧你還讀了那麼多書，怎麼也搞這一套呢？」袁枚馬上回答：「老師的話很對，可請老師您想想，當今這個世界上，像老師您這樣不喜歡戴高帽子的人，又有幾個呢？」

聽到袁枚這麼一說，老師馬上就轉怒為喜。於是，師生歡歡喜喜地告別了。

袁枚從老師的家裡出來後，感慨地說：「我準備的一百頂高帽子，還沒到任，就已經送出去一頂了。」

恭維他人、讚美他人就是一劑迷魂湯。人人需要恭維和讚美，因為這能滿足人的自尊心。愛聽恭維話是人之常情。其實，三教九流，古往今來，能有幾個人是從來都不喜歡戴高帽子的呢？這是因為，虛榮是人的本性，每個人都暗暗為自己的優點得意，並希望別人注意和讚美自己的優點。揀別人愛聽的、想聽的話說，迎合他的虛榮心，自然可博得對方歡心。

而在求人辦事的過程中，讚美和恭維則可以使人在感情上接近你，從而願意幫助你。

普迪南是馳名出版界的普迪南圖書公司的總經理。有一次，他為了使與出版界有密切關係的一個議案得以通過，在議會中頗費心機地進行遊說。但是當時他處在十分困窘的地步，甚至連他的法律顧問都對此事感到絕望。然而普迪南卻不氣餒，他獨自站在許多位高爵厚的人中間，而那些人正想阻止這條議案的通過。

普迪南首先從反對者之一——委員長柯皮頓入手。在謁見柯皮頓之時，普迪南自始至終稱呼柯皮頓為「鈞長」，稱委員會為「鈞會」，完全使用法庭的術語。

最終，依靠柯皮頓的力量，普迪南獲得了勝利。這個議案，終於呈交國會通過，成為一條法規。

普迪南採取的方法便是，把柯皮頓當作一位不偏不倚的審判官看待，將他高置在法座之上。

他終於以頌揚而獲得勝利。

恰到好處的頌揚，是一種行之有效的方法，它可以抬高別人的自尊心，獲得別人的善意幫助。成功的領袖，幾乎都是使用這一策略的高手。林肯便是一例。韋伯曾經告訴我們說：「揀出一件使人足以自矜並引起興趣的事情，再說一些真誠又能滿足他自矜和興趣的話，這是林肯日常必有的作為。」

林肯曾說：「一滴甜蜜糖比一斤苦汁能捕獲到更多的蒼蠅。」每個人都多少有點愛慕虛榮。各人有各人優越的地方，至少也有他們自以為優越的地方。在其自知優越的地方，他們固然希望得到他人公正的評價。但在那些想出人頭地而又不太自信的地方，他們尤其喜歡得到別人的恭維。那麼，這些恭維的「迷魂湯」應該如何「灌」呢？

恰當的恭維不等於耿直誠實、直來直往，也不是口若懸河、故弄玄虛，而應該是掂著對方的心理說，順著對方的感情說，摸著對方的好惡說。世有「順情好說話，耿直討人嫌」之說，對方愛什麼恨什麼，喜歡什麼反對什麼，都弄清了，說話也就有了方向，有了目標，有了依據。有時，要讓對方答應某一請求，直說不行，曲說反而成功了；正說不行，反說卻成功了。而人們辦事主要顧及的是目的，而不是怎麼說，只要能達到目的，怎麼說有效就怎麼說。所以，會說是非常重要的。而「花言巧語」正是會說的表現，只要不過分，不討人嫌惡，就能透過「花言巧語」辦成許多事。這裡所說的「花言」指的是把話說得美，說得好聽，說得感人、動人、悅人、怡人；「巧語」說的是把握的說話機會恰到好處。只要我們心中掌握各人性情的不同之處，便能區別對待，有的放矢，從而「巧灌迷魂湯」，把事情辦好。

厚黑之道十：求同要存異

厚黑真經

人與人之間交往，難免有意見相左的時候，如果事無巨細都要求有個絕對的結果，這樣就很難圓融待人。所以我們在與朋友交往過程中，在辦事過程中，可以把握求大同存小異的原則。

厚黑妙用

在現實生活中，朋友之間所處的環境不同，在經歷、教育程度、修養、性格等方面雖然是「同聲相應、同氣相求」，但也不盡相同，必然存在著一定的差距。這種差距，不應該成為友誼的障礙。友誼的長久維持應該是正確對待這類差距的結果。應該承認自己和朋友在對待事物方面的差距，適應這種差距，雙方可以有爭論，有辯解，但不可偏激，應在爭論中尋找兩個契合點，求大同，存小異。而事實上，有許多友情之所以中斷，就緣起於對一些小異的偏激爭執上。

所以當雙方都各執己見、觀點無法統一的時候，自己應該會把握自己，把不同的看法先擱下來，等到雙方較冷靜的狀態時再辨明真偽。也許，等到你們平靜的時候，說不定會相顧大笑雙方各自的失態呢。

而當你勝利的時候，你也應該表現出自己的大將風度，不應該計較剛才對方對你的態度。應該顧及到對方的面子，可以給對方一支煙或是一杯茶，抑或是向他求索一點小幫忙，這樣往往可以令他重返愉快的心理。這樣才可使朋友之間長期相知相交。

很多時候，很多人忽略了朋友的感覺，以為自己用某個理論或事實證明自己觀點的正確就一定能讓對方心服口服。而事實上不是這樣。

這樣看來，你雖然得到了嘴上的勝利，但和那位朋友的友情，卻從此疏遠了，甚至一刀兩斷。比較之下，你會不會覺得，當初真是有欠考慮，僅僅為了嘴上的勝利，而得罪了一個朋友——如果那位朋友較小氣，說不定他正在伺機報復呢！

有些人在和朋友翻臉之後，明知大錯已鑄成，也故作不後悔狀，還經常這樣認為：「這樣的朋友不要也罷。」其實這樣對你又有什麼好處？而壞處卻很快可以看到，因為和別人結上怨仇，你就少了一位傾吐心事的人。

這種現象我們應該盡一切可能去避免。圓融為人就要求我們能允許不同意見的存在。不僅在一些思想觀念上我們要求同存異，就是在具體的辦事過程中我們也要根據求同存異的原則，這樣才能有更多的思路把事情辦好，同時加深彼此之間的感情，以便日後進一步合作共事。

一般說來，豁達開朗之人比較寬容，能夠對別人不同的看法、思想、言論、行為以及他們的宗教信仰、種族觀念等都加以理解和尊重，而不輕易把自己認為「正確」或者「錯誤」的東西強加於別人。他們也有不同意別人的觀點或做法的時候，但他們會尊重別人的選擇，給予別人思考和生存的自由權利。有時候，往往是豁達產生寬容，寬容帶來自由。

胡適先生說過，「如果大家希望享有自由的話，應採取兩種態度：在道德方面，都應有謙虛的美德，每人都必須持有自己的看法，不一定是對的態度；在心理方面，每人都應用開闊的胸襟與相容並蓄的雅量來容忍與自己不同甚至相反的意見。」換句話說，採取了這兩種態度以後，你會容忍我的意見，我也會容忍你的意見，這樣相處起來就輕鬆自如了。

豁達並非等於無限度地容忍別人，開朗並不等於對於對己構成危害的犯罪行為加以接受或姑息。但對於個人而言，豁達往往會有更好的人際關係，自己在心理上也會減少仇恨和不健康的情緒；對於一個群體而言，寬容開朗，無疑是創造一種和諧氣氛的調節劑。因此，豁達寬容是增加親和力、建立良好人際關係的一大法寶。

沒有豁達就沒有寬容。無論你取得多大的成功，無論你爬過多高的山，無論你有多少閒暇，無論你有多少美好的目標，沒有寬容心，你仍然會遭受內心的痛苦。世界上最大的是海洋，比海洋更大的是天空，比天空更大的是人的胸懷。古今中外因豁達、開朗、寬容、謙讓的品德而獲得他人的友情、愛戴的例子數不勝數。

唐高宗時期有個吏部尚書叫裴行儉，家裡有一匹皇帝賜的好馬和很珍貴的馬鞍。他有個部下私自將這匹馬騎出去玩，結果馬摔了一跤，摔壞了馬鞍，這個部下非常害怕，因此連夜逃走了。裴行儉叫人把他招回來，並且沒有因此而責怪他。

有一次裴行儉帶兵打了勝仗，得了許多珍寶。他把這些有價值的珍寶拿出來給客人看，一個下屬在拖著一個直徑兩尺、很漂亮的瑪瑙盤出來給大家看的時候，一不小心，摔了一跤，把盤子摔碎了，他頓時害怕得不得了，伏在地上拚命叩頭以致流血。裴行儉笑著說：「你又不是故意的。」臉上並無可惜的樣子。

裴行儉沒有因自己的損失和難堪而大發雷霆，懷恨在心。相反，他都表現出寬宏大量、豁達開朗、毫不計較的美德和風度。結果他不僅沒有受到更多的損失、得到更多的難堪，反而在不知不覺中平息了糾紛，博得了別人的頌揚和愛戴。

因此，一個人只有豁達、開朗、寬容才能接受別人，善於與他人相處，能承認他人存在的意義和作用，他才能被他人所理解和接受，為集體所接納，與別人互相溝通和交往，人際關係也才會協調，才能與集體成員融為一體。合群的人，常常能夠與朋友共享快樂，表現出的積極態度總是多於消極的情感，即使在單獨一人時，也能安然處之，無孤獨之感。因為這種具有積極情感的人會感受到自己存在的價值，能夠對自己的能力、個性、情感、長處和不足做出恰當和客觀的評價，不會對自己提出苛刻的、不切實際的要求，能恰如其分地確定自己的奮鬥目標和做人的原則，努力發展自身的潛能，並不迴避和否認自己的缺陷，盡量用自己的樂觀情緒去感染別人。正是這些特點，才贏得大家的喜愛和認同。

學會豁達、寬厚待人，我們必須充分認識到以下幾點：

首先，豁達地對待他人，要認識到「人無完人」。比如，某某同學雖然成績好，口齒伶俐，但並不等於一好百好。「寸有所長，尺有所短」，她總有她的弱點，即使在她的長處方面，也總有比她強的人。她與人爭辯、吵架經常贏，偶然輸一次，本是生活中一件很正常的事，她卻沒有這方面的心理準備。因而以這次偶然的失敗為契機，導致她心理失衡，情緒一落千丈：出現明顯的擔心、惶恐的不良情緒。實際上，她在國三時已有過一次教訓，雖然老師幫她爬了起來，她卻只「吃一塹」，而沒有「長一智」。可見，在充滿競爭的社會生活中，要認識到「人無完人」，既要求自己不斷進步，又允許自己偶爾失敗，才能保持心理上的平衡。

與人相處必須做到得理也要讓人。同樣以上面的女同學為例。別人把她駁得說不出話來，她是那樣氣、那樣恨別人，將心比心，她次次把人逼得無話可說，別人會不恨她？所以，她在同學中的對立面太多，以致她出現不良情緒後，竟沒有人同情她、幫助她，反而乘機攻擊她，使她「沒有任何朋友」。她的教訓告訴人們，與人發生爭論、衝突時，只要占到了理，就應主動給人臺階下，給別人留點面子，這樣你不僅會在道理上戰勝別人，更會在情感上戰勝別人，贏得別人的信任和尊重。

再就是必須學會「寬容別人」。常常聽到有人說：「我恨死某某了。」這種憎恨心理對她的不良情緒產生了不可低估的作用。

一方面，她在憎恨別人時，心裡總是忿忿不平，希望別人遭到不幸、懲罰，卻又往往不能如願，陷入失望和莫名煩躁之中，使她失去了往日那種輕鬆的心境和歡快的情緒，攪得她心神不寧；另一方面，在憎恨別人時，由於疏遠別人，只看到別人的短處，言語上貶低別人，行動上敵視別人，結果使人際關係越來越僵，以致樹敵為仇。而且，今天記恨這個，明天記恨那個，結果朋友越來越少，對立者越來越多，嚴重影響人際關係和社會交往，成為「孤家寡人」。這樣一來，不僅負面生活事件的來源廣泛，而且承受能力也越來越差，社會支持則不斷減少，以致在她情緒一落千丈之後便一蹶不振。

憎恨別人，就如同在自己的心靈深處種下了一顆苦種，不斷傷害著自己的身心健康，而不是如己所願地傷害被憎恨的人。所以在別人傷害了自己，心裡憎恨別人時，不妨設身處地地考慮一下，假如你自己處在這種情況下，是否也會如此？

厚黑之道十一：打人不打臉

厚黑真經

人，往往可以吃悶虧，也可以吃明虧，但就是不能吃沒有面子的虧。所以在待人處世中，一定要學會給人面子。如果你是個只顧自己面子，卻不顧別人面子的人，那麼你總有一天會在「面子」上吃虧。

厚黑妙用

一家公司新招了一批職員，老闆抽時間與這批職員見個面。他按員工姓名表把新員工一個個叫起來認識一下。

「黃燁（華）。」老闆微笑著叫道。全場一片靜寂，沒有人應答。

老闆又念了一遍。

這時一個員工站起來，怯生生地對老闆說：「楊總，我叫黃燁（燁），不叫黃燁（華）。」

人群中發出一陣低低的笑聲。

老闆的笑臉不見了，臉上有些不自然。

一個精幹的小夥子忽然站了起來，解釋道：「請楊總原諒，我是新來的打字員，是我把名字打錯了。」

「太馬虎了，下次注意。」老闆揮揮手，接著念了下去。

之後不久，叫黃燁的那個員工被解雇了，而那個打字員則被提升為製作部經理。

在這樣的場合公然指出老闆的錯誤，還弄得「人群中發出一陣低低的笑聲」，太不給上司面子了，是可忍，孰不可忍。如果不是打字員出來打圓場，老闆的這個錯誤一定會成為大家茶餘飯後的笑談。所以提意見的新員工被解雇，打字員被提升也是情理之中的事。「人活臉，樹活皮」，作為上司更是如此。當上司的都常把面子看得非常重要，因此做下屬的應當處處想到給他留臉面，尤其是在眾人面前，不僅不能駁上司的臉面，還應處處維護其臉面，甚至能做到歸罪於己，會讓上司十分喜歡，今後會更尊重和重視你。

有一段時間，通用電氣公司遇到一項需要慎重處理的問題——公司不知該如何安排一位部門主管查爾斯的新職務。查爾斯原先在電氣部是個一級技術天才，但後來被調到統計部當主管後，工作業績卻不見起色，原來他並不勝任這項工作。公司上司層感到十分為難，畢竟他是一個不可多得的人才，何況他性格還十分敏感。如果激怒惹惱了他，說不定會出什麼亂子！經過再三考慮和協調之後，公司上司給他安排了一個新職位：通用公司諮詢工程師，工作級別仍與原來一樣，只是另換他人去接手他現在的那個部門。

對此安排查爾斯自然很滿意。公司當然也很高興，因為他們終於把這位脾性暴躁的大牌明星職員成功調遣，而且沒有引起什麼風暴，因為公司讓他保留了面子。

一家管理諮詢公司的會計師說：「除非不得已，我絕不輕易解雇他人，同時會盡量婉轉地告訴他：『湯姆先生，你一直做得很好（假如他真是不錯）。上次我們要你去油瓦克，那工作雖然很麻煩，而你處理得滴水不漏。我們很想告訴你，公司以你為榮，十分信任你，願意永遠支持你，希望你不要忘記這裡的一切。』如此，被辭退的人感覺好過多了，至少不覺得被遺棄。他們知道，如果我們有工作的話，一定會繼續留住他們的。要是等我們再需要他們的時候，他們也是很樂意再來效勞我們的。」

讓他人保全面子，這是十分重要的，而我們卻很少有人想到這一點！我們殘酷地抹殺了他人的感情，又自以為是；我們在其他人面前批評一位小孩或成人，找差錯，發出威脅，甚至不去考慮是否傷害到別人的自尊。然而，一兩分鐘的思考，一句或兩句體諒的話，寬容他人的過失，都可以減少對別人的傷害。

一九二二年，土耳其在經過長期的殖民統治之後，終於決定把希臘人逐出土耳其的領土。凱默爾對他的士兵發表了一篇拿破崙式的演說，他說：「你們的目的地是地中海。」於是近代史上最慘烈的一場戰爭開始了。最後土耳其獲勝，而當希臘將領前往凱墨爾總部投降時，幾乎所有土耳其人都對他們擊敗的敵人加以羞辱。

但凱默爾絲毫沒有顯出勝利的傲氣。「請坐，先生，」他說著，並握住他們的手，「你們一定走累了。」然後，在討論了投降的細節之後，他安慰他們失敗的痛苦。他以軍人對軍人的口氣說：「戰爭這種東西，最優秀的將領有時也會打敗仗。」

凱默爾即使是沉浸在勝利的極度興奮中，仍能做到照顧手下敗將的面子。這是多麼可貴的一種行動。

厚黑之道十二：待人勿知心

厚黑真經

每一個人都有自己的隱私，一般總是那些令人不快、痛苦、悔恨的往事。比如，戀愛的破裂，夫妻的糾紛，事業的失敗，生活的挫折，成長中的過去……這些都是自己過去的事情，不可輕易示人。隱私是一種個人的收藏品，因為再好的朋友也可能由於種種原因感情破裂，如果他瞭解了你的隱私，那麼屆時你的秘密可能人盡皆知；如果你瞭解了他的隱私，他必定又會對你心存芥蒂、百般防範。所以，讓他人瞭解自己的隱私和讓自己瞭解他人的隱私都有很高的危險係數，已經步入社會的你應該學會把與「隱私」有關的事物拒絕在心門之外。

厚黑妙用

我們每個人在自己的內心裡，都有一片私人領域，在這裡我們埋藏了許多心事。心事是自己的秘密，只可留給自己，千萬不要隨便說出口，也許它會成為別人要脅你的把柄。到最後，追悔莫及。

很多人有一個共同的毛病：心裡藏不住事，有一點點喜怒哀樂之事，總想找個人談談；更有甚者，不分時間、對象、場合，見什麼人都把心事往外吐。其實這也沒有什麼不對，好的東西要與人分享，壞的東西當然不能讓它沉積在心裡。要說可以，但不能「隨便」說，因為每個傾訴對象都是不一樣的，說心裡話的時候一定要有「心機」，該說則說，不該說千萬別說。

周平剛入職場時，懷著很單純的想法，像大學時代對朋友無話不說一樣，常將自己的一些經歷及想法毫不設防地對同事講。周平工作不久，就因出色的表現成為部門經理的熱門人選。可他曾無意中告訴同事，他的父親與董事長私交甚好。於是，大家對他的關注集中在他與董事長的私人關係上，而忽視了他的工作能力。最後，董事長為了顯示「公平」，任命一個能力和他差不多的職員為部門經理。

可見，如果他保護好自己的隱私，也許就能得到這個升職的機會。老闆們都欣賞公私分明的員工，敬業不僅意味著勤奮工作，更意味著以大局為重，不把私事帶到工作領域中來。同事畢竟是工作夥伴，他們不可能像家人那樣完全地包容你、體諒你。通常情況下，同事之間保持一種平等、禮貌的夥伴關係就可以了。而一些隱私性的東西，除埋在心裡之外，最好別拿出來示眾。

一定要把握好保護隱私的尺度，那麼到底什麼屬於要保護的隱私呢？

個人資訊可分為絕對隱私、非隱私、相對隱私三大類，前兩種較好把握。比如，會對工作產生重大影響的家庭背景、親人朋友關係、情感，會影響他人對你道德評價的歷史紀錄；與傳統相悖的生活方式，與上司、重要人物的私交等資訊，都是需要保護的絕對隱私。說話時，最好權衡利弊，全面考慮這些資訊在曝光後可能帶來的影響，以免造成不必要的麻煩。一件事在一個環境中說出來無傷大雅，但換一個環境則可能成為敏感「雷區」，這就屬於「相對隱私」。分清這類隱私，要先弄清你所處的環境。如何處理相對隱私呢？切記一點，千萬不要把同事當心理醫生。

你和最要好的朋友彼此交往愉快，能互相取長補短，那麼在一定時間內，你們還可以稱為是真正的朋友。然而一旦你們之間產生了利害衝突，就很難保證這段友誼不會變質，最恐怖的是，密友從你背後扎的一刀可能是最致命的，因為在那些親密接觸的日子裡，他早就掌握了你的「死穴」。

荀子在論人性時說：「人之性惡，其善者偽也。」固然有些偏激，但現實生活中的確要在與人打交道時謹慎小心，對朋友不妨多點戒心，考慮一些防患對策，為自己留些「逃生」的餘地，才不至於在事情發生之後追悔莫及。

人生從某種角度看也是一場戰爭。在這種戰爭中，為了求生存，必須要有慎重的生活方式和態度，這樣才不至於上某些人的當，吃大虧。

第三章 綳道：裝腔作勢，軟硬兼施

厚黑之道 十三：看人下菜碟

厚黑真經

投其所好，看人說話，對性格活潑者可以隨意調侃，開個玩笑什麼的也可以；對秉性拘謹而抑鬱者，則宜於推心置腹地促膝談心；對於性情耿直者，可以直言不諱，即使偶有失言，也無礙大事；而對於敏感多疑者則應掌握措辭的分寸，出言之前應三思，力求辭能達意。只要你這樣做了，定能獲得好人緣。

厚黑妙用

元世祖忽必烈是個孝子，一年，他母親莊聖太后病了，他遍求天下名醫，請來了曲沃縣祖傳醫師許國楨，許國楨精心調理，不久，莊聖太后的病就好了。忽必烈很是感激許國楨，就任他為大汗的私人醫生，管理太醫院的事情。

許國楨的母親韓氏，做得一手好菜，跟著兒子入朝後，毛遂自薦，做了莊聖太后的廚師，莊聖太后死後，她又給忽必烈掌勺，忽必烈山珍海味都吃厭了，總想換換口味，韓氏靈機一動，就用瘦肉切成長條，拿雞蛋麵糊裹了，先用油炸，然後清炒，做成一道酥脆可口、肥而不膩的好菜。忽必烈吃後讚不絕口，問道：「這叫什麼菜？」

韓氏說：「喇嘛肉。」忽必烈聽罷很解恨，原來，忽必烈的父親去世後，莊聖太后和一位喇嘛要好。喇嘛廟離莊聖太后的府第不遠，卻隔著一條河，很是不便。忽必烈為了讓母親高興，便在河上搭了一座石橋，給喇嘛開了方便之門。太后死後，忽必烈立刻把喇嘛給殺了，韓氏知道忽必烈恨死了這個喇嘛，就說那道菜叫「喇嘛肉」，果然博得忽必烈的賞賜。

忽必烈的正宮娘娘聽說韓氏手藝很高，便也請她露一手。韓氏知道正宮和西宮不和，因為西宮年輕漂亮，忽必烈十分寵愛她經常地誇讚，於是，韓氏將豬肝切成三角形薄片，裹了雞蛋麵粉，用油炸後再炒，端給正宮，正宮一嘗，又鮮又嫩，問：「這是什麼菜？」韓氏說：「炒肝尖。」這一下說得正宮舒坦極了，立即賜給她一對如意。

後來，西宮也要韓氏做菜，韓氏知道西宮為了保持苗條的身材，不吃雞鴨魚肉，便把豆腐切成方塊，用素油一過，炸成焦黃色，請西宮品嘗，西宮覺得可口，也問叫什麼菜。韓氏想，豆腐的顏色焦黃像虎皮，正好暗譏正宮狠毒如虎，就說：「這菜叫『虎皮豆腐』。」

從此以後，人們便把韓氏這種做法叫「看人下菜碟」。將此招用在拍馬屁上，收效顯著。

人的地位有高低之分，年齡有長幼之別，因而因人而異、突出個性的讚美比一般化的拍馬屁能收到更好的效果。老年人總希望別人不忘記他「想當年」的業績與雄風，和其交談時，可多稱讚他引為自豪的過去；對年輕人不妨讚揚他的創造才能和開拓精神，並舉出幾點實例證明他的確能夠前程似錦；對於經商的人，可稱讚他頭腦靈活，生財有道；對於知識分子，可稱讚他知識淵博、寧靜淡泊……這些都是恰如其分的。而如果誇一個中年婦女活潑可愛、單純善良就會不倫不類，弄不好會招致臭罵。讚美你的上司發家有方、日進斗金，恐怕升遷就渺茫了。

要拍馬屁，就要善於體察人心，瞭解對方的需要，有的放矢。比如營業員與顧客在商品品質、價格等方面爭執不下時，營業員改換話題，稱讚這位顧客真有眼光，這衣服款式是最新的，質料也好，特別暢銷。再誇她能說會道，真會砍價，我們這兒從沒這麼低的價錢了。顧客一定喜歡聽，不好意思再爭下去，說不定很快就買下來了。看吧，人的心理就是這麼奇怪。

要誇別人，應有一種「戰無不勝」的信心。人都是有弱點的，再謙虛，再不近人情，再標榜不喜歡聽甜言蜜語的人，其實都是喜歡別人拍馬屁的，但要恰如其分。

古時候有一個人非常善於拍馬屁。他阿諛奉承地過了一生，送了無數的高帽子給人戴。死後到了陰間，閻王親自審問他。

「你這人活了一世，只懂阿諛奉承，讓人不思進取，實在是罪該萬死。來啊，把他給我打下十八層地獄！」閻王怒氣沖沖地吼道。

「慢著，」那人不慌不忙地說道，「小人是該死，但小人奉承的都是那些有虛榮心的人。像大王您這樣英明神武、鐵面無私、沒有虛榮心的人是不會接受小人的高帽的。」

「還算你有眼！」閻王捻著鬍鬚哈哈大笑著說，「你投胎去吧！」

虛榮是人的天性，它希望被滿足的欲望是強烈的，我們與別人交流的時候可以先明白對方的虛榮所在，然後用一些恰當的馬屁去滿足這種虛榮，看人下菜碟，對方一定會非常受用。

厚黑之道 十四：藏頭勿露尾

厚黑真經

在與人交往的時候，切忌出風頭、搶鏡頭，要以「你比我強」的態度來對待別人。一個人之所以炫耀自己，就是希望自己得到別人的承認和重視，可是，人人都希望自己得到別人的承認，都希望自己比他人強。你的炫耀，其實也就是在抬高自己，降低別人。俗話說：己所不欲，勿施於人。既然你不希望別人顯得比你強，你也就不要顯得比別人強。你不願意與出風頭的人相處，你自己也就不要出風頭。

厚黑妙用

要做到鋒芒「閉」露，我們就必須不過分地表現自己的優秀之處，以避免引起嫉妒和攻擊。

與人相處共事，我們要學會甘當配角。遇事謙遜為上，切忌爭強好勝、四處張揚。

人們都願意和那些謙虛穩重的人相處。鋒芒太露的人，容易給人一種浮躁、偏激、年輕氣盛和缺乏修養的不良印象。愛出風頭的人往往會四處碰壁，再有才華的人，最後也會被磨平稜角、磨掉銳氣。如果你確實有真才實學，不一定要藉由張揚才能讓別人知道，時間和事實最後會證明一切。收斂鋒芒、韜光養晦，為自己留下迴旋的餘地，才是一條成功的處世之道。

所以說在與人相處和交往的過程中，在那些並非大是大非的事情上，沒有必要太認真。為了一點小事顯露自己的才華，讓同事甚至上級感到難堪，確實毫無意義。這時若退一步，忍一下，讓對方順利地過去，自己的路也會更寬。真正有才華的人，絕不會在一些小事上跟別人計較。收斂內藏的人，往往能給人一種神秘感。他們平時不動聲色，可是到了關鍵時刻，就會發現他們原來不同凡響。因此，表面上看起來能幹的人，其實不一定真能幹；真正有智慧的人，反而常常看起來樸實平凡，因為他們一般不會輕易顯露自己的才幹。大智若愚的人士，因為不易為人所摸透，反而往往更能夠吸引人的好奇和敬重。

據說清朝慈禧太后很喜歡下圍棋，儘管棋藝不高，卻最嫉恨別人贏她。像總管太監李蓮英那樣的人，因為知道慈禧太后的脾性，但凡與之對弈，總是先假裝與之鏖戰，經過幾次跌宕起伏之後，故意露個破綻，讓老佛爺獲勝。因此，這幫人雖陪侍慈禧太后多年，卻安然無恙。可是，一些新來乍到的小太監卻不懂得這一套處世的道理，常常把慈禧打得落花流水，以致觸怒慈禧，遭受處罰，甚至送了性命。

有一次，一位十幾歲的小太監奉命陪太后下棋。開始的時候，那位小太監因為地位懸殊還有點膽怯，不敢抬眼正視太后。可是，下著下著，他的心思就完全轉移到棋局之中，而把周圍所有的事都忘在腦後了。慈禧太后因為要考慮國家大事，心思本來就不在棋盤上，而是正在因為內憂外患而擔憂分心呢。也是活該小太監倒楣，他趁慈禧太后分神的時候，一下子把太后的棋子吃掉了一大片。小太監當時一高興，禁不住拍手稱慶：「您這片兒全完了！」慈禧太后一聽，勃然大怒，小太監也就嗚呼哀哉了！

中國古書《周易》多次提到謙虛斂藏的道理。坤卦六四爻辭說：「括囊，無咎無譽。」意思是把袋子口用繩子繫緊，使財（解釋為「才」也可）不外露，這樣做雖然暫時得不到榮譽，卻也不會招人陷害。謙卦的彖辭則說：「天道虧盈而益謙，地道變盈而流謙，鬼神害盈而福謙，人道惡盈而好謙。」意思是，從蒼天的規律看，雲行雨施，它使高處的雲彩變成雨雪落到低處的地面；從大地的趨勢看，江河流水，它使高山的冰雪融化成涓涓清流，最後都匯入低窪的江海；從鬼神的變化看，生死壽夭，它使年長者死亡而又保佑年幼者成長；從人們的心理看，滿招損，謙受益，人人都願意與謙謙君子相處，而遠離那些飛揚跋扈、炫耀張揚的淺薄之徒。

《菜根譚》中有句話說得好：「君子之才華，玉蘊珠藏，不可使人易知。」就是說，一個有高深修養的大丈夫，應該把自己的才學像珍珠一樣珍藏起來，不要輕易地讓別人知道。又說：「聰明人宜斂藏，而反炫耀，是聰明而愚懵其病矣！如何不敗？」意思是說：一個才智超群出眾的人，本來應該保持謙恭有禮、不露鋒芒的態度，可是，很多人反而誇耀自己的本領如何高強，這種人表面上看起來好像很聰明，其實他的言行跟缺乏知識的人沒有不同，他的事業怎能不失敗。

聰明才智是用來建功立業的，而不是用來向別人炫耀的。深藏若虛，默默無聞地埋頭努力，把滿腹才華用在工作之中，總有一天世人會知道你的能力。如果知識僅僅被用來滿足自己的虛榮，就很難一門心思地做好工作，到頭來也可能一事無成。應該記住：不要急於成名，不要急於獲得成功。證明自己聰明的最好方式，就是你最後取得的成績。一個成功的處世高手應該是大智若愚的，而非大愚若智。

厚黑之道 十五：借光照自己

厚黑真經

「借光」，從社會心理學的角度說，它是一種心理現象，國外叫做「哈羅效應」，是指由於外在力量的影響，而使事物增光添色。對於待人處世，借光不失為一種提高自身形象，擴大自己影響的策略和技巧。《厚黑學》認為，只要你臉皮夠厚，心腸夠黑，大可以巧借各種「光」照亮自己，雖然這種做法不免有沽名釣譽之嫌，但卻是卓有成效的捷徑。

厚黑妙用

老羅斯福是指西奧多．羅斯福，小羅斯福是富蘭克林．羅斯福。作為叔侄關係的兩個羅斯福是美國歷史上最引人注目的兩位總統。

小羅斯福進入哈佛大學以後，一直想出人頭地。哈佛大學和美國其他大學一樣，把體育活動放在很重要的位置。可富蘭克林的體格使他不能在這方面有所發展。他太瘦弱，個子雖比較高，但體重不及常人。因此，在參加橄欖球隊、划船隊時都未能入選，只能當啦啦隊長。女孩子們打趣地叫他「媽媽的乖兒子」、「羽毛撣子」。如此看來在體育方面是沒有出路了，富蘭克林決定另謀他途。他看中了哈佛校刊《緋紅報》。

校刊的編輯是引人注目的，但這也不是隨隨便便就能做到的事，為了達到目的，他巧妙地利用了堂叔老羅斯福的關係。

老羅斯福當時是紐約州的州長。一天，富蘭克林來到老羅斯福家中，對堂叔說哈佛學生都很崇拜老羅斯福，尤其想聽聽老羅斯福的演說，希望一睹州長的風采。老羅斯福一時興起，抽空來到哈佛做了一場演說。演說從頭到尾都是富蘭克林一手操辦，而且演說完後，老羅斯福又接受了富蘭克林的單獨採訪。這樣一來，校刊編輯部終於注意上了他，認為富蘭克林有當記者的天賦，就讓他做了助理編輯。

不久，老羅斯福作為麥金榮的競選夥伴，與民主黨的布賴恩競選總統。哈佛大學校長查爾斯．伊里亞德的政治傾向自然是引人注目的。富蘭克林決定充分利用這次機會，向主編提出要訪問校長。主編認為是徒勞的，而富蘭克林堅持要試試看。

校長伊里亞德接見了這位一年級的新生。面對威嚴的校長，富蘭克林表現得十分堅決，他堅持要校長表明自己將投誰的票。伊里亞德很賞識他的勇氣，很高興地回答了他的問題。此後，不但《緋紅報》上刊登了富蘭克林採訪的獨家消息，全國各大報紙也紛紛轉載。富蘭克林一時成為人們談論的話題。臨近畢業時，他當上了《緋紅報》的主編。

富蘭克林大學畢業後，除哈佛圈子裡的人外，公眾們誰也不知道他。

一九〇四年，他不顧母親的反對，宣佈與遠房表妹安娜·埃利諾·羅斯福訂婚。埃利諾是西奧多·羅斯福兄弟的女兒。一九〇五年三月十七日，他們在紐約舉行了婚禮。富蘭克林特別邀請了當總統的堂叔參加。舉行婚禮那天，賓客如潮，大部分是為了瞻仰總統的風采而來的。經過這次婚禮，富蘭克林的名氣變得更大了。

天外有天，人外有人，一個人本事再大，也不能保證順利地做好任何一件事情，縱使渾身是鐵，又能打幾根釘呢？富於挑戰、思維活躍、觀念創新的人很容易明白這個道理，於是他們主動擴充自己的大腦，延伸自己的手腳，「借光照自己」，借勢力助自己成功。

一個人有無智慧，能否高調做事，能否取得成功，往往體現在做事的方法上，而能否懂得借助別人的「光」來助己，對獲得成功起著至關重要的作用。每個人都應該懂得借助名人的力量，盡量縮短自己的奮鬥時間，從而加快成功的步伐，而這也是需要技巧的。名人的光芒雖然耀眼，但要借為己用也需要動一番腦筋，生拉硬扯很容易招人反感。比如經常把自己的名人朋友掛在嘴邊的人，就會被人認為是虛榮炫耀而令人討厭。這樣一來，你不僅沒能借到名人的光，反而讓自己的形象受損，得不償失。

香港珠寶大王鄭裕彤由於生意發展的需要，準備興建一個規格齊全、現代化水準最高的會議及展覽場所，可令人不解的是，鄭裕彤遲遲不肯下動工令。資金自然不成問題，與港府方面的協定也早已簽訂。萬事俱備，現在只欠哪股東風呢？

就在外人紛紛為此而猜測的時候，鄭裕彤突然宣佈的開工日期恰恰是英國女王來訪的那一天。鄭裕彤竟敢拿自己的開工奠基儀式與英國女王的來訪爭鋒？

這次來訪的時間是在中國和英國已經就香港一九九七年七月回歸中國達成協議之後，必定會對香港的未來產生重要影響。所以，這次出訪肯定是世界上最重要的新聞熱點，屆時，英國的電視、電臺、報紙等機構的大批記者將會蜂擁而至，其他國家像美國、日本以及中國的記者也會追蹤採訪報導，新聞熱點肯定會被吸引到這邊來。單單挑選這麼一個時間來開工，與女王唱對臺戲可沒人敢操勝券。

香港國際會議展覽中心奠基的日子到來了。英國女王這時已經蒞臨香港，港府的官員們全都迎接女王去了，新聞界記者們也都去了，全港所有人士的目光都集中在女王的身上，有誰會來注意這塊尚未開發的地方呢？

奠基儀式開始的時間馬上就要到了。這時，最後的謎底才向世人揭曉。原來，事先鄭裕彤已成功地進行了交際公關，邀請到了女王來參加自己的奠基儀式！就這樣，女王伊莉莎白二世親自用鐵鍬為中心鏟下了第一鍬土。追隨女王而來的各路記者，紛紛用自己手中的筆、攝影機、照相機記錄下了這個時刻。全世界的電視觀眾、廣播聽眾和報刊讀者都知道了女王的舉動，同時也都知道了香港國際會議展覽中心和鄭裕彤。

鄭裕彤的這招借光術用得恰到好處。他選對了人，又抓準了時機。選擇英國女王自然比選擇明星更能吸引媒體的目光，而且可以為展覽會所省下大筆宣傳費用。英國女王訪港給他提供了最好的時機，否則他不管使用怎樣的公關方式也是沒有辦法請到女王為奠基儀式揭幕的。

請社會名流為你題個詞，請專家教授為你寫的書作個序，請明星為你簽個名等。這些做法雖然有沽名釣譽之嫌，但既無害於人，又有益於己，而且借助名人提高自己的社會知名度，本身也是被社會所承認的方式之一。這是我們尋找「朋友」、建立新關係的手段，也是為人處世的一種好方法。

厚黑之道 十六：見鬼說鬼話

厚黑真經

「見人說人話，見鬼說鬼話」，掌握了對不同人說話的技巧，把人說活了，做事就能達到意想不到的效果。

厚黑妙用

俗話說：「到什麼山唱什麼歌，見什麼人說什麼話。」說話不看對象，常常讓別人無法理解自己的本意，從而在無形之中與別人拉開了相當的距離。反之，瞭解了對方的情況，並依據其情況，尋找與之相適應的話題和談話內容，雙方就會覺得談話比較投機，彼此在距離上也顯得比較親切。對方將會覺得你是一個極具親和力的人，從而願意與你相處。

一．看對方的身分地位說話

與上司說話，或是探討工作，我們應該盡量向上司多請教工作方法，多討教辦事經驗，他會覺得你尊重他，看得起他。所以，在工作中，在辦事過程中，即使你全都懂，也要裝出有不明白的地方，然後主動去問上司：「關於這事，我不太瞭解，應該如何辦？」或「這件事依我看來這樣做比較好，不知您有何高見？」

上司一定會很高興地說：「嗯，就照這樣做！」或「這個地方你要稍微注意一下！」或「大體這樣就好了！」如此一來，我們不但會減少錯誤，上司也會感到自身的價值，而有了他的幫助和支持，後面的事情就好辦得多了。

戰國時期的鬼谷子曾經精闢地總結出與不同身分的人交談的辦法：「說人主者，必與之言奇；說人臣者，必與之言私。」直到今天，這對我們仍有一定的指導意義。

二．針對對方的性格特點說話

《論語》上講了這樣一件事：有一次，子路問孔子：「學了禮樂，就可以行動起來嗎？」孔子說：「有父兄在，怎麼就行動起來呢？應當先聽聽父兄的意見才好。」接著冉有問同樣的問題時，孔子卻說：「好啊，學了禮樂，就應該馬上行動起來！」孔子的另一位學生公西華對此疑惑不解，就此向孔子請教。孔子說：「冉有這個人平常前怕狼後怕虎的，要鼓勵他勇往直前；而子路好勇過人，有點魯莽，應當讓他冷靜點。」

和人交談要看對方的身分、地位，還要看對方的性格特點，針對他的不同特點，採取不同的說話方式，這樣才有利於解決問題。

鬼谷子指出：「與智者言依於博，與博者言依於辯，與辯者言依於要，與貴者言依於勢，與富者言依於豪，與貧者言依於利，與卑者言依於謙，與勇者言依於敢，與愚者言依於銳。」意思是說：和聰明的人說話，須憑見聞廣博；與見聞廣博的人說話，須憑辨析能力；與地位高的人說話，態度要軒昂；與有錢的人說話，言辭要豪爽；與窮人說話，要動之以利；與地位低的人說話，要謙遜有禮；與勇敢的人說話不要怯懦；與愚笨的人說話，可以鋒芒畢露。

在待人處世時，要學會對人的性格做具體分析，要見什麼人說什麼話。

對傲慢無禮的人說話應該簡潔有力，最好不要跟這種人多談，所謂「多說無益」；對沉默寡言的人就要直截了當；對深藏不露的人，你只把自己預先準備好的資料拿給他看就可以了；對於瞻前顧後、草率決斷的人，說話時要把話分成幾部分來講。

有的時候，你說一句別人愛聽的話，會拉近彼此的距離。然而，偏偏有人不這麼想，一切以自我為中心，總是對別人說帶刺的話，最終鬧個不歡而散。在這方面，很多人就該向徐文遠學習了。

徐文遠是名門之後，他幼年跟隨父親被抓到了長安，那時候生活十分困難，難以自給。他勤奮好學，通讀經書，後來官居隋朝的國子博士，越王楊侗還請他擔任祭酒一職。

隋朝末年，洛陽一帶發生了饑荒，徐文遠只好外出打柴維持生計，湊巧碰上李密，於是被李密請進了自己的軍隊。李密曾是徐文遠的學生，他請徐文遠坐在朝南的上座，自己則率領手下兵士向他參拜行禮，請求他為自己效力。徐文遠對李密說：「如果將軍你決心效仿伊尹、霍光，在危險之際輔佐皇室，那我雖然年邁，仍然希望能為你盡心盡力。但如果你要學王莽、董卓，在皇室遭遇危難的時刻，趁機篡位奪權，那我這個年邁體衰之人就不能幫你什麼了。」李密答謝說：「我敬聽您的教誨。」

後來李密戰敗，徐文遠歸屬了王世充。王世充也曾是徐文遠的學生，他見到徐文遠十分高興，賜給他錦衣玉食。徐文遠每次見到王世充，總要十分謙恭地對他行禮。有人問他：「聽說您對李密十分倨傲，對王世充卻恭敬萬分，這是為什麼呢？」徐文遠回答說：「李密是個謙謙君子，所以像酈生對待劉邦那樣用狂傲的方式對待他，他也能夠接受；王世充卻是個陰險小人，即使是老朋友也可能會被他殺死，所以我必須小心謹慎地與他相處。我察看時機而採取相應的對策，難道不應該如此嗎？」等到王世充也歸順唐朝後，徐文遠又被任命為國子博士，很受唐太宗李世民的重用。

徐文遠之所以能在五代隋唐之際的亂世保全自己，屢被重用，就是因為他針對不同的人有不同的應對之法，懂得靈活處世，懂得「見什麼人說什麼話」。

在歷史上，往往那些君子大忠卻似奸，他們說話疾言厲色，也是出自於苦口婆心，說話直截了當、顯山露水，可是禍卻從口出；而那些小人大奸卻若忠，說話喜歡諂媚，拍別人馬屁，其實他們內心非常可惡，計較利害，可是福卻從口來。因為他們懂得見人說人話、見鬼說鬼話這個道理。說話是一門深奧的學問，需要聰明人去慢慢理解。

三．視對方的文化層次說話

與人說話溝通必須看清對方的文化層次。埋頭做事者常常是事業心很強或對某事很感興趣的人，一旦開始做事，便全心投入，不願再見他人。這種人往往惜時如金，愛時如命，鐵面無情。要敲開這種人的門，首先不要怕碰「釘子」，還要有足夠的耐性，並且要善於區分不同情況，再對症下藥。

畢卡索之子小科勞德的母親弗朗索瓦茲．吉洛特十分愛好繪畫，一入畫室便不容有人打擾。一次她正在作畫，兒子想讓媽媽帶他去玩，便敲響了門，但吉洛特已全心投入到繪畫上，聽到敲門聲和兒子的喊聲，只是回應了一聲「嗳」，仍舊埋頭作畫。停了一會，門還沒開，兒子又說：「媽媽，我愛你。」但得到的回應也只是：「我也愛你呀，我的寶貝。」門還是沒開。兒子又說：「我喜歡你的畫，媽媽。」

吉洛特高興了，她答道：「謝謝！我的心肝，你真是個小天使。」但仍舊不去開門。兒子又說：「媽媽，你畫得太美了。」吉洛特停下筆，但沒有說話，也沒有動。兒子又說：「媽媽，你畫得比爸爸好。」

吉洛特的畫當然不會比丈夫——繪畫藝術大師畢卡索畫得更好，但兒子的話卻句句說到了她的心裡，她也從兒子那誇大的評價中感到了兒子的迫切心情，於是，把門打開了。

自命清高者常常是潔身自好的墨客或仕途失意的文人，或者是那些自命不凡、看破紅塵的人。這種人文化層次一般都較高，他們自以為比別人高明，他們不願與常人交往，卻希望和有才華的人結交，因此要順利地叩開這種人的大門，最有效的辦法就是善於表現自己，設法展示出自己的才華，引起他的愛才心理。

厚黑之道 十七：喜怒口袋藏

厚黑真經

無論何人，只要在社會上混過一段時間，便多多少少練就察言觀色的本事，他們會根據你的喜怒哀樂來調整和你相處的方式，並進而順著你的喜怒哀樂來謀取自己利益。你也會在不知不覺中，意志受到了別人的掌控。如果你的喜怒哀樂表達失當，有時會惹來無端之禍。因此，高明者一般都不隨便表現這些情緒，以免被人窺破弱點，予人以可乘之機。越是精於生存之道的人，城府便越深，「喜怒不露於外，好惡不示於人」。

厚黑妙用

事實上，喜怒哀樂是人的基本情緒，沒有喜怒哀樂的人其實是很可怕的，因為你不知道他對某件事的反應、對某個人的觀感，讓人面對他時，有不知如何應對的慌亂。

其實，沒有喜怒哀樂的人並不存在，他們只是不把喜怒哀樂表現在臉上罷了。在人際交往中，做到這一點是很重要的。所以。要把喜怒哀樂藏在口袋裡，別輕易拿出來給別人看。不輕易表露自己的觀點、見解和喜怒哀樂，被稱為「深藏不露」，這是上司用以控制下屬的一種重要方法。聰明的當權者一般都喜歡把自己的思想感情隱藏起來，不讓別人窺出自己的底細和實力，這樣部下就難以鑽漏洞了，就會對上司感到神秘莫測，就會產生畏懼感，也容易暴露自己的真實面目。上司如同在暗處，下屬如同在明處，控制起來就比較容易了。

楚漢戰爭期間，劉邦屢次被項羽打敗，兵困滎陽，處境危在旦夕。而正在這時，劉邦的部下韓信在北線卻捷報頻傳，攻占了齊國。隨著軍事上的節節勝利，韓信的政治野心也逐漸膨脹起來。他派人面見劉邦，要求封自己為假（代理）齊王。劉邦一聽，便怒不可遏，對前來送信的信使大聲斥責。張良正坐在劉邦身邊，急忙用腳輕輕踢了劉邦一下，附耳說道：「漢軍剛剛失利，大王有力量阻止韓信稱王嗎？不如順水推舟答應他，否則將會產生意外之變。」劉邦立即心領神會，感到前言有失，便話鋒一轉，反改口罵道：「大丈夫既定諸侯，就要做個真王，何必要做假王！」劉邦原本愛罵人，這一罵不足為怪，況且前後兩語銜接不錯，竟也沒露出什麼破綻。

不久，劉邦派張良作為專使，為韓信授印冊封。劉邦不動聲色穩住了韓信，為漢軍日後十面埋伏，擊敗項羽做了全面準備。如果當時便為此事與韓信鬧翻，後果將不堪設想。

不輕易表露出自己的觀點、見解和喜怒哀樂，被稱為「深藏不露」，這是古今中外成功的領導者用以控制下屬的一種重要方法。歷來聰明的領導者一般都喜歡把自己的思想感情隱藏起來，不讓別人窺出自己的底細和實力，這樣部下就難以鑽空子了，就會對領導者感到神秘莫測，就會產生畏懼感，也容易暴露自己的真實面目。領導者如同在暗處，下屬如同在明處，控制起來就比較容易了。

俗話說「畫虎畫皮難畫骨，知人知面不知心」，很難說自己的一句話，甚至一個表情在對方心裡造成什麼樣的反應，會採取什麼措施「反擊」；隨便把喜怒哀樂表現出來，也很容易被人窺破內心，從而牽著你的鼻子走。

做人要懂得用「擬態」和「保護色」，保持點神秘感，讓人不敢妄自揣度，也就不敢對你輕舉妄動。

俾斯麥三十五歲時，擔任普魯士國會的代議士。當時奧地利非常強大，曾經威脅德國如果企圖統一，奧地利就要出兵干預。

俾斯麥一生都在狂熱地追求普魯士的強盛，他夢想打敗奧地利，統一德國。他曾說過一句著名的話：「要解決這個時代最嚴重的問題並不是依靠演說和決心，而是依賴鐵和血。」但是令所有人驚異的是，這樣一個好戰分子居然在國會上主張和平。但這並不是他的真實意圖，事實上，他連作夢都想著統一德國。

他說：「沒有對戰爭的後果有清醒的認知，卻執意發動戰爭，這樣的政客，請自己去赴死吧！戰爭結束後，你們是否有勇氣承擔農民面對農田化為灰燼的痛苦？是否有勇氣承受身體殘廢、妻離子散的悲傷？」

聽了俾斯麥的這番演說，那些期待戰爭的議員迷惑了，最後，因為俾斯麥的堅持，終於避免了戰爭。

由於德國主張和平，奧地利很是滿意，就一直沒有進行阻撓。幾個星期後，國王感謝俾斯麥為和平發言，委任他為內閣大臣。幾年之後，俾斯麥成了普魯士首相，這時他對奧地利宣戰，摧毀了原來的帝國，統一了德國。

俾斯麥贊成和平的真實原因是他意識到普魯士的軍力趕不上其他歐洲強權的實力，並不適合發動戰爭。如果戰爭失利，他的政治生涯就岌岌可危了。他渴望權力，所以就堅持和自己意願相反的主張，發表那些違背自己意願的言論。

厚黑之道 十八：不做爛好人

厚黑真經

《厚黑學》認為，做好人是值得肯定的，但絕不能做沒有原則、沒有主見，什麼事都不能堅持的「爛好人」！因為爛好人只能在家裡做，在待人處世中，爛好人一文錢也不值。

厚黑妙用

李強在一家加油站上班，他的工作是會計，老闆對他相當不錯，出納張某更是拉著他稱兄道弟。李強對這份工作滿意極了，一段時間後，他和張某越來越熟悉，兩人常一起吃吃喝喝，有一次兩人喝酒時，張某半開玩笑地說了一句：「其實弄點錢是很容易的，你想，如果咱哥兒倆聯手，那錢還不像流水一樣啊！」李強當時回了他一句：「別開玩笑了！」以後張某再沒提起過這件事。但李強卻起了疑心。

一次他翻了翻以前的帳目，發現有不對勁的地方，他考慮了再三，就把張某約了出來，問他到底是怎麼回事，並要將這件事告訴老闆。張某一聽，嚇得哭了，他跪在地上求李強高抬貴手，並表示將籌點錢，把帳補上，李強當時心就軟了，自己要是現在告訴老闆，那張某非得進監獄不可，還是給他個機會吧！一個星期、兩個星期……每次催張某，張某都說自己正在籌錢，李強正著急時，這邊就東窗事發了：老闆請人查帳時發現了張某貪污的跡象，員警帶走了正準備舉家外逃的張某，還有一臉驚慌的李強，因為張某一口咬定李強收了他錢才沒檢舉他。

就這樣，李強又驚又恐又怕地在看守所蹲了四天才被放出來。

李強在交友時沒有堅持應有的原則，既沒有擇友而交，在交往的過程中也沒有堅持必要的原則。人不能無原則地拒絕朋友，也不能無原則地接受朋友，這就要求我們不能輕易對朋友做出許諾。「你的承諾和欠別人的一樣重要。」當你要應承別人某一件事情時，一定要三思而行。

你求別人辦事，別人也可能求你辦事。在別人請求你的時候，首先要想想自己能不能辦到，這是人人都明白的道理。可就有那麼一些人不自量力，對朋友請求幫助的事情一概承擔下來，事情辦好了什麼事也沒有，如果辦不好或只說不做，那就是不守信用，朋友就會埋怨你。

有這樣一件真實的事，說有一個人愛吹牛，在火車站沒有熟人，硬是對別人說在火車票售完後依然能買到火車票，結果有很多朋友、同事請他幫忙買火車票，他是有求必應，答應了別人，而自己又確實沒熟人，只好半夜三更去排隊買票，結果託他買票的人越來越多，把自己逼進了死胡同，有時自己往裡貼錢買高價票，搞得狼狽不堪。這就是沒有考慮自己的能力，而輕易地答應幫忙，票買來了，大家認為你真了不起，買不來，別人就會認為，你既然給別人買來了，為什麼不給我買，是看不起我吧！於是關係漸漸疏遠了，反而失去了信譽，又得罪了人，何苦呢？

假如你是一個有點權力而又不大的人更應該注意，因為你有權，別人包括親戚朋友託你辦事的人肯定多。這時你應該講點策略，不能輕易答應別人。有的朋友託你辦的事可能不符合政策，這樣的事最好不要許諾，而應該當面跟朋友解釋清楚，不要給朋友留下什麼念頭，不然，朋友會認為你不幫忙；有的朋友找你辦的事可能不違反政策，但確有難度，就跟朋友說明：「這事難度很大，我只能試試，辦成辦不成很難說，你也不要抱太大希望。」這樣做是給自己留有餘地，萬一辦不成，也可以有個交代。對於那些舉手之勞的事情，還是答應朋友去辦，但答應了後，無論如何也要去辦好，不可今天答應了，明天就忘了，待朋友找你時，你會很難看的。

在這裡強調不要輕率地對朋友做出許諾，並不是一概不許諾，而是要三思而後行。盡量不說「這事沒問題」，「包在我身上」之類的話，給自己留一點餘地。如果萬事都順口承諾，那就只會成為勒緊自己脖子的繩索。

如果一個人在生活或生意上經常不負責地許下各種諾言，而很少能遵守，結果給別人留下惡劣印象。你說過要幫別人做某件事情，就必須辦到；要是你辦不到，或不願意去辦，就不要答應別人，你可以找任何藉口來推辭，但絕不要說：「沒問題！」等話。如果，你說試試看而又沒有做到，那麼你給對方留下的印象就是：你曾經試過，結果失敗了。而你說沒問題而又沒做到，那你就失去了信譽。因此，即使是自己能辦的事，也不要馬上答應。

事物總是不斷發展變化的，你原來可以輕鬆地做到的事可能會因為時間的推移、環境的變化而變得難做。如果你輕易承諾下來，會給自己以後的行動增加困難。所以，即使是自己能辦的事，也不要輕易承諾，不然一旦遇到某種變故，讓本來能辦成的事沒辦成，這樣一來，你在別人眼中就成了一個言而無信的偽君子。

第四章 凶道：表面慈善，背後捅刀

厚黑之道 十九：不時冒壞水

厚黑真經

《孫子兵法》中說：「故兵以詐立，以利動，以分和為變者也。」意思是，用兵作戰是以詐謀權術為其策略基礎、以是否有利為行動原則，並以具體情況的變化靈活掌握兵力分散或集中為原則的。孫武從師鬼谷子，也講求族人的原則和忠信，但是在作戰的時候，他卻非常明確自己的態度，那就是要適時地「壞」一下，學會使用「詐」，變化戰術以應敵人。在孫子看來，凡是不傷及道德的「詐」，都大可用之。

厚黑妙用

收藏家到鄉下旅遊。有一天，他來到了一家農舍前，眼睛突然一亮：他看見了一個非常別緻的碟子！憑他對於古玩高超的鑑別能力，立即看出這碟子是幾世紀以前的好東西，價值極高。他看到鄉下人對它的價值一無所知，居然拿這個碟子去餵養一隻小貓。

收藏家抑制住自己心中的狂喜，與小貓的主人閒聊起來，對這隻小貓十分感興趣，還編造了一個動聽的故事：說他的太太如何喜歡小動物，前不久因為一隻小貓死去了，令她傷心不已，而眼前的這隻小貓，看上去又太像他太太的那隻小貓了。說著說著，竟為自己的故事感動得熱淚盈眶，連那位看起來木訥的鄉下人也陪著他長吁短嘆起來。

後來，他故意隨口問了一句：「您的小貓賣不賣呀？」「當然賣了，」鄉下人爽快地回答說：「既然您的太太喜歡小貓，我就賣給你吧！」

收藏家非常激動，居然出了兩倍的價錢買了這隻小貓。最後，他故意試探性地問一句：「你一直是用這個碟子餵小貓的吧？就順便把這個碟子送給我，怎麼樣？」收藏家心想，鄉下人一定會同意的，沒想到一直不吭聲的鄉下人這時才露出燦爛的笑臉：「對不起，我不能送給你，因為每天我都要靠它賣掉家裡的小貓！」

賣小貓的鄉下人很巧妙地「使壞」，運用了「詐」術，從而贏得好生意。歷史上以詐得勝的戰爭不計其數，吳楚柏舉之戰就是其中之一。

吳王闔閭即位以後，大膽起用伍子胥、孫武等外來的傑出人才，積極謀劃大業，想要攻占楚國。當時楚國因長期征戰，不但國力中衰，內部政治也走向黑暗，從整體上看，楚較之吳仍處在優勢地位。因此，當闔閭第一次提出大舉攻楚的戰略計畫時，軍師孫武即以「民勞，未可，待之」的理由推辭了。

但闔閭並沒有消極地守株待兔，他首先消滅了徐和鐘吾兩個小國，為伐楚掃清了道路。接著採用了伍子胥提出的「疲楚誤楚」的計畫：將吳軍分為三支，輪番出擊，騷擾楚軍，一直堅持了六年，以達到麻痹楚國的目的。六年以來，楚軍被「調戲」習慣了，對吳軍的行動放鬆了警戒。

西元前五〇六年秋天，楚國向蔡國發起圍攻，於是吳國抓住時機，與他們聯盟，一舉攻下楚國。柏舉之戰以吳軍的輝煌勝利而告終。吳軍長期製造混亂，讓對方一開始就沒有積極應戰的警覺，後來以大軍進攻，正是一種「詐」。

其實，伍子胥所使用的詐術，並沒有從道德上觸及誠信的原則。生存之道，正需要這樣的融會變通之法。其實很多時候，「詐」可以不傷害任何人而實現自己的目的，有這樣一則笑話，值得我們細細品味：

商人傑克有一天告訴他的兒子：「我已經選定好了一個女孩子，我要你娶她！」

兒子：「我自己要娶的新娘我自己會決定！」

傑克：「但我說的這女孩是比爾．蓋茲的女兒！」

兒子：「如果是這樣的話……」

在一個聚會中，傑克走向比爾．蓋茲，對他說：「我來幫你女兒介紹個好丈夫！」

比爾：「我女兒還沒想嫁人呢？」

傑克：「但我說的這年輕人可是世界銀行的副總裁。」

比爾：「如果是這樣的話……」

接著，傑克去見世界銀行的總裁，並對他說：「我想介紹一位年輕人來當貴行的副總裁。」總裁：「我們已經有很多位副總裁了。」

傑克：「但我說的這年輕人可是比爾．蓋茲的女婿！」

總裁：「如果是這樣的話……」

最後，傑克的兒子娶了比爾．蓋茲的女兒，又當上世界銀行的副總裁。

笑話的注解是：「知道嗎?生意就是這樣談成的！」

這個故事有點讓人啼笑皆非，但也不無道理。傑克到最後沒有欺騙任何人，他說的每一句話都變成了真的。「生意就是這樣談成的」，有時正是有人懂得運用並不存在的一些資源，來幫助自己儘快地實現目標，這也是一種「詐」，只是它在不傷及別人的前提下進行，以共贏為目標，與爾虞我詐不同。

厚黑之道二十：螞蚱兩頭拴

厚黑真經

要想對方死心塌地與你合作，最好的辦法就是孫子所說的：「夫吳人與越人相惡也，當其同舟共濟，遇風，其相救也，如左右手。」意思是說，吳國和越國人民都將對方視為仇人。有一次兩國的人恰巧同坐一艘船渡河，突然遇到了大風雨，為了保住性命，他們顧不得彼此的仇恨，紛紛互相救助，合力穩定船身，才安全到達河的對岸。因此，要想牽制對方，必須抓住其把柄，將他跟你拴在同一條船上，套一句老百姓的土語，那就是：「一根繩上拴兩螞蚱，跑不了你，也蹦不了他。」

厚黑妙用

一九七六年是美國大選年，總統候選人，共和黨方面，推出了現任總統福特出來角逐。民主黨方面，出現了卡特與愛德華．甘迺迪較量的局面。

甘迺迪扶其龐大的家族財勢，以及兩位兄長為國殉職的聲望，兼以擔任參議員多年的經歷，欲問鼎總統候選人的寶座，簡直可以說是探囊取物。

卡特以一花生農夫出身，雖有擔任州長的經驗，但根本不是甘迺迪的對手。卡特眼見力攻無望，唯有計取。當時美國人民因水門事件的創傷記憶猶新，加上華府政治人物不名譽事件又層出不窮。所以，狡猾的卡特就緊緊地抓住此一弱點，開始了一連串攻擊已死去的約翰・甘迺迪的行動。其中有甘迺迪總統對美國中央情報局謀殺外國領袖的陰謀知情，說甘迺迪總統在白宮裡面亂搞女人，甚至居然還有一位名叫艾絲納的女人，出面對新聞界大談她曾和甘迺迪總統上床的事。進一步又扯出一位黑手黨的首領，說他如何幫助甘迺迪違法當選等等。這些宣傳的目的，無非是要醜化其家族的形象，抓住稍許捕風捉影的弱點，大肆宣揚，以達到打擊的目的。在這種猛烈的攻擊下，愛德華・甘迺迪果然招架不住，不得不宣佈退出角逐。

到了一九八〇年，愛德華・甘迺迪和卡特兩雄再度交鋒，競爭民主黨的總統候選人。此時卡特為現任總統，他知道一九七六年的打擊策略已經不能再用，因為那些陳芝麻、爛穀子的舊帳，選民不會再有新鮮感。所以，他就慫恿新聞記者抬出「柯魯珍事件」，說明愛德華・甘迺迪當年對溺水的女友見死不救的經過，這樣的一個人如何會有他自己所謂的「領袖氣質」呢？窮追猛打的結果，使愛德華・甘迺迪終於再度敗於卡特之手。

所以，很多人認為卡特之能兩度擊敗甘迺迪，主要是由於他善於打擊競爭者的弱點，尤其是善用情勢民氣，遙指問題的核心。不過，一九八〇年因為他太過重視打擊同黨的甘迺迪，心力交瘁之餘，反倒對真正的對手、共和黨的雷根，找不到致命的弱點，以致敗陣下來，回喬治亞種花生去了。

競爭者的弱點有時是眾所周知的，有時是隱而不顯的。眾所周知的弱點在運用上所收到的效果，當然比不上一些隱情或緋聞。但是，隱情或緋聞的資料及證據不容易掌握，搞不好還會吃上官司。所以，智者或強者多半強調面對面的競爭，而不是造謠言或放冷箭，亦不無道理。

揪隱私有一個重要的技巧：對對手的弱點保好密，便可以多次利用同一個把柄抑制對手。一旦你掌握的秘密被公開以後，他便會破罐子破摔，反而毫無顧忌地對你報復。

假設，一個人的現任太太並不知曉他的一大秘密：他在婚前與一個女人戀愛過，而且還有了孩子，對這個孩子他沒有正式承認過。即使深知了這個秘密，還是無法當作他的弱點加以活用，必須確定那個女性與孩子的姓名，才能大加活用。

我們姑且當作已探出了他們的姓名——母親是「H」，孩子叫「M」。

當他立於眾人面前，以一種傲然的態度，喋喋不休地與你吵起來時，你就用極其平靜的口氣，突然改變話題，問一句：「我忽然想到一件事，你最近有沒有跟H小姐見過面？」

對這個秘密一無所知的人，以及雖略有所聞，但是不知道她姓名的人，對你說的話，當然會不知所言何事。不知底細的人全然不瞭解你所言何事——這個事實，便是你能夠活用對方弱點，戰勝對方的要訣所在。

要是你繼續問下去，等於把他不願意為人所知的大秘密掀了出來，他當然會急得如熱鍋上的螞蟻，只好設法使這一場吵架草草收兵。於是，他便會一改剛才趾高氣揚的態度，低聲下氣地抗議說：「噢……噢……這種話何必在這兒說呢？」

此後，你就要屢次搬出「H小姐」來制伏他。除非到了他聽到「H」這個名字時，就情不自禁地愕然一驚，你才再搬出「M」這個名字來，要一步步讓他知道你的厲害，這也是活用對方弱點的另一個要訣。

總之，要把對方的弱點當弱點活用的時候，千萬不能在眾人面前公開他那個弱點。你只能以能夠使他明白的方式閃爍其詞，把他掌握得死死的，從而成為被你拴住的「螞蚱」。在這種情況下，他怎麼會敢跟你撕破臉呢？每次一提及，他當然會被逼得豎白旗。

厚黑之道二十一：落井要下石

厚黑真經

在待人處世中，任何時候都要切切牢記：對待對手不僅不能手下留情，而且還要落井下石。《厚黑學》要告訴你的就是，千萬不要中途罷手，應以厚制厚，以黑制黑，趁火打劫，狠狠削弱他的實力，直到他不可能東山再起，將他永遠逐出你的領域，使其不會對你造成傷害。不管他們裝出多麼友善與可憐的樣子，你都不要心慈手軟。

厚黑妙用

趁火打劫出自《三十六計》，原本是打仗的計謀，如今則廣泛地運用於商業活動中，在別人焦頭爛額、嚴重失誤之時落井下石，大大地占得便宜。在這裡，「打劫」的關鍵是要「瞅準時機」，即別人焦頭爛額嚴重失誤的時候。

一九二九年，世界經濟危機把整個美洲的經濟推入黑不見底的深淵：工廠倒閉、工人失業、民生凋敝、百業蕭條，海上運輸業也在劫難逃。希臘船王歐納西斯得知加拿大國營鐵路公司為了度過危機，準備捐賣產業，其中六艘貨船十年前價值兩百萬美元，如今每艘僅以兩萬美元拍賣，他像獵鷹發現獵物一樣，極為神速地前往加拿大商談這筆生意。他的這一舉動令同行們瞠目結舌，他們認為他太不理智了，這無異於把鈔票白白拋入大海。但歐納西斯沒有聽他們的勸告，因為他看到，經濟的復甦和高漲終將代替眼前的蕭條，隨著經濟的振興，貨物運輸必將重新獲得高額利潤，於是，他果斷而堅決地做下去。不出所料，好機會來了，經濟危機過後，海運業的回升和振興，使歐納西斯從加拿大購買的那些船隻一夜之間身價陡增，他一躍成為海上霸王，大量財富源源不斷地流入了他的荷包。

二十世紀七〇年代，隨著人們生活水準的提高，美國彩色電視市場的需求開始轉向高品質的手提式或桌上型，然而美國廠商卻仍然集中生產附有底座的機型，並且忽略了改進產品品質的工作。在銷售上也一味地依賴大量廣告，認為只要能創造出一個聞名遐邇的名牌就能吸引住美國消費者。

而日本的索尼和松下公司，則認真地研究了市場需求的轉移和變化，從中看出美國廠商所犯的錯誤，他們立即抓住了這一戰機，迅速開發了手提式彩電，以滿足逐漸形成的新的消費需求。同時日本商人一反美國商人重廣告輕品質的做法，以提高品質為其經營的重點，迅速地搶占世界市場。

當美國廠商發現自己的失誤，並試圖糾正錯誤時，早已錯過了最佳戰機。在短短幾年裡，美國生產廠家就將大部分美國彩電市場份額拱手讓給了日本人。

落井下石的策略不僅適用於商戰，同時也適用於個人。

小B是一家ERP（企業資源規劃）軟體公司的經理，在外人眼中是一個標準的IT成功人士。這幾年小B為了拿訂單可以說是費盡心機、不擇手段，原來說一句謊話都臉紅，現在連續吹牛幾個小時連眼睛都不眨一下。

這幾天小B又在為一份訂單苦思冥想呢。客戶S公司是一家從一個小的家庭企業起家，去年以來一下子變成了行業內的領頭羊。今年年初該企業的老總為了提升企業的管理水準，要全面推行ERP。恰好小B的一個朋友小D在該企業的電腦部工作，所以小B在第一時間就得到了這個消息。

訂單現在已經談了三個多月，軟體也在客戶那裡試運行了將近兩個月，農總對軟體還算滿意，不過在價格上雙方一直不能達成共識：小B報價八十萬，對方非要打個五折四十萬。

價格上談不攏，單子就僵持下來了。S公司原來有一套進銷存系統，雖然功能比較差，但還湊合著能用，所以農總對這個單子並不十分著急。可小B急啊，萬一其他公司乘虛而入那就麻煩了，搞不好雞飛蛋打啊。

一天晚上看《笑傲江湖》時，小B突然來了靈感，一個計畫慢慢浮現在腦中。

週六的晚上，小D帶著小B公司的軟體工程偷偷地進入S公司的電腦室，在S公司的進銷存系統上安裝了一個「邏輯炸彈」，炸彈的爆炸時間設定為週一早上七點。

週一一大早，小B就來到了辦公室。八點，桌上的電話就急促地響了起來，「喂，您好，我是小B。哦，農總啊，您找我有什麼事嗎？」小B裝腔作勢的說道。

「小B，我公司的進銷存系統今天早上突然崩潰了，據小D說是病毒大規模爆發造成的，資料基本上都丟失了。你知道現在正是我公司的生產旺季，客戶那邊訂單催得又緊，這系統一崩潰，我的損失就大了。幸虧還有你們公司的軟體，小D說在你們試運行的系統裡還有我公司的資料，我想馬上和你簽訂購買合同，把你們公司試運行的軟體切換過來。」

聽得出來這回農總是真的著急了。

「農總，切換軟體沒問題，我保證不會影響您的生意。但是軟體價格方面現在有些問題，上週我們的軟體剛剛調價，現在是一百萬。」

「一百萬，有沒有搞錯，你這不是趁火打劫嗎？」農總十分氣憤。

「沒辦法，這是上面的意思，我只是奉命行事啊。農總，我們老總還說給您公司試用軟體的時間太長了，正催我把軟體拿回去呢，我一直拖著，我也很難做啊。要是您覺得價錢不合適的話，那我明天派人把我們的軟體卸載了，別耽誤您找別的合適的軟體。」

「哎，都火燒眉毛了，你讓我去哪兒找。一百萬就一百萬吧，你馬上帶著合同和工程師來我公司吧。」

落井下石的運用，首先要求我們要有一副好眼光，其次要有一副厚臉皮。看上面幾例中的主人公，哪個不是好眼光和厚臉皮者中的佼佼者？這兩個條件必須同時具備，此計運用才可能成功。

厚黑之道二十二：丟掉婦人心

厚黑真經

「婦人之仁」有時會成為一個人很大的負擔，甚至是致命傷！因為在眼淚、溫情、請求、孩子似的無辜與可憐之下，你將成為最大的受害者。因此，厚黑大師提醒你：一定要把自己的臉皮磨厚，將「婦人心」換上一顆兇巴巴的「黑心」。

厚黑妙用

徐階入閣當上大學士時，正是一代權相嚴嵩氣焰最囂張的時期。

徐階不和嚴嵩發生正面衝突，在政務上保持沉默跟隨的態度，讓嚴嵩感到沒有威脅。而在青詞（祭祀天地神明的祝詞）的撰寫上精益求精，來迎合明世宗的歡心，偶爾也會在一些無關緊要的問題上提出自己的獨到見解，既不讓嚴嵩起太大的戒心，又向明世宗表明：自己和嚴嵩並非沆瀣一氣，因為臣下結黨營私同樣是明世宗的大忌。徐階以勤勉謹慎贏得了明世宗的信任，嚴嵩對他也很滿意。

這一年，世宗所居的西內萬壽宮發生大火，世宗想要重修萬壽宮，詢問嚴嵩，嚴嵩一時失察，沒有揣摩透世宗的真實意圖，感到重建宮殿缺乏木材，時間也太緊，便請世宗暫時遷到南城離宮。殊不知恰好觸中世宗的忌諱，南城離宮乃是明英宗當太上皇時所居住的。世宗心內惱火，便轉問徐階，徐階力贊世宗重修，用當年修三大殿剩餘的木材，責成工部，可計日程功。明世宗大為滿意，便讓徐階的兒子督建萬壽宮，僅用三個多月時間便重建完成。

因此一事，明世宗覺得徐階比嚴嵩更為稱職，對嚴嵩則覺得不太滿意。

御史鄒應龍瞭解到這一情況，覺得這是扳倒嚴嵩的最好時機，便向徐階請教。徐階告訴他，要想除去嚴嵩，不能直攻嚴嵩，因為嚴嵩的許多惡行都是巧借皇上之手做的，攻嚴嵩極易牽連到皇上，得從他的兒子嚴世蕃入手。鄒應龍得到徐階面授機宜，於第二天早上奏章彈劾嚴世蕃，指出他貪財攬賄、賄賂公行、居母喪縱酒荒淫幾大罪。明世宗看過後心有所動，恰好請道士藍道行為他扶乩降仙，藍道行已得宦官們請託，從中大作文章。

世宗問藍道行輔臣是否賢良，乩仙降辭說：「輔臣嚴嵩專權攬賄，實屬大奸大惡。」世宗大驚，問道：「既然如此，上仙何不誅之？」乩仙說：「留待陛下誅之。」世宗篤信道教，對乩仙的話信之不疑，便決意罷免嚴嵩。他把嚴世蕃發配到雷州，又罷免了嚴嵩的職位。

徐階又派御史林潤巡視福建。嚴世蕃雖被流放，卻根本不赴戍所，反而在江西老家大興土木。林潤便上章彈劾嚴世蕃不但毫無悔過之心，反而心懷怨恨，蓄養壯士，勾結山中盜賊，並且暗通倭寇，有負險謀反之意。世宗看罷大怒，立命林潤將嚴世蕃捉拿進京拷問。

林潤和大理寺的官員審訊嚴世蕃後，把他的罪狀羅列無遺，嚴世蕃在獄中卻笑著對同黨說：「別怕，皇上看過後就會放了我們。」別人都不知何意。

徐階看過獄詞後，對大理寺的官員說：「這些罪都是嚴嵩父子巧借皇上之手做的。你們把這些列為罪狀，死的是你們，嚴公子明天就騎著馬出城門去了。」大理寺的官員惶恐請教，徐階拿起筆，親手刪削，只留嚴世蕃勾結倭寇、圖謀造反一事。嚴世蕃聽說後，驚詫道：「死了，死了。」世宗看過獄詞後，果然大怒，將嚴世蕃斬首，家產抄沒充公。曾聚財無數的嚴嵩最後竟餓死在別人的墳墓旁。

婦人之仁要不得，做好人固然誰也不得罪，卻很容易被人欺負。因此，對付惡人，即要以惡制惡，以毒攻毒，若對方是隻虎，一時心軟放虎歸山，他日就極有可能反遭其害。

與漢高祖劉邦爭天下的項羽，為人喑嗚叱吒，有萬夫不當之勇。有士兵負傷，他會親自查看，關心之情，溢於言表。然而當手下將領立了功勳，該封賞的時候，他把該授予別人的官印在手裡都磨平了，還是捨不得授予。在鴻門宴上，本應該除掉劉邦，消除後患，可他就是不忍心，結果放虎歸山，最終死在劉邦手裡。

春秋時的宋襄公也有這樣的問題。

齊桓公死後，宋襄公想取代齊桓公的霸主地位，趁齊國內亂，他幫助太子昭當上了齊國的國君。這一下，他自認為宋國真的強大得不得了了，竟不自量力地擺起了霸主的架子。

但諸侯不買宋襄公「霸主」的帳，宋襄公派人重賄楚國，約定次年春會盟於齊國的盂上之地。會盟期到，宋襄公的弟弟目夷建議宋襄公帶些軍隊前往，不要對強楚掉以輕心。宋襄公為了表示自己很講「信義」，不僅不聽目夷的話，還怕目夷在他走後暗地派兵前往護駕，便帶著目夷一同赴會。早就有稱霸之心的楚國自然兵圍盟壇，俘虜了宋襄公，並且挾宋襄公向宋國攻來。

好在目夷已趁亂從盂上逃回宋國，並且迅速佈署，睢陽城已做好了抗楚的準備。當楚軍大兵壓境之時，目夷繼任宋國國君。楚王下令攻城，連攻了三天，最終還是失敗了。楚王無奈，只好撤兵放人，宋國免除了滅國之危。

按說，由於宋襄公的愚蠢，宋國差點被毀，特別是當宋襄公身陷囹圄、國勢危難之時，目夷毅然挑起捍衛國土的重任，就任國君之位，以他出色的才智和勇敢，粉碎了楚國吞併宋國的陰謀，就應該心安理得地把這個國君當下去，可才智出眾的目夷聽說宋襄公被釋放後，馬上派人把宋襄公接回宋國，仍舊讓宋襄公當宋國的國君，自己重居臣位。

其實，目夷的這種做法並不可取，因為目夷當國君對宋國來說，更利於宋國的強大和人民安居樂業。可他為了所謂「仁心」，而不顧國家之利，讓一個滿口空講「仁義道德」的傢伙執掌國家大權，從而埋下了失敗的隱患。

後來在和楚交戰中，宋襄公仍然動輒施與「仁義」，坐失了許多進攻的機會，最終大敗於楚王手下。

在這裡，目夷因為虛偽的「仁義」，使宋國落於一個無能的人手裡，使百姓遭殃、國家落敗；宋襄公更因可笑的「仁義」，誤國誤民。

面對一個無可救藥的人，或與自己勢不兩立的競爭對手，萬不可施與婦人之仁，如此不但不會被讚為「仁義」，反而會被罵為「愚蠢」。

厚黑之道二十三：假戲公開唱

厚黑真經

假戲一定要在公開場面唱，而且觀眾越多越好。為什麼強調「當眾」呢？做給別人看嘛！「當眾」擁抱，表面上不把對方當「敵人」，但私底下怎麼想，是不是背後下絆子、捅刀子，誰又管得著呢？

厚黑妙用

在人際交往當中，假戲公開唱並不是一件讓人覺得難堪的事，一旦到了生命的危急時刻，放下面子保住腦袋才是頭等大事。一些人就善於將假戲公開唱以取得他人信任，從而輕鬆地達到了自己的目的。蔡鍔便是這樣一位高手。

蔡鍔早年留學日本，回國後參加編練新軍。一九一一年初至雲南，任新軍第十九鎮三十七協協統，與同盟會會員多有聯絡。武昌起義後，與李根源等發動新軍起義，初任總指揮和雲南軍政府都督兼民政長，曾協助貴州和四川獨立。中華民國初年參與組織統一共和黨，並對省政有所興革。

袁世凱鎮壓了革命黨人的「二次革命」之後，開始做起了皇帝夢，要在中國恢復帝制。他復辟帝制的倒行逆施激起了全國人民的無比憤慨，全國人民群起討伐。其中最早舉行大規模武裝討伐的就是雲南蔡鍔等領導的護國軍起義。為了組織和發動這場倒袁的起義鬥爭，蔡鍔與袁世凱鬥智鬥勇，充分體現了他在處世上的韜晦謀略。

「二次革命」期間，蔡鍔對交戰雙方表示中立，還曾擬聯合黔、桂兩省作為中間人，主張兩方停戰，憑據法理解決。對蔡鍔的這些舉動，袁世凱深為嫉恨，就將蔡鍔召入北京，實際上是牽虎入籠。

蔡鍔明白袁世凱的意圖，自從入京以後，他自斂鋒芒。

袁世凱依然不放心，想把蔡鍔困在京城，便委蔡鍔以「重任」，先任將軍府將軍，再任全國經界局督辦，並選為政院參政。

蔡鍔不動聲色，這樣一來，倒弄得袁世凱莫名其妙。

一日，袁世凱召蔡鍔到總統府，議論恢復帝制一事。蔡鍔道：「我原先是贊成共和的，但是二次革命以後我才知道，這麼大的中國，沒有一個皇帝是統治不住的。現在總統有這個意向，那是太好了，我第一個表示贊成。」

狡猾的袁世凱反問道：「你說的當真嗎？為什麼南京、江西變亂時，你卻要做調解人，幫他們講話呢？」

蔡鍔立即回答道：「此一時、彼一時，那時我遠駐雲南，離北京太遠，長江一帶又多是國民黨勢力範圍，恐投鼠忌器，不得不違心地做中間人，還請總統原諒。」

蔡鍔解釋得合情合理，袁世凱聽了，十分滿意。

從此以後，蔡鍔為了保全自身便主動與那些為帝制搖旗吶喊的大小人物打成一片，宣揚帝制。

一天，蔡鍔與一幫烏合之眾又談起帝制。蔡鍔附和道：「共和兩字，並非不良，但我國國情、人情，卻不適合共和。」

宣揚帝制的籌安會的大頭目楊度立刻應道：「蔡鍔兄，你今日方知『共和』二字的利害嗎？」

蔡鍔不敢怠慢，趕緊道：「俗話說得好：『事非經過不知難。』楊大人還不肯諒解蔡某人嗎？」

楊度不甘休道：「你是梁啟超的高足，他最近作了一篇文章駁斥帝制，你卻來贊成帝制，豈不是背師判道嗎？」

蔡鍔笑道：「師生也是人各有志。以前楊大人與梁啟超同是保皇派的，為什麼他駁斥帝制，你偏又辦起籌安會？今天你詰責我，我倒要問問老兄，誰是誰非？」楊度討了個沒趣。

楊度不甘心，紅著臉拿出一張紙，遞給蔡鍔道：「你既然贊成帝制，就應該參加請願，何不簽個大名？」

蔡鍔十分爽快：「我在總統面前已請過願了，我簽個名兒，有何不可？」遂提起毛筆，信手一揮。

大家見他這般爽直，疑心蕩然無存，個個拍手叫好。

而此時，蔡鍔正尋找著虎口脫身的機會。

為了能再讓袁世凱消除對他的疑心，蔡鍔脫掉他那身戎裝，去妓院尋花問柳。想不到，蔡鍔在妓院結識了有膽有識、聞名京城的小鳳仙。

為了把戲演得更真，蔡鍔特地讓小鳳仙備了一桌酒菜，邀請了袁世凱的爪牙喝酒。幾杯酒過後，蔡鍔揚言要與妻子離婚，娶小鳳仙為妻。那些人對蔡鍔深信不疑，紛紛報告袁世凱。

再看蔡鍔，整天在小鳳仙那兒轉來轉去，一副神魂顛倒的模樣。

為了讓袁世凱徹底放鬆警惕，蔡鍔與夫人上演了一場假離婚風波。

一日清晨，蔡鍔趁袁世凱還沒有起身就趕到總統府，要求見袁世凱，待侍官說總統未起，他又故作懊惱地說道：「總統起來後，請立即打電話給我。」說完便回家去了。

袁世凱起來之後，聽到稟報：蔡將軍在家中與夫人毆打，摔壞了好多東西。袁世凱立即派人前去調解。只見蔡夫人披頭散髮、淚流滿面地躺在地上，被摔壞的東西亂七八糟散了一地。蔡鍔在一旁自顧自地罵著。袁的手下進行了一番勸解，蔡鍔似火上澆油，罵得更兇。哪知蔡夫人也是毫不示弱，當即回娘家去了。袁世凱聞之，終於徹底放心，與兒子袁克定道：「我看蔡鍔有才有幹，可辦大事，誰知他尚不能治家呢！我可高枕無憂了。」

蔡鍔見袁世凱放鬆了對他的監視，於是暗中與梁啟超策劃反袁，尋機脫身。

一九一五年十一月初，蔡鍔以去天津看病為由，在小鳳仙的巧妙配合之下，設法躲過了北洋警探的跟蹤，繞道日本、越南，於十二月二十一日偕同戴戡等人秘密到達昆明。

蔡鍔終於虎口脫險，不久即和唐繼堯組織護國軍討袁。

袁世凱生性狡猾，耳目甚多，為了消除袁的疑心，蔡鍔先是與袁的狐朋狗友打成一片，加入宣揚帝制的籌安會當中，讓袁及其爪牙認為其稜角已磨去。再到妓院「鬼混」，不問政務，直至「休」了結髮之妻。這番假戲真做，天衣無縫一般，蒙住了袁世凱的眼睛，保護了自己，而且以此求得了反擊的機會和時間，一旦時機成熟，蔡鍔便進行了反撲，完成了自己的護國運動。

假戲公開唱的關鍵就是要迎合對方，裝傻充愣，解除戒心，投其所好，要學會表現出自己沒有野心，即使有一點小野心也不可能對其構成威脅，這時你就能達到自己的目的了。

厚黑之道二十四：背後黑一手

厚黑真經

當你與同樣精通厚黑之道的人相處，並且準備施行厚黑之術時，一定要防止對方同樣的招數，用比對方更高明的厚黑手段，以厚制厚，以黑制黑。比對方偽裝得更巧妙，假裝看不出對方的招數。但千萬別忘了，在任何時候骨子裡藏著的都一定是奇狠無比的「黑心」，一旦有機會，絕對要毫不猶豫地背後下暗手。

厚黑妙用

唐朝中葉，安祿山發動叛亂。叛軍一路上勢如破竹，這一天來到了雍丘。著名將領張巡率領雍丘軍民進行了積極的抵抗。守衛戰堅持了四十多天，城中的箭都已用完。張巡叫士兵們紮了一千多個草人，給草人穿上黑衣，繫上繩子。晚上，叫士兵提著繩子把草人從城牆上慢慢放下去。

圍城的叛軍以為是唐軍偷越出城，一陣亂箭射去。等草人身上扎滿了箭，士兵們再把草人拉上城來。這樣反覆好多次，得到了十幾萬支箭。秘密洩露出去，叛軍才知道張巡用了草人借箭的計策。一天夜裡，又有好多人從城上吊了下去。叛軍將士都哈哈大笑，嘲笑張巡愚蠢。有個將領說：「張巡還想用草人來賺我們的箭呀，弟兄們，別上當啦！咱們不理它，讓他們自等著吧！」

過了一陣子，有人報告城牆上的草人不見了。那個將領說：「咱們不射箭，張巡準是等得不耐煩，把草人收回去了。沒事啦，大家都睡覺去吧。」夜深人靜的時候，突然跑出一支唐軍，直向叛軍兵營殺來。城裡唐軍也擂鼓吶喊，就要殺出城來。叛軍將士早已進入夢鄉，遭到突襲，立刻大亂。叛軍將領從睡夢中驚醒，以為是唐朝的增援大軍殺來了，不敢抵抗，慌忙下令放火，把那些工事壁壘一齊燒毀，然後逃跑了。原來這又是張巡用的計。這次吊下城來的不是草人，是唐軍的敢死隊。敢死隊下城以後就找地方埋伏起來，到深夜發動突襲，城裡再呼應助威，好像增援大軍從天而降。其實敢死隊一共才五百人。等叛軍驚慌逃跑，敢死隊和城裡的唐軍乘勝追殺十多里，取得大勝，才收兵回城。

做一些表面看來毫無意義甚至愚蠢的事情，可以麻痹對手，分散對手的注意力，然後趁機行動。這種蒙蔽方法著眼於擾亂對手視線，就好像是虛晃一槍的障眼法。這樣在你的對手搞不清狀況的時候，可以輕鬆取勝。

在現實的生活中為了不讓對方搞清楚你的主張和觀點，為了不讓自己被人玩弄，就需要迷惑對方，以保護自己。這是需要一定技巧的。從很多城府很深的人身上我們能夠看到這一點，那就是要懂得真假結合，以擾亂對方的判斷。

一九七二年五月，一場世界國際象棋冠軍爭霸賽開始了。蘇聯國際象棋冠軍史帕斯基焦躁地等待遲遲未到的對手巴比·費雪。

朋友覺得費雪羞辱了史帕斯基，勸史帕斯基一走了之，但是史帕斯基非常渴望贏得這場比賽。

費雪終於到了，但他一會兒抱怨這，一會兒抱怨那，他這些無端的過分的挑剔讓蘇聯代表團終於忍耐不住，決定放棄與費雪的比賽。

這一招顯然生效了，費雪終於答應比賽了。但是就在雙方見面的那一天，費雪卻遲到了很久，甚至在新聞發佈會的日子，他也再度遲到。直到比賽開始前的一分鐘，費雪才出現，所有的人都以為費雪怯場了。

在第一局中，費雪早早就下了一步爛棋，似乎打算棄子投降。史帕斯基知道費雪從不棄子投降，但是，這次費雪真的投降了。

在輸掉第一局之後，費雪更加大聲地抱怨一切。第二局比賽，他又沒有準時出現。主辦單位只好取消了他第二局的出賽權。很明顯，費雪已經心神大亂了。第三局，費雪卻顯得信心十足。在關鍵時刻他又下了一招錯棋，但是他自信的神情讓對手困惑。在史帕斯基恍然大悟之前，費雪已經利索地戰勝了他。

費雪打破常規的策略使史帕斯基方寸大亂。這一局結束時，費雪以拳擊掌，大叫：「我擊垮了對手！」

後面幾盤棋，史帕斯基開始犯錯。輸掉第六局棋後，他開始悄聲哭泣。第八盤棋下完後，史帕斯基終於明白了這是怎麼一回事，但是已經太遲了。

第十四局比賽後，史帕斯基懷疑比賽時自己喝的橘子汁被下了藥，讓他不能集中注意力。他甚至公開控訴費雪的團隊在椅子上動了手腳，擾亂了他的心智。椅子被拆解開來，接受X光檢查。一位化學家對飲料和空氣進行了檢測，都找不出任何不對勁的地方。

史帕斯基的心智開始渙散了，沒有辦法再繼續下去，最後只好無可奈何地放棄了比賽。從此，他一蹶不振。

後來，費雪就自己在這次比賽上的反常行為向朋友作了解釋。在比賽前，費雪和史帕斯基已經較量過多次，但是費雪總是贏不了，因為他走的每一步棋都在對手的預料之中。因此，費雪為冠軍賽做了充分的準備。

比賽的時候，費雪故意走錯棋，再加上一次次的遲到，這些因素影響了史帕斯基的心理。他懷著惱怒的心態比賽，怎麼能夠發揮好呢？況且費雪已經改變了自己的模式。

事實上，費雪推翻自己舊有模式的代價就是輸掉第一盤棋和第二局棋被禁的懲罰。史帕斯基就是因為猜不透他的對手，以至於心智大亂，到了最後已經不能像一個棋手一樣思考問題了。

如果不知道變通，只是一味地使用老方法，在對手的實力不下降的情況下，等於繼續自尋敗路，不可能有奇蹟出現。如果要想戰勝對手，就要不斷改變行事方法，尤其在對手對你的情況比較熟悉的時候。改變自己的習慣，偽裝好自己，讓他無法預測到你下一步的行動，適時在背後「黑一手」，就會讓他方寸大亂，失掉信心。

第五章 聾道：和尚撞鐘，得過且過

厚黑之道二十五：糊塗勝精明

厚黑真經

鄭板橋有句名言：「聰明難，糊塗難，由聰明而轉為糊塗更難。」首先，從鄭板橋強調的「由聰明而轉為糊塗」可以明顯看出，他並不是真糊塗，而是裝糊塗。其次，糊塗何以會比聰明難呢？看來有些費解。其實，在待人處世中要做到糊塗確實不易，這需要有一定的修養。

厚黑妙用

與人處世是一門學問，甚至是用畢生精力也未必能勘破其中因果的大學問。多少不甘寂寞的人窮原竟委，試圖領悟到人生真諦，塑造出自己輝煌的人生。然而人生的複雜性使人們不可能在有限的時間裡洞明人生的全部內涵，人們對人生的理解和感悟又總是局限在事件的啟迪上。要想活得瀟灑，處世不能玩世不恭，遊戲人生，但也不能太較真，認死理。「水至清則無魚，人至察則無徒」，太認真了，就會對什麼都看不慣，連一個朋友都容不下，把自己和社會隔絕開。肉眼看很乾淨的東西，拿到顯微鏡下，滿目都是細菌；鏡子很平，但在高倍放大鏡下，就成了凹凸不平的山巒。如果我們「戴」著放大鏡、顯微鏡生活，恐怕連飯都不敢吃了。再用放大鏡去看別人的毛病，恐怕那傢伙就罪不容誅、無藥可救了。

人非聖賢，孰能無過。凡是能成大事的人都具有一種優秀的品質，就是能容人所不能容，忍人所不能忍，善於求大同存小異，團結大多數人。他們極有胸懷，豁達而不拘小節，大處著眼，而不會目光如豆，斤斤計較，糾纏於非原則的瑣事，所以他們才能成大事大業，使自己成為不平凡的人。與人相處如果能互相諒解，經常以「難得糊塗」自勉，有肚量，能容人，你就會有許多朋友，且左右逢源，諸事遂願；相反，若「明察秋毫」，眼裡不揉半粒沙子，過分挑剔，什麼雞毛蒜皮的小事都要論個是非曲直，人家就會躲得遠遠的，最後，你只能關起門來「稱孤道寡」，成為使人避之唯恐不及的異己之徒。

要真正做到不較真、能容人，需要有良好的修養，需要有善解人意的思維方法，需要從對方的角度設身處地地考慮和處理問題，多一些體諒和理解，多一些寬容，多一些和諧，多一些友誼。比如，有些人一旦處於管理者的位置上，便容不得下屬出半點毛病，動輒捶胸頓足，橫眉豎目，屬下畏之如虎，時間久了，必積怨成仇。其實，管理者應該想一想，天下的事並不是你一人所能包攬的，何必因一點點毛病便與人生氣呢？而屬下也應該想一想，如果自己處於管理者的位置上會怎樣呢？這樣也許就理解了上司的急躁情緒。

有位同事總抱怨他們家附近超市的售貨員態度不好，像誰欠她錢似的。後來同事的妻子打聽到了女售貨員的身世：老母癱瘓在床，丈夫有外遇離了婚，上小學的女兒患哮喘病，住在一間五坪大的房子裡，每個月只有兩萬元工資，難怪她一天到晚愁眉不展。

這位同事從此再也不計較她的態度了，甚至還想幫她一把，為她做些力所能及的事。在公共場所遇到不順心的事，實在不值得生氣，素不相識的人冒犯我們肯定是有原因的。如果他的煩心事正巧讓我們碰上了，我們不能與這位原本與自己無仇無怨的人瞪著眼睛較勁。只要不是侮辱了人格，我們就應寬大為懷，不以為意，或以柔克剛，曉之以理。假如較起真來，大動肝火，刀對刀、槍對槍地幹起來，再釀出個什麼後果，那就犯不上了。

跟萍水相逢的陌路人較真，實在不是聰明人做的事。對方的觸犯從某種意義上是發洩和轉嫁痛苦，雖說我們沒有分攤他痛苦的義務，但客觀上確是幫助了他，無形之中做了件善事。再說，假如對方素質較低，一較真反而降低了自己的水準，這樣一想，不如容過他了。

世上有很多事只要不是原則、立場的大是大非問題，就不必非分出對和錯來不可。人們在職場中、社會上充當著各種各樣的規範化角色，如恪盡職守的國家公務員、精明體面的商人，還有普通員工，但一回到家裡，脫去西裝革履，也就是脫掉了你所扮演的這一角色的「行頭」，即社會對這一角色的規矩和種種要求、束縛，還原了你的本來面目，使你盡可能地享受天倫之樂時，你的頭腦一定要清楚，在家裡你就是丈夫、妻子。假若你在家裡還跟在社會上一樣認真、一樣循規蹈矩，每說一句話、做一件事還要考慮對錯、妥否，顧忌影響、後果，掂量再三，那不僅可笑，也太累了。所以，處理家庭瑣事要採取「綏靖」政策，安撫為主，大事化小，小事化無。當個笑口常開的和事佬。

有位智者說，大街上有人罵他，他連頭都不回，他根本不想知道罵他的人是誰。這位先生的確修練得頗有城府了，知道該幹什麼和不該幹什麼，知道什麼事情應該認真，什麼事情可以不屑一顧。要真正做到這一點是很不容易的，需要經過長期的磨練。人生如此短暫，不要為不愉快的事情浪費時間。如果我們能明白哪些事情可以不認真，可以敷衍了事，我們就能騰出時間和精力，全力以赴認真地去做該做的事，我們成功的機會和希望就會大大增加；與此同時，由於我們變得寬宏大量，人們就會樂於和我們交往，我們的朋友就會越來越多。事業的成功伴隨著社交的成功，豈非人生一大幸事？

厚黑之道二十六：多聽少說話

厚黑真經

也許，你會認為人際場上能說善道的人最受歡迎，其實，善於傾聽的人才是真正會討人歡心的人。會說的，有鋒芒畢露的時候，也常有言過其實之嫌，話說多了，夸夸其談，油嘴滑舌，說過分了還導致言多必有失，禍從口出。靜心傾聽就沒有這些弊病，倒有兼聽則明的好處。用心聽，給人的印象是謙虛好學，是專心穩重，誠實可靠。仔細聽能減少不成熟的評論，避免不必要的誤解。善於傾聽的人常常會有意想不到的收穫：蒲松齡因為虛心聽取路人的述說，記下了許多聊齋故事；唐太宗因為兼聽而成明主；齊桓公因為細聽而善任管仲；劉玄德因為恭聽而鼎足天下。

厚黑妙用

西格蒙德．佛洛伊德要算是近代最偉大的傾聽大師了。一位曾遇到過佛洛伊德的人，描述著他傾聽別人時的態度：「那簡直太令我震驚了，我永遠都不會忘記他。他的那種特質，我從沒有在別人身上看到過，我也從沒有見過這麼專注的人，有這麼敏銳的靈魂洞察和凝視事情的能力。他的眼光是那麼謙遜和溫和，他的聲音低沉，姿勢很少。但是他對我的那份專注，他表現出的喜歡我說話的態度——即使我說得不好，還是一樣，這些真的是非比尋常。你真的無法想像，別人像這樣聽你說話所代表的意義是什麼。」

有人說，上帝創造人的時候，為什麼只有一張嘴，卻有兩個耳朵呢？那是為了讓我們少說多聽。靜聽他人的聲音，並透過這種靜聽打開生活的玄機，既是對人世的洞明，也是對人生的洞徹。

美國南北戰爭曾經陷入一個困難的境地，當時身為美國總統的林肯，心中有來自多方面的壓力。他把他的一位老朋友請到白宮，讓他傾聽自己的問題。

林肯和這位老朋友談了好幾個小時。他談到了發表一篇解放黑奴宣言是否可行的問題。林肯一一檢討了這一行動的可行和不可行的理由，然後把一些信和報紙上的文章念出來。有些人怪他不解放黑奴，有些人則因為怕他解放黑奴而謾罵他。

在談了數小時後，林肯跟這位老朋友握握手，甚至沒問他的看法，就把他送走了。這位朋友後來回憶說：當時林肯一個人說個不停，這似乎使他的心境清晰起來。並且，林肯在說過這些話後，似乎覺得心情舒暢多了。

當時遇到巨大麻煩的林肯，不是需要別人給他忠告，而只是需要一位友善的、具同情心的聽者，以便減緩心理上的巨大壓力，解脫思想上的極度苦悶。

心理學家已經證實：傾聽可以減除他人的壓力，幫助他人清理思緒。傾聽對方的任何一種意見或議論就是尊重，以同情和理解的心情傾聽別人的談話，不僅是維繫人際關係，保持友誼的最有效的方法，更是解決衝突、矛盾和處理抱怨的最好方法。

根據人性的特點，人們往往對自己的事更感興趣，對自己的問題更關注，更喜歡自我表現。一旦有人專心傾聽談論自己時，就會感受自己被重視，這是一種十分微妙的自我陶醉的心理：有人願意聽就覺得高興，有人樂意聽就覺得感激。

成為一名好的聽眾在企業界有很大的功效。傾聽他人的聲音，就能真實地瞭解他人，增加溝通的效力。一個不懂得傾聽的人，通常也是一個不尊重別人的觀點和立場、缺乏協調性的人，這種人不可避免地會造成他人的反感。譬如說，一名推銷員向某位顧客推銷時，對顧客提出的種種問題表示關切，顧客就會感到很開心。見到此狀，推銷員應進一步表現出自己是很好的聽眾，此時，顧客不僅樂意講，也願意讓你聽他講，這是一種互惠的關係，而這種關係就是成功的第一步。無論是哪一種顧客，對於肯聽自己說話的人都特別有好感。

一言以蔽之，能成為一個好的聽眾，有助於建立融洽的人際關係，善於傾聽等於向成功邁進了一大步。

在美國，曾有科學家對同一批受過訓練的保險推銷員進行研究。這批推銷員接受同樣的培訓，業績卻差異很大。科學家抽取其中業績最好的十%和最差的十%做對照，研究他們每次推銷時自己開口講多長時間的話。研究結果很有意思：業績最差的十%，每次推銷時說話的時間累計為三十分鐘；業績最好的十%，每次說話的時間只有十二分鐘。

為什麼只說十二分鐘的推銷員業績反而高呢？很顯然，他說得少，自然聽得多；聽得多，對顧客的各種情況、疑惑、內心想法自然瞭解很多，他會採取相應措施去解決問題，結果業績自然優秀。

日本的「經營之神」松下幸之助就特別善於傾聽。他說，如果你手下的人提的意見、建議你都不聽，那長此以往，他們就不願再提了，腦子也不願開動了。因為提了也沒有用，聽你的不就行了嗎！這樣做的結果，手下的人還有積極性嗎？腦子還會開動嗎？智慧還能激發出來嗎？顯然不行，這樣公司會死氣沉沉的。

善於傾聽，還能使你有好人緣。為什麼？因為一般人喜歡講，不善於聽。因此，他喜歡講，你正好喜歡聽，那自然是一種特別和諧、特別美妙的組合。

卡內基有一次到一位著名植物學家那裡作客，整個晚上，植物學家都津津有味地跟卡內基談各種千奇百怪的植物。卡內基聽得津津有味，目不轉睛，像個特別喜歡聽故事的孩子，中間只是偶爾問一兩句。沒想到，離開時，植物學家緊握著卡內基的手，顯得特別高興和滿足，還興奮地對卡內基說：「你是我遇到的最好的談話專家。」

善於傾聽，意味著要有足夠的耐心對別人的話題感興趣。如果你認為生活像劇院，自己就站在舞臺上，而別人只是觀眾，自己正在將表演的角色發揮得淋漓盡致，而別人也都注視著自己。如果你有這種習慣，那你會變得自高自大，以自我為中心，也永遠學不會聆聽，永遠無法瞭解別人。

從現在開始，多聽多看別人，將他們當作世上獨一無二的人對待，你將發現你比以往任何時候更受歡迎。

厚黑之道二十七：與人要藏三分心

厚黑真經

與人相處，不要把自己的事全讓人知道，特別是那些不願讓他人知道的個人秘密，更要做到有所保留，將自己的心思深藏不露。向他人過度公開自己秘密的人，往往會因此而吃大虧。

厚黑妙用

傳說，上帝創造世間萬物之初，貓的本領比老虎大，於是老虎就偷偷拜貓為師。經過一番勤學苦練之後，老虎的本領變得十分了得，成了森林之王。

按理說，功成名就的老虎該心滿意足了，可是老虎總覺得拜貓為師的事不光彩，怕傳出去後受百獸譏笑，於是就起了殺師滅口之心。

有一天，老虎終於向貓下了毒手，窮追猛咬，試圖將貓置於死地，情急之下貓一下子跳到了樹上，任憑老虎在樹下張牙舞爪咆哮也無可奈何。嚇出一身冷汗的貓十分後怕地說：「幸虧我留了一手，不然今天就死於逆徒之口了！」

這是一個老掉牙的故事，值得我們注意的是故事蘊含的哲理，隨時提醒我們留一手是很有必要的，而且，也是很有好處的。

為什麼故事中的貓能逃脫虎口，原因是牠沒有亮出自己最後的一張底牌，留了上樹這一手！

為人處世也是這樣，應該盡量設法保持自己的神秘，輕易亮出自己底牌的人讓別人按牌來攻，肯定會輸掉。即使對方是貌似忠厚的老實人，也不可全拋一片心。

碰上貌似老實的人，人們往往一見如故，把「老底」全都抖給對方，也許會因此成為知心朋友。但在現實中，更多可能的情況是：你把心交給他，他卻因此而看扁你，更有甚者會因此打起壞主意，暗算於你。所以說，在待人處事中，尤其是對摸不清底細的人，切切做到「逢人只說三分話，未可全拋一片心」。否則，吃虧受傷害的將是你自己。

李廠長出差的時候在火車上遇見一位「港商」，兩人一見如故，互換了名片。這位港商舉手投足之間都顯示出一種貴族氣質，這使李廠長對其身分毫不懷疑。恰巧兩人的目的地相同，港商又對李廠長的產品非常感興趣，似有合作意向，李廠長便與之同住一家旅館，吃飯、出行幾乎都在一起。這一天，李廠長與一客戶談成了一筆生意，取出大筆現金放在皮包裡。午飯後與港商在自己屋裡聊天，不久李廠長起身去洗手間，回來時出了一身冷汗：港商和那個裝滿錢的皮包都不見了！李廠長趕緊報警，幾天後案子破了，罪犯被抓獲後才知道，原來他並不是什麼港商，而是一個職業騙子。這讓李廠長對自己的輕易相信他人、交出自己底細的做法痛悔不已。

事無不可對人言，是指你所做的事，並不是必須盡情向別人宣佈。世故的人，是否事事可以對人言，是另一問題，他的只說三分話，是不必說、不該說的關係，是一種自我保護和防守。

因此，任何時候我們都要留一手，不要和盤托出全部真情，並非所有真相皆可講，衝動是洩露的大門。最實用的知識在於掩飾之中，輕易展露自己心思、亮出自己底牌的人往往會成為輸家。

王平是一個公司的職員，他與他的好朋友李進無話不談。一次，藉著酒興，向李進說出了他不為人知的秘密。王平年輕時，與別人打群架，結果被判了兩年刑。從監獄出來後，改過自新，重新做人，考上了大學，進了現在的這家公司工作。時值年底，公司效益不佳，並準備裁員。王平和李進從事同一工作，這個位置精簡後只能留下一人，但論實力，王平比李進要略勝一籌。

不久，公司裡的同事都在私下議論王平是坐過牢的「前科犯」，大家對他的印象大打折扣。誰願意跟一個前科犯共事呢？結果李進幸運地留了下來。

世界上的事情沒有固定不變的，人與人之間的關係也不例外。今日為朋友，明日成敵人的事例屢見不鮮。你把自己過去的秘密完全告訴別人，一旦感情破裂，對方不僅不為你保密，還會將所知的秘密作為把柄，到時後悔也來不及了。

因此，自己的秘密不要輕易示人，守住自己的秘密是對自己的一種尊重，是對自己負責的一種行為。羅曼·羅蘭說：「每個人的心底，都有一座埋藏記憶的小島，永不向人打開。」馬克·吐溫也說過：「每個人像一輪明月，他呈現光明的一面，但另有黑暗的一面從來不會給別人看到。」

要知道，秘密只能獨享，不能作為禮物送人，再好的朋友，一旦你們的感情破裂，你的秘密將人盡皆知，受到傷害的人不僅是你，還有秘密中牽連到的所有人。

保護隱私，一來是為了讓自己不受傷害，二來也是為了更好地工作。不過，你也沒必要草木皆兵，若對一切問題都三緘其口，也很容易讓人覺得你不近情理。有時，拿自己的缺點自嘲一把，或和大家一起開開自己無傷大雅的玩笑，會讓人覺得你有氣度，夠親切。

厚黑之道二十八：閉嘴少麻煩

厚黑真經

有個喜歡辯論的學者，在研究過辯論術，聽過無數次的辯論，並關注它們的影響之後，得出了一個結論：世上只有一個方法能從爭辯中得到最大的利益——那就是停止爭辯。這個結論告訴我們：不要在口頭上過於爭強好勝，應學會適時低頭。爭辯中的贏不是真贏，它帶來的只是暫時的勝利和口頭的快感，它會導致他人的不滿，影響你與他人之間的關係。

厚黑妙用

美國教育專家戴爾．卡內基可以說是處理人際關係的「老手」，然而他在年輕時，也曾犯過小錯誤。有一天晚上，卡內基參加一個宴會。宴席中，坐在他右邊的一位先生講了一段幽默故事，並引用了一句話，意思是「謀事在人，成事在天」。那位健談的先生提到，他所引用的那句話出自《聖經》。然而，卡內基發現他說錯了，他很肯定地知道出處，一點疑問也沒有。為了表現優越感，卡內基認真又討嫌地糾正了過來。那位先生立刻反唇相譏：「什麼？出自莎士比亞？不可能！絕對不可能！」卡內基的話使那位先生一時下不了臺，不禁有些惱怒。

當時卡內基的老朋友法蘭克．葛孟就坐在他的身邊。葛孟研究莎士比亞的著作已有多年，於是卡內基向他求證。葛孟在桌下踢了卡內基一腳，然後說：「戴爾，你錯了，這位先生是對的。這句話出自《聖經》。」

那晚回家的路上，卡內基對葛孟說：「法蘭克，你明明知道那句話出自莎士比亞之口。」「是的，當然。」葛孟回答，「在《哈姆雷特》第五幕第二場。可是親愛的戴爾，為了那麼一點小事就和別人較起勁來，值得嗎？再說，我們是宴會上的客人，為什麼要證明他錯了？那樣會使他喜歡你嗎？他並沒有徵求你的意見，為什麼不保留他的顏面而說出實話得罪他呢？」

法蘭克所說的道理人人皆知，但並非人人都能做到。正如他所說，一些無關緊要的小錯誤，放過去無傷大局，那就沒有必要去糾正它。這不僅是為了自己避免不必要的煩惱和人事糾紛，而且也顧到了對方的名譽，不致給別人帶來無謂的煩惱。這樣做並非只是明哲保身，而是為了體現為人的大度。

人們常說：「凡事不能太較真。」一件事情是否該認真，這要視場合而定。鑽研學問要講究認真，面對大是大非的問題更要講究認真。而對於一些無關大局的瑣事，不必太認真。不看對象、不分地點刻板地認真，往往使自己處於尷尬的境地，處處被動受阻。每當這時，如果能理智地後退一步，往往能化險為夷。

林則徐說過：「海納百川，有容乃大。」與人相處，你敬我一尺，我敬你一丈；有一分退讓，就有一分收益。相反，存一分驕躁，就多一分挫敗；占一分便宜，就招一次災禍。

當你心胸開朗、神情自若的時候，對於那些蠅營狗苟、一副小家子氣的人，就會覺得他的表演實在可笑。但是，凡人都有自尊心，有的人自尊心特別強烈和敏感，因而也就特別脆弱，稍有刺激就有反應，輕則板起臉孔，重則馬上還擊，結果常常是為了爭面子反而沒面子。多一點寬容退讓之心，我們的路就會越走越寬，朋友也就越交越多了，生活也會更加甜美。所以，要想成為一個成功的人，我們千萬不能處處斤斤計較。

認真需要我們去仔細權衡。許多非原則的事情不必過分糾纏計較，凡事都較真常會得罪人，給自己多設置一條障礙。雞毛蒜皮的繁瑣無須認真，無關大局的枝節無須認真，劍拔弩張的僵持則更不能認真。

然而有一種人，反應快，口才好，心思靈敏，在生活或工作中和別人有利益或意見的衝突時，往往能充分發揮辯才，把對方辯得啞口無言。

可是，你為什麼一定要與對方辯論到底以證明是他錯了？這麼做除了讓你得到一時的快意之外還有什麼呢？這樣能使他喜歡你，或是能讓你們簽訂合同？事實並非如此，要想擁有良好的人際關係，要想使自己在事業上遊刃有餘，在朋友中廣受歡迎，在家庭中和睦相處，你最好永遠不要試圖透過爭辯去贏得口頭上的勝利。

在辯論中，無論你是失敗還是獲勝，你都不會得到任何好處。這是因為，就算你將對方駁得體無完膚、一無是處，那又怎樣？你只是使他覺得自慚形穢、低人一等，你傷了他的自尊，他不會心悅誠服地承認你的勝利。即使他表面上不得不承認你勝了，但他心裡會從此埋下怨恨的種子。

你要知道，當人們逆著自己的意見，被別人說服時，他仍然會固執地堅持自己是對的。富蘭克林這樣說過：「如果你辯論、反駁，或許你會得到勝利，可是那勝利是短暫、空虛的……你永遠得不到對方的好感。」

你不妨替自己做這樣的衡量——你想得到的是空虛的勝利，抑或是人們賦予你的好感，這兩件事，很少能同時得到。

厚黑之道二十九：不妨裝點傻

厚黑真經

《論語》中有一段孔子讚人「愚不可及」的話，大意是說：「寧武子這人，當國家政治清明的時候便發揮他的聰明才智，當國家政治黑暗的時候便裝出一副愚笨的樣子。他的那種聰明是人們可以趕得上的，他的那種愚笨卻是沒有人能夠趕得上的。」這句話告訴我們：學「傻」比學「智」更難。

厚黑妙用

西漢的張良是漢高祖劉邦的謀士，他智慧過人，屢出奇計，為西漢的建立立下了不朽的功勞。漢六年（西元前二〇一年），劉邦大封功臣，說「運籌帷幄，決勝千里之外，這是子房的功勞」，請張良自選齊地三萬戶，作為封邑。張良推辭不受，最後被封為留侯。

對於張良的謙遜，很多人頗為不解。跟隨張良多年的心腹有一次忍不住問張良：「富貴榮華，這是人人都不願放棄的，大人何以功成之時，一概不求呢？大人也曾是義氣中人，這樣銷聲匿跡，豈不太可惜了嗎？請大人三思。」

張良隨口一嘆說：「正因如此，我才有如此抉擇啊。」

張良的心腹聞言一怔，茫然不語，張良低聲說：「我年輕時，散盡家財，行刺秦王，追隨沛公，唯恐義不傾盡，智有所窮，方有今日的虛名。時下大局已定，天下太平，謀略當是無用之物了，我還能彰顯其能嗎？謀有其時，智有其廢，進退應時，方為智者啊。」

張良和外人從不坦露心聲，好友探望他，他從不議論時事。一次，呂后因劉邦要廢掉太子劉盈之事派人求張良幫忙，軟硬兼施之下，張良無奈出了主意，讓呂后請出商山四皓輔佐太子。劉邦一直崇敬這四個人，待見他們出山相助太子，大驚失色，自知太子羽翼已成，不得不放棄了廢太子的念頭。

呂后派人向張良致謝，張良卻回絕說：「這都是皇后的高見，與我何干呢？請轉奏皇后，此事千萬不要再提起了。」

呂后聽了使者回報，感嘆良久，她對自己的妹妹說：「張良不居功是小，棄智絕俗才是大啊。我先前只知道他智謀超群，今日才知他是深不可測，非我等可以窺伺得了的。」

劉邦死後，呂后專權。張良對世事的變故一概不問，求見他的大臣他也一律不見。呂后見他潛心研學道家養生之術，便不以他為患，反而對他愈生欽敬，她派人對張良說：「人的一生，十分短暫，應該及時享樂。聽聞你為煉仙術，竟致絕食，何須如此？切不要自尋煩惱了。」

在呂后的一再催促下，張良這才勉強用飯。呂后對其他的大臣或殺或貶，卻獨對張良關愛有加。

俗話說，真人不露相，露相非真人，才能出眾不是智慧，有智慧的人並不顯露自己，因為過於顯山露水只會讓智慧發揮它的副作用，導致「聰明反被聰明誤」的後果。所以，刻意隱藏智慧往往是智者的第一選擇。這其中自有智者對智慧的獨特認識，但更多的還是他們對智慧的副作用心存忌憚。智慧會引人注目，但如果在引人注目之後不能為人效勞，就容易引起他人的嫉妒或忌憚，所以，智者都懂得隱藏智慧，保全自身。做不到這一點的人，總是那些不知收斂的人，他們的結局大多不妙。

因此，做人切忌恃才自傲，不知饒人。鋒芒太露易遭嫉恨，更容易樹敵，藏巧守拙才是長遠之道。

英國前首相威爾遜在一次競選演講中，遭到一名搗亂分子的挑釁。演講正在進行，搗亂分子突然高聲喊叫：「狗屁！垃圾！臭大便！」這個人的意思很明顯，是罵威爾遜的演講臭不可聞，不值得一聽。但是威爾遜不理會他的本意，只是報以容忍的一笑，安慰他說：「這位先生，我馬上就要談到你提出的環境髒亂的問題了。」隨之，聽眾中爆出掌聲、笑聲，為威爾遜的機智妙答喝采。

別人的刻薄攻擊，不僅可以當作耳邊風，而且還能對其反譏一番，這可是化解尷尬的最好途徑。

對於一些敏感性問題，提問者一般不直接就問題的本質提出質疑，而是從其他貌似平常的事物著手，旁敲側擊地進行誘導性詢問。這時，我們可以故意裝作不懂對方的真正用意，而站在非常表面的、膚淺的層次上曲解其問話，並將這種曲解強加給對方，使對方意識到我方的有意誤解實際上是在表達委婉的抗議和迴避，從而識趣地放棄自己的追問。

厚黑之道 三十：裝聾作啞好

厚黑真經

在人際交往中，有許多場合都可以使用「裝聾作啞」的辦法，躲開別人說話的鋒芒，然後避實就虛、猛然出擊。其技巧關鍵在於躲閃避讓的機智，雖是「裝作」，正如實施「苦肉計」一樣，卻一定要表演得自然。

厚黑妙用

聰明的人裝聾作啞是為了平息事端，減少麻煩，緩和矛盾。如果事事都做到眼裡不揉沙子，那麼，這「沙子」就可能會把事情搞得不好收場，或者使事情難以朝好的方向發展。所以，在適當的時候必須學會裝聾作啞。一般來說，裝聾作啞可以帶來以下幾個「糊塗」的好處：

一．以糊塗獲利

裝糊塗可以激發別人的興趣，並從他們的興趣中獲得收益。

據說美國第九任總統威廉．亨利．哈里遜出生在一個小鎮上，他小時候是個文靜怕羞的孩子，人們都把他看作傻瓜，常喜歡捉弄他。他們經常把一枚五分的硬幣和一枚一角的硬幣扔在他的面前，讓他任意挑一個。威廉總是挑那個五分的，而且傻笑著對著行人說：「我喜歡這一個，這一個值錢！」於是大家都嘲笑他。有一天一位好心人問他：「難道你不知道一角錢比五分值錢嗎？」「當然知道，」威廉慢條斯理地說，「不過，如果我挑了那個一角的，恐怕他們就再沒有興趣扔錢給我了。」

二．以糊塗應變

當某種局面難以駕馭時，可以裝聾作啞地應付過去。這樣既可以保全自己的面子，也可以使對方的語言或行為失去應有的效力。

一次大戰後，土耳其獲得獨立。英國夥同法、義、俄等國，在洛桑與土耳其談判，企圖繼續奴役土耳其，迫使土耳其簽訂不平等條約。土耳其代表伊斯美外長提出本國條件時，一下子觸怒了英國外相，他咆哮如雷，揮拳吼叫，恫嚇加威脅。

儘管其他列強助紂為虐，伊斯美作為小國代表，卻裝耳聾，一聲不吭。等英國外相喊完了，他才不慌不忙地張開右手靠在耳邊，把身子移向英國代表，十分溫和地說：「閣下，你剛才說什麼，我還沒有聽清楚呢！」瞧，假借糊塗裝聾作啞，使對方的恫嚇毫無價值。

三．以糊塗容人

在一些細節問題上不要太較真，否則，會讓人感到你心胸狹隘。有時為了表現自己的寬宏大量，裝聾作啞就派上了用場。

一次，宋太宗在北陪園飲酒，臣子孔守正和王榮侍奉酒宴。二臣喝得酩酊大醉，互相爭吵不休，失去了臣下的禮節。內侍奏請太宗將兩人抓起來送吏部去治罪，但是太宗卻派人送他們回家去了。

第二天，他倆酒醒了，想起昨晚酒後在皇上面前失禮，十分後怕，一齊跪在金鑾殿上向皇帝請罪。宋太宗微微一笑，說：「昨晚朕也喝醉了，記不得有這些事。」

宋太宗託辭說自己也醉了，不但沒有丟失皇帝的體面，而且也會使這兩個臣子今後自知警戒。如此裝糊塗，既表現了大度，又收買了人心。

四．以糊塗解圍

在交際活動中，交際的雙方或局外人由於彼此不甚瞭解，常常會做出一些讓對方迷惑不解的舉動，導致尷尬、緊張場面的出現。為了緩解此種局面，我們可以採用故意曲解的策略，假裝不明白尷尬舉動的真實含義，而給出有利於局勢好轉的理解，進而一步步將局面朝有利的方向引導過去。

前蘇聯領導人戈巴契夫有次偕夫人賴莎訪美，在赴白宮出席雷根的送別宴會途中，他突然在鬧市下車，和站在路旁的美國行人握手問好。前蘇聯保安人員急忙衝下車，圍上前去，並喝令站在戈巴契夫身旁的美國人趕快把手從褲袋裡伸出來（怕他們袋內藏有武器）。行人一時不知所措，但站在戈巴契夫身後的賴莎十分機智，趕快打圓場，向責問的美國人解釋說：「他們的意思是要你們把手伸出來，跟我丈夫握手。」

這種隨機應變、順水推舟的圓場話，維護了前蘇聯領導人與美國人的友好感情。頓時，周圍的美國人都伸出手來和戈巴契夫等人握手致意。這樣，尷尬的局面不但順利緩解，而且有力地推進了前蘇聯領導人與美國民眾的友好感情。

第六章 弄道：多做少說，能撈別放

厚黑之道 三十一：死皮要賴臉

厚黑真經

雖然表現出不好意思在待人處世中顯得較可愛，但有時也會讓人失去很多該有的權益和機會。面子可以遮醜但不可以讓你進步，為了面子問題而失去良好的機會這是得不償失的。因此，《厚黑學》認為，為了爭得屬於你的那份利益，千萬別不好意思。在別人不好意思的時候，如果你能厚下臉皮，做到好意思，自然就能馬到功成了。

厚黑妙用

在最初的時候，森林裡的鳥兒都不會唱歌。直到有一天，從很遠的地方飛來了一隻很會唱歌的雲雀，牠的歌聲如此委婉動聽，感動了森林裡所有的鳥。所有的鳥一致要求雲雀教牠們唱歌。經不住所有鳥兒的苦苦懇求，雲雀答應了。

開始教歌的第一天，雲雀首先教音符。牠教一聲，大家就唱一聲。教了一會，雲雀為了檢驗學生們學習的情況，就請牠們一個個地站出來單獨試唱。第一個點的是烏鴉。烏鴉紅著臉，扭扭捏捏地站了起來，不好意思地低聲發出了聲音。由於牠的羞澀，發出的音符走了調，大家哄堂笑了起來。這一來烏鴉更羞得臉紅脖子粗，牠暗地裡想：「唉！多丟人呀！醜死了！」雲雀制止了大家的笑，為了更準確地糾正烏鴉的發音，牠請烏鴉大聲再唱一遍。烏鴉卻想：「這不是存心丟我的面子嗎？我才不願再獻醜呢！」牠一聲也不吭，恨恨地飛走了。從此再也不接受雲雀的邀請。

雲雀後來又請其他的鳥來唱。其他的鳥在最初幾次發音也走了調，大家也同樣地嘲笑了牠們；但那些鳥兒卻都沒有像烏鴉那樣飛走，而是總結經驗，聽從雲雀的指導，耐心地學了下去。

後來，森林裡其他的鳥兒都學會了唱歌，聲音悅耳動聽，唯獨烏鴉到現在還不會唱歌，偶爾叫喊幾聲也仍然是當初走調的聲音。

愛面子是人性中的通病，在他人的嘲笑中缺乏的是對自己堅定的信念，一味地為自己護短，這本身就是對自己不負責的表現，最終吃虧的還是自己。

求人辦事，更不能死要面子，須知「死要面子活受罪」，如果總是以為自己是多麼的清高，這樣事情能辦成嗎？死要面子的人，往往會真正丟了面子。

我國著名的小說《紅樓夢》和話劇《北京人》，都真實地表現了本已敗落，但仍不肯拋棄面子的諸多世家子弟的形象。在他們看來，如果這些面子一旦全都不存在，活著也就沒有什麼意思！可見，很多人把面子看得比生命還重要，這就是他們的人生哲學。

面子當然應該要，一個一點面子也不要的人，恐怕自尊心也不復存在。關鍵的問題是要搞清怎樣做才算不丟面子？什麼面子可以丟，什麼樣的面子應當保？當然，人們也都非常明白，出於虛榮的面子應當丟，有關人格的面子需要保，不保何以處世？而保的辦法則在實事求是。事實俱在，曲直分明，面子不保亦在；譁眾取寵，裝腔作勢，面子雖保亦失。

有這樣一個例子，說的是齊國有一位很窮的人，娶了一個老婆，還有一位小妾。這個人祖上也許發達過，可是現在不行了，然而他的面子可低不下來，就是在自己的老婆、小妾面前也不忘打腫臉充胖子。他經常會對妻妾說，常有貴客請他赴宴，而且每次回來都裝成酒足飯飽的模樣。後來，老婆覺得自己家清貧但丈夫卻經常能趕赴貴人的宴會，於是就跟在丈夫背後想一探究竟。終於她發現了丈夫的秘密。

原來這個人每天都來到東門外的一個墓地裡，跑到上墳人那裡去乞討剩餘的祭品。原來他就是這樣參加宴會的！而每天他都洋洋自得地在他一妻一妾面前擺出一副不可一世的樣子，絲毫也不覺慚愧。因為在他看來，這樣才算有面子，也就不管什麼死要面子活受罪了。

其實面子的危害豈止是活受罪，有時還是傷害自我的導火索。

在中國古代，人們把勇敢看成有面子，所以，傳說有兩位勇士，為了表示勇敢，居然互割對方的肌肉下酒，最後雙雙送了性命。

以上講的都是古代的例子。在商品經濟的社會中，要面子的現象同樣存在，而且有過之而無不及。社會人類在不斷分化，貧富差距在不斷加大，許多人在社會劇變中失去了自我價值的判斷，他們的心理遭到了極大的扭曲，因此只有借助於虛榮來滿足自己的面子和虛榮心。有些人即使債臺高築，也要揮金如土，與他人比吃、比穿、比用、比收入。當官的比轎車、比住房、比待遇、比級別；在辦紅白喜事時，講排場、擺闊氣；在住房裝修中，比豪華氣派；在生活消費中，大手大腳，寅吃卯糧，借貸消費。其目的都是需求他人將目光聚集在自己身上，以滿足自己的「面子」。要知道，死要面子還會使人變得乖僻而孤獨。

厚黑之道三十二：捨得孩子套得狼

厚黑真經

捨得捨得，有捨才能有得，小捨小得，大捨大得，不捨不得。為了獲大利，就不能計較一時一事的得失。因為真正笑到最後的人，往往就是拿到西瓜而不在乎丟掉一兩粒芝麻的厚黑之士。

厚黑妙用

湯姆斯是一位傑出的商業家，他的投資範圍十分廣泛，包括旅館、戲院、工廠、自助洗衣店，等等。出於某種考慮，他還認為應該再投資雜誌出版業。

經他人介紹，湯姆斯看中了雜誌出版家傑克先生。傑克是出版行業的大紅人，很多出版商都爭相羅致，但始終無法如願。如何才能把傑克負責的雜誌弄到手，並將他本人網羅到自己旗下呢？湯姆斯決定不惜重金進行說服。

事先，湯姆斯經過調查和觀察，知道傑克本人恃才自傲，而且瞧不起外行人。但是另一方面，傑克現在已是子孫滿堂，對於獨立操持高度冒險的事業已經沒有當初的興趣，而且對於整日泡在辦公室裡處理日常瑣事早已深感厭倦。因此，給傑克送「東西」，就要和別人送的不一樣。

湯姆斯開門見山地承認自己對出版業一竅不通，需要借助有才幹的人促成事業的成功。接著，湯姆斯把一張兩萬五千美元的支票放在桌子上，對傑克說：「除這點錢外，我們還要再給你應該得到的那些股份和長期的利益。」為了解決傑克公務的煩惱，湯姆斯指著幾位部屬說：「這些人都歸你使用，主要是為了幫助你處理辦公室的繁瑣事務。」當傑克提出所有經濟實惠要現金不要股票時，湯姆斯又耐心地告訴他股票在過去幾年中如何漲價，利益如何可觀，利息如何高，等等，同時還強調，他會向傑克提供長期的安全福利。

對於傑克來說，這些條件不僅滿足了他的迫切需要，還使他的出版業有了足夠資金和擴展業務的財力保證。於是傑克同意將他的雜誌投到湯姆斯的旗下。雙方簽訂了五年的合約，內容包括：付給傑克四萬元現金，其他紅利以股票的形式支付，等等。

有付出才會有回報，先要給予才能索取。在商場上摸爬滾打的商人深諳於此道。湯姆斯的「送」雖然想了很多辦法，出手也很大方，但他的所作所為還算「正大光明」。有時候有些人為了達到一己目的，在「送」的方面能做出讓對方想不到的事。豎刁博取齊桓公信任就是個很好的例子。

豎刁是春秋時期齊國人。他少年時就進宮伺候齊桓公，深得齊桓公的寵愛，後來成為亂政禍國的奸臣。

豎刁出身貧寒，入宮後，他就設法進內廷做近侍。他由外廷做起，處處謹慎，加之他天資聰穎，漸漸受到桓公的注意，不久就把他調為近侍。在桓公身邊，他處處留心觀察桓公的生活習性和內心活動，於是他事事投其好，使桓公非常滿意。天長日久，他就成了桓公日常生活中不可須臾離開的人物了。

豎刁深知桓公有兩大嗜好，一是喜食美味、奇味；二是好女色。於是，豎刁就著力從這兩方面下手。宮中有一個叫易牙的人，為人奸詐，精於烹調之技，豎刁就設法與他結為朋友。易牙也深羨豎刁顯赫之勢，不久，兩人遂成莫逆之交。

有一天，豎刁向桓公舉薦易牙，桓公聽說易牙擅長烹調，就隨口問易牙：「我對人間的鳥、獸、蟲、魚都吃膩了，只是沒吃過人肉，不知人肉味道如何？」這本是桓公一句戲言，易牙便把這件事牢記心裡，總想著怎麼才能給桓公做頓人肉宴，他忽然眼前一亮，用自己兒子不正好嗎？幾天後的一次午膳上，桓公吃到了一盤嫩如乳羊、鮮美無比的菜。當桓公知道這是易牙兒子的肉時，覺得易牙愛他勝於愛自己的親骨肉啊。此後，桓公不僅寵信易牙，對豎刁也更是恩寵有加了。宮中有一個叫開方的大夫，也是豎刁的好朋友。為了得到美女，豎刁就和開方計議要把衛懿公的女兒薦給桓公，果然，桓公得到這個美女後非常高興。豎刁就是透過這些手段博得了桓公的寵信，在宮中身價日增。

用送禮的方法求人時，首先要學會放下面皮，敢於去送，捨得本錢，俗話說捨不得孩子套不住狼。如果在送禮時斤斤計較，患得患失，那還不如不「送」。因為這樣既達不到目的，還會被人小看。當然，要想真正做到捨得孩子去套狼，還要不怕別人背後怎麼看，一切任由世人說去好了。求人是一件很難的事，必須把世故與人情都揣摩熟了。如果要想請人幫助，得先估計你自己有無條件討價還價，記住一點：有捨才有得，大捨才能大得。

厚黑之道 三十三：回頭草不吃不肥

厚黑真經

人，不應該意氣用事。明知「回頭草」又鮮又嫩，卻怎麼也不肯回頭去吃，自以為這樣才是有「志氣」。殊不知這是一種很幼稚的做法，如果回頭草能使你達成心中的理想，那就大膽去嘗試，不要坐失良機，以致後悔莫及。

厚黑妙用

甲午戰爭後，袁世凱的北洋勢力迅速崛起，袁世凱繼李鴻章之後擔任直隸總督兼北洋大臣，手中握有六鎮新軍，是當時權傾朝野的實權人物。投機政客江朝宗找關係走後門終於攀上了袁世凱這棵根深葉茂的大樹。為了討好袁世凱，江朝宗不惜破費錢財上下打點，終於取得了袁世凱的信任，為自己打開了升官發財之路。

誰知天有不測風雲，人有旦夕禍福。一九〇八年慈禧和光緒帝相繼死去，載灃攝政。為報袁世凱在戊戌變法時出賣其兄光緒帝的一箭之仇，載灃上臺後首先罷免了袁世凱的官職，將他開缺回籍。袁世凱失勢後，清朝親貴鐵良任軍機大臣、陸軍部尚書，成為當時朝中的實權人物。

江朝宗本是個趨炎附勢之徒，看到袁世凱失勢，後悔莫及，只怪自己當初走錯了廟門白花了那麼多冤枉錢。經再三考慮之後，他決定改換門庭投靠鐵良。

江朝宗帶了厚禮，面見鐵良，兩人臭味相投，經江朝宗一陣吹捧讚揚，鐵良已飄飄然。這時江朝宗趁機獻策說：「袁世凱的六鎮新軍不聽調遣，不如將他們分開，另外還要在北京設立一個稽查處，專門處置新軍中有越軌行為的官兵。這樣才能逐步剷除袁世凱在新軍中的勢力。」

鐵良此時正為如何控制新軍的事發愁，聽了這一計策，正中下懷，對江朝宗十分賞識，予以重用。江朝宗由此得志，每天坐著八抬大轎，前呼後擁，不可一世。但是，好景不長，幾年後袁世凱東山再起，清朝滅亡，民國興起。袁世凱當上了中華民國大總統，又成了炙手可熱的人物。江朝宗看到袁世凱重新得勢，便吃起了「回頭草」。他帶上厚禮，拜見袁世凱，痛哭流涕地向他表白心跡，說明自己的一片忠心。

袁世凱明知江朝宗是個趨炎附勢之徒，但此時正是用人之際，自己當總統少不了要有些吹喇叭抬轎子的，便不計前嫌重新起用了江朝宗。江朝宗心裡也明白，自己過去有叛袁劣跡，此時只有在袁世凱面前加倍賣力地表現自己才能取得信任。

於是，他便不擇手段地替袁世凱搜集情報，剷除政敵。袁世凱恢復帝制前後，江朝宗馬不停蹄地前後奔走，組織請願團向袁氏「勸進」。由於江朝宗的出色表演，袁世凱終於盡釋前嫌委以重任。

「好馬不吃回頭草」這句話不知使多少人喪失了機會，在面臨該不該回頭時，絕大多數人往往意氣用事，忍不得閒言碎語，抛不開所謂的面子，明知「回頭草」該吃，卻不肯回頭去吃，以為這樣才是有「志氣」。其實，真正機敏的人在面臨這樣的選擇時，考慮的不是面子和志氣問題，而是現實問題。只要「回頭草」是最適合自己的草，是最好的草，何樂而不吃之？如果一味恪守「好馬不吃回頭草」這一信條，你就缺少了迴旋的餘地。

在日常生活中，經常會遇到這樣的情況，某公司員工因故被老闆辭退，一個星期後，老闆又給她打來電話，並向她解釋，之所以讓她走人，確實因為老闆當時心情不好，但公司現在仍歡迎她回去，而這位員工聽說後生氣地予以拒絕：「好馬不吃回頭草！」一位男士，他被女朋友甩了，因此心裡十分痛苦，因為他內心裡深愛著這位女孩。過了一段時間，那位女孩回頭向他認錯，並表示願與他重歸於好，而這位男士為了維護自己的男子漢氣概，便傲氣地說道：「好馬不吃回頭草！」

在上述兩種情況中，當老闆請求員工回去，女友請求與男友復合時，老闆與員工、男士和女友之間就展開了一場鬥雞博弈。在這場博弈中，到底是為了一時的意氣而拋棄機會呢，還是放下芥蒂謀求更大的發展呢？

很多人選擇前者，認為好馬不吃回頭草。但在有些場合下，曲折迂迴戰術確實能助你一臂之力。或許你會說，「好馬不吃回頭草」是做人的一種志氣，人就是要有一種「生當作人傑，死亦為鬼雄」的英雄氣概。但你應該細想一下，如果你真的有志氣，那就寧可當匹英雄的死馬，也不做一匹賴活的活馬，在現實生活中，很多人只是因為一時衝動、意氣用事而斷送後路。況且在很多情況下，你完全有把握分清自己當時是一種志氣還是意氣行事。很多人就是在面臨該不該回頭時，錯把意氣當成了志氣，或用志氣來掩蓋自己的意氣，而做出了讓自己後悔一生的錯誤選擇，在博弈中敗北。

當然，吃回頭草並不是在博弈中取勝的唯一方法。生活中很多事情都有多種可能與選擇，回不回頭，這完全是一種策略，當你面臨回不回頭這一選擇關卡時，請想想：

一．你現在有沒有草可以吃？如果有，這些草能不能吃飽？如果不能吃飽，或目前無草可吃，那麼未來會不會有草可吃？

二．這些回頭草本身的草色如何？值不值得去吃？

除了上面兩點之外，你完全可以暫且不考慮別的問題，如面子、志氣等，因為一旦考慮到面子和志氣，你就會無法冷靜和客觀地對待目前的處境與問題。換句話說，你要考慮的是現實，而不是面子問題和志氣問題！

當然，回頭草可能吃起來並不那麼令人好受，因為當你吃回頭草時，也許會遭受到周圍人們的議論，甚至嘲諷，但你只要認真、誠懇地吃，填飽肚子，養肥自己就可以了！而且當你回頭草吃得自己身強體壯，並且對他人大有幫助時，別人還會佩服你——果然是一匹好馬！

厚黑之道 三十四：要吃眼前虧

厚黑真經

從利己的角度講，沒有人願意吃虧，但這只是一般人的想法。聰明的人能夠把目的和過程區分開來，把眼前利益和長遠利益結合起來，他們看到的是吃虧之後的長遠受益，吃虧只是一種方法和手段，而不是最終目的。能夠吃一時小虧的人，最後往往能夠得到大利。

厚黑妙用

東漢時期，有一個名叫甄宇的在朝官吏，時任太學博士。他為人忠厚，遇事謙讓，人緣極好。有一年臨近除夕，皇上賜給群臣每人一隻外番進貢的活羊。

具體分配時，負責人為難了：因為這批羊有大有小，肥瘦不均，難以分發。大臣們紛紛獻策：

有人主張抓鬮（ㄐㄧㄡ鬮）分羊，好壞全憑運氣。

有人主張把羊通通殺掉，肥瘦搭配，人均一份。

……

朝堂上像炸開了鍋，七嘴八舌爭論不休。這時，甄宇說話了：「分隻羊有這麼費勁嗎？我看大夥兒隨便牽一隻羊走算了。」說完，他率先牽了最瘦小的一隻羊回家過年。

眾大臣紛紛效仿，羊很快被分發完畢，眾人皆大歡喜。

此事傳到光武帝耳中，甄宇得了「瘦羊博士」美譽，稱頌朝野。不久在群臣推舉下，他又被朝廷提拔為太學博士院院長。

甄宇牽走了小羊，從表面上看他是吃了虧，但是，他得到了群臣的擁戴，皇上的器重。實際上，甄宇是占了大便宜。故意吃虧不是虧，而是有著深謀遠慮的精明之舉。

善於吃虧是占大便宜的一種策略，這是智者的智慧。吃虧是福，吃小虧就是占大便宜，在我國古代就已經有人發現了這個辯證關係，「塞翁失馬，焉知非福」就是最好的例證。

古時有一老翁，住在兩國的邊境，不小心丟了一匹馬，鄰居們都認為是件壞事，替他惋惜。老翁卻說：「你們怎麼知道這不是件好事呢？」眾人聽了之後大笑，認為老翁丟馬後急瘋了。幾天以後，老翁丟的馬自己跑了回來，而且還帶回來一群馬。鄰居們看了，都十分羨慕，紛紛前來祝賀這件從天而降的大好事。老翁卻板著臉說：「你們怎麼知道這不是件壞事呢？」大夥聽了，哈哈大笑，都認為老翁是被好事樂瘋了，連好事壞事都分不出來。果然不出所料，過了幾天，老翁的兒子騎馬玩，一不小心把腿摔斷了。眾人都勸老翁不要太難過，老翁卻笑著說：「你們怎麼知道這不是件好事呢？」鄰居們都糊塗了，不知老翁是什麼意思。事過不久，發生戰爭，所有身體好的年輕人都被拉去當了兵，派到最危險的第一線去打仗。而老翁的兒子因為腿摔斷了未被徵用，他在家鄉大後方安全幸福地生活。

這就是老子《道德經》所宣揚的一種辯證思想。基於這種辯證關係，你可以明白，即使是看起來很壞的「吃虧」，也能為你帶來想不到的好處。

生活中總是有一些聰明人，能從吃虧當中學到智慧，「吃虧是福」也是一種哲學思路，其前提有兩個，一個是知足，另一個就是安分。知足則會對一切都感到滿意，對所得到的一切，內心充滿感激之情；安分則使人從來不奢望那些根本就不可能得到的或者根本就不存在的東西。沒有妄想，也就不會有邪念。所以，表面上看來吃虧是福以及知足、安分會給人以不思進取之嫌，但是，這些思想也是在教導人們如何成為對自己有清醒認知的人。

不要因為吃一點虧而斤斤計較，開始時吃點虧，實為以後的不吃虧打基礎，不計較眼前的得失是為了著眼於更大的目標。

沒有「手腕」的人都怕便宜了別人，吃虧的卻往往是自己。

生活中總有這樣的人，他們做事時一門心思考慮不能便宜了別人，卻忽視了於自己是否有利。不便宜別人就得自己吃虧，所以做事要有「手腕」，不要怕便宜了別人，「便宜」別人又得益自己，何樂而不為呢？怕便宜別人，就是怕自己吃虧。不妨放開心胸，給別人點甜頭，這對自己的將來是有好處的。

人非聖賢，誰都無法拋開七情六欲，但是，要成就大業，就得分清輕重緩急，該捨的就得忍痛割愛，該忍的就得從長計議。有些時候，糊塗處世，主動吃虧，山不轉水轉，也許以後還有合作的機會，又走到一起。若一個人處處不肯吃虧，處處想占便宜，於是，妄想日生，驕心日盛。而一個人一旦有了驕狂的態勢，難免會侵害別人的利益，於是便起紛爭，在四面楚歌之中，又焉有不敗之理？

「吃虧是福」不是句空話，尤其是關鍵時候要有敢於吃虧的氣量，這不僅體現你大度的胸懷，同時也是做大事業的必要素質。

厚黑之道 三十五：苟且要偷生

厚黑真經

雖然說在與對手相爭中，妥協不是最好的方法，但在沒有更好的方法出現以前，它卻是最有效的方法。「苟且偷生」的厚黑智慧不是怯懦，而是暫時的調整，是為下次的進攻贏得緩衝的時間。我們若能知曉歷經歷史驗證的養晦大智慧——「苟且偷生」，並能適時運用，是大有裨益的。

厚黑妙用

漢惠帝六年，相國曹參去世。陳平升任左丞相，安國侯王陵做了右丞相，位在陳平之上。王陵、陳平並相的第二年，漢惠帝死，太子劉恭即位。少帝劉恭還是個嬰兒，不能處理政事，呂太后名正言順地替他臨朝，主持朝政。

呂太后為了鞏固自己的統治，打算封自己娘家侄兒為諸侯王，首先徵詢右丞相王陵的意見。王陵性情耿直，直截了當地說：「高帝（劉邦的廟號）在世時，殺白馬和大臣們立下盟約，非劉氏而王，天下共擊之。現在立姓呂的人為王，違背高帝的盟約。」

呂后聽了很不高興，轉而詢問左丞相陳平的看法。陳平說：「高帝平定天下，分封劉姓子弟為王，現在太后臨朝，分封呂姓子弟為王也沒什麼不可以。」呂后點了點頭，十分高興。散朝以後，王陵責備陳平為奉承太后愧對高帝。聽了王陵的責備，陳平一點也沒生氣，而是真誠地勸了王陵一番。

陳平看得很清楚，在當時的情況下，根本不可能阻止呂后封諸呂為王，只有保住自己的官職，才能和諸呂進行長期的鬥爭。因此，眼前不宜觸怒呂后，暫且迎合她，以後再伺機而動，方為上策。

事實證明，陳平採取的鬥爭策略是高明的。呂后恨直言進諫的王陵不順從她的旨意，假意提拔王陵做少帝的老師，實際上奪去了他的相權。

王陵被罷相之後，呂后提升陳平為右丞相，同時任命自己的親信辟陽侯審食其為左丞相。陳平知道，呂后狡詐陰毒，生性多疑，棟樑幹臣如果鋒芒畢露，就會因為震主之威而遭到疑忌，導致不測之禍，必須韜光養晦，使呂后放鬆對自己的警覺，才能保住自己的地位。呂后的妹妹呂須恨陳平當初替劉邦謀劃擒拿她的丈夫樊噲，多次在呂后面前進讒言：「陳平做丞相不理政事，每天老是喝酒，和歸女遊樂。」

呂后聽人報告陳平的行為，喜在心頭，認為陳平貪圖享受，不過是個酒色之徒。一次，她竟然當著呂須的面，和陳平套交情說：「俗話說，婦女和小孩子的話，萬萬不可聽信。你和我是什麼關係，用不著怕呂須的讒言。」

陳平將計就計，假意順從呂后。呂后封諸呂為王，陳平無不從命。他費盡心機固守相位，暗中保護劉氏子弟，等待時機恢復劉氏政權。

西元前一八〇年，呂后一死，陳平就和太尉周勃合謀，誅滅呂氏家族，擁立代王為孝文皇帝，恢復了劉氏天下。

壓力面前後退一步，可為自己贏得生存和發展的機會。千萬不可為了一時意氣盲目向前，那樣既於事無補，又讓自己反受其害。所以說，「晦」這種狀態不是隨時都有的，有時需要「養」才能成，善於養晦的人能得到長遠的利益，不善於養晦的人，大禍就在眼前。

南朝宋高祖劉裕臨終前，任命司空徐羨之、中書令傅亮、領軍將軍謝晦、鎮北將軍檀道濟為顧命大臣，共同輔佐太子。

太子即位後，親近左右小人遊戲無度，不是在宮中操練兵馬，便是在皇家花園華林園中設立市場，與左右侍臣和嬪妃假扮商販和行人，親自做起小買賣。

大臣多次上書勸諫，這位少年天子置若罔聞，我行我素。謝晦和徐羨之、傅亮便暗中密謀廢除新帝，另立明君，於是找來鎮北將軍檀道濟，一同商量。

四位顧命大臣意見一致，並且掌握內外軍權。他們領兵進入皇宮，將新帝捉住，以太后的名義下詔，宣佈新帝的罪過，廢為營陽王，另立宜都王劉義隆為帝。

謝晦、徐羨之等人覺得營陽王終究是個後患，便派人把營陽王殺害，又把平日看不順眼的廬陵王劉義真也殺了。

劉義隆即位，這就是宋文帝。謝晦等人雖然認為自己廢昏立明是為了江山社稷，也擔心文帝為兄弟報仇，便讓徐羨之、傅亮執掌朝政，自己和檀道濟手握重兵居守外鎮，一旦有事，足可致朝廷於死命。根據這個安排謝晦出鎮荊州，檀道濟出鎮廣陵。

文帝即位初期，表面上尊崇謝晦等四人，晉官加爵。等到他掌握京師禁衛軍後，便開始策劃除去這幾人了。

他瞭解到檀道濟一開始並未參與謝晦等人的廢立陰謀，便找來檀道濟，和他商議一同討伐謝晦，檀道濟果然從命，並主動請命討伐謝晦。

宋文帝便用禁軍逮捕徐羨之、傅亮以及謝晦在京師的家屬，下詔宣佈三人殺害營陽王、廬陵王的罪行，派大軍討伐謝晦。

謝晦知道後，準備發兵造反。他開始時並未把朝廷的軍隊放在眼裡，自以為謀略當世無雙，指揮才能也無人可比；自己又居長江上游，順流而下，奪取京城不過指日間事，到時不過另立一個皇帝而已。

兩軍相接，謝晦才知道是檀道濟領兵攻打自己，檀道濟是當時最善於打仗的將領，威震敵國，謝晦面對這樣的對手，心理防線一下子便被突破了，真的是徬徨無策。

謝晦被檀道濟打得潰不成軍，本人被生擒，送到京師斬首，家中男子也都同時被斬於刑場，而徐羨之、傅亮及家人早已被文帝誅殺了。

古語說：「伴君如伴虎。」那麼廢昏立明就實實在在是騎在一頭瘋虎上了，欲行不得，欲下不能，其結果不外有三種：一是殺死瘋虎，自己便可安全，也就是改朝換代。二是聽天由命，任憑瘋虎跳擲，如果僥倖不死，還可逃過大劫，也就是放棄一切權力，把頭送進虎口中，看起來凶險無比，實際上卻是最好的辦法。第三種就是拚命駕馭瘋虎，以力相抗，好的可以自保終身，卻貽禍子孫，稍差些的便要葬身虎口了，如謝晦。謝晦的個人悲劇再一次讓我們看到了不熟識韜晦潛規則的代價。特別要指出的是，「苟且偷生」絕不是消極的逃避或刻意的抹殺自己和埋沒自己。恰恰相反，懂得「苟且偷生」，是成大器的必備素質。

厚黑之道　三十六：死活不撒手

厚黑真經

古書上說：「能馬上得天下，不能馬上治天下。」的確，競爭中一定有刀光劍影的閃爍，以及明槍暗箭的中傷。但只要你能用防人之心這面「盾」來擋住這「明槍暗箭的中傷」，保全自己，你就絕對能夠以厚黑得天下，又能以厚黑治天下。當你辛辛苦苦擊敗了對手，坐上寶座之後，仍須厚黑到底，運用待人處世的厚黑之道，保住已得的江山。

厚黑妙用

夕陽西下，彩霞滿天。山坡上的一群羊已經回家，只有一隻公羊還在那裡玩著，可能是初夏的晚景太美了，玩得高興而忘了回去的時間。一隻狼突然從樹林裡竄出來，撲向羊。這羊也不示弱，勇敢地跳起來，用角拚命抵抗。戰鬥愈來愈激烈，狼怒吼著，羊也嘶鳴著。但狼畢竟是太兇猛了，羊不能敵，牠越來越吃力了，只得向鄰居們發出求救聲。

牲畜們都在向家裡走去。聽到求救聲，牛從樹叢間向這個地方望了望，發現是狼，便翹起尾巴，揚起四蹄，奔下山去。馬低頭一看，發現是狼，也一溜煙地跑向村子。驢停下腳步，發現是狼，悄悄地溜下山坡。豬經過這裡，發現是狼，身子一低，衝下山坡。兔子經過這裡，發現是狼，箭一般地逃進村子……

山下的茅屋門前，一條狗聽見羊的呼喚，急忙奔向山坡——比疾風還快，從深草叢中一躍而出，以迅雷不及掩耳之勢咬住了狼的脖子。狼疼得直叫喚，趁狗換氣時，倉皇逃向森林……狗扶著羊走回家來。

第二天，羊正靠在屋子一側的牆邊養傷。周圍擠滿了前來探望的鄰居。牛說：「你怎麼不告訴我？我的角足可以剜出狼的肚腸！」馬說：「你怎麼不告訴我？我的蹄子可以叫狼粉身碎骨！」驢說：「你怎麼不告訴我？我一聲吼叫，就會把狼嚇得魂飛魄散！」豬說：「你怎麼不告訴我？我一嘴拱去，可以叫狼摔到岩下！」兔子說：「你怎麼不告訴我？我跑得最快，可以叫人來援救！」……

在這鬧鬧嚷嚷的一群中，唯獨沒有狗。

人若分為三類，可以分為：君子、小人和偽君子。君子可交，小人可敵，唯獨偽君子不易辨識。因為他們常常以朋友的面目出現，卻在你遇到困難時棄你於不顧。在你擺脫困境時，他們又會蜂擁而至，為你送來「真誠的」祝福，可能還會埋怨幾句：有困難怎麼不找老朋友我啊？這時，就是你揭開他們偽善面紗的最佳時機。

身邊的偽君子實在是太多，使我們不得不防。

職場中，面對同事之間的競爭，一定要時刻提高你的警惕，否則說不定什麼時候，你就會落馬。

據說，希特勒在一九三五年成為「德國領袖與總理」之後，變得獨裁、專橫，與布隆貝格元帥產生了深刻的矛盾。當時任戰爭部長兼武裝力量總司令的布隆貝格是一位敢於向希特勒提出不同意見的人。一九三六年三月，正當希特勒命令國防軍進駐萊茵非軍事區的時候，布隆貝格提出了自己的意見，他認為法國可能會因此向德國開戰，建議希特勒立即停止在萊茵地區的行動，並將開入的部隊撤回原駐地。一九三七年，當希特勒宣佈了自己要侵占奧地利與捷克斯洛伐克的計畫後，布隆貝格又提出了反對意見，認為這樣做會引起英法的干涉。希特勒對布隆貝格的反對意見極為震怒，雖然他強壓怒火，平息爭論，但已下定決心，要除掉這個討厭的部長。

希特勒的親信戈林當時是布隆貝格的下屬。他表面上極力討好這位武裝力量總司令，暗中卻與希特勒積極配合，準備讓他自己走入陷阱。布隆貝格當時已經五十五歲，但一直過著單身生活，從未結婚。戈林得知他與一位出身低下的女士關係比較密切，來往較多，就極力促成他們的婚姻。布隆貝格也明白地知道，當時第三帝國對高級軍官的擇偶有嚴格的規定，出身低下的人不宜做軍官的配偶。但戈林巧舌如簧，規勸布隆貝格元帥在婚姻問題上不應受任何規定的限制。在戈林反覆勸說下，布隆貝格決定結婚。

一九三八年元月十二日，布隆貝格舉行了婚禮，希特勒和戈林都是證婚人，但結婚幾天之後，戈林就開始在軍官中散佈說，布隆貝格太太的出身太低賤，做一名軍官和戰爭部長的配偶很不合適。消息傳開，一時間弄得滿城風雨。這時希特勒開始向布隆貝格施加壓力，他說既然選擇了這種配偶，便不足以為部下的表率，希望他能妥善處理這件事。布隆貝格別無選擇，只有辭職一條路可走。希特勒僅僅略施小計，再加上戈林諂媚行事，便除掉了一名敢於與自己意見相左的高級軍官。

當你棋逢對手時，你坦誠地面對競爭者，對方是否正在利用你的善良和誠意進行攻擊？希特勒、戈林這兩個證婚人，背後捅刀當面樂，由此可見，「兵不厭詐」，早已成為制勝的「公理」了，這就告訴我們，殘酷競爭中的防守也就變得「在所難免」了。

第二篇　厚黑秘訣

第一章 保身：留青山在，必有柴燒

厚黑秘訣一：屈身求全

厚黑真經

屈身求全是一種臨危之時隱其鋒芒，保全性命應變戰術。俗話說「好漢不吃眼前虧」，但凡人要想成就事業，建立功勳，必須認清時務，因機而變，相機而動。如果一味死拚，不講策略，貌似英雄，卻無人喝采，終究一事無成，後悔晚矣。

厚黑妙用

戰國時候的孫臏和龐涓是同窗，拜鬼谷子先生為師，一起學習兵法。同窗期間，兩人情誼深厚，並結拜為兄弟，孫臏稍年長，為兄，龐涓為弟。

有一年，當聽到魏國國君以優厚待遇招求天下賢才到魏國做官時，龐涓耐不住深山學藝的艱苦與寂寞，決定下山，謀求富貴。龐涓到了魏國，見到魏王。魏王非常賞識他的才能，任命他為元帥並執掌魏國兵權。龐涓確有本領，不久便入侵魏國周圍的諸侯小國，連連得勝，使宋、魯、衛、鄭的國君紛紛來到魏國朝賀，表示歸屬。不僅如此，龐涓還領兵打敗了當時強大的齊國軍隊。這一仗更提高了他的聲威與地位，魏國君臣百姓都十分尊重他、崇拜他。而龐涓自己也認為取得了蓋世大功，不時向人誇耀，非常自負。

這期間，孫臏仍在山中跟隨鬼谷子先生學習。他原來就比龐涓學得扎實，加上鬼谷子先生見他為人誠摯正派，又把秘不傳人的孫子兵法十三篇細細地讓他學習、領會，因此，孫臏此刻的才能更遠遠超過龐涓了。

有一天，從山下來了一位魏國大臣，禮節周全、禮物豐厚，代表魏王迎接孫臏下山。孫臏於是秉承師命，隨魏國使臣下山。其實，請孫臏到魏國，並非出於龐涓的推薦，而是一個瞭解孫臏才能的人向魏王講述後，魏王自己決定的。孫臏到魏國後，先去看望龐涓，並住在他的府裡。龐涓表面表示歡迎，但心裡很是不安，唯恐孫臏搶走他現在的位置。得知自己下山後，孫臏在先生教誨下，學問才能更高於從前，更是十分嫉妒。

第二天兩人上朝。魏王對孫臏很敬重：「聽人講先生獨得孫子秘傳兵法，才能非凡。我盼您來，幾乎到了如饑似渴的程度。今天您終於來到敝國，我太高興啦！」接著問龐涓：「我想封孫臏先生為副軍師，與卿同掌兵權，卿以為如何？」龐涓最忌諱的就是這種情況，暗自咬牙，表面上卻說：「臣與孫臏，同窗結義，孫臏是臣的兄長，怎麼能屈居副職，在我之下？不如先拜為客卿，待建立功績、獲得國人尊敬後，直接封為軍師。那時，我願讓位，甘居孫兄之下。」魏王聽罷，很滿意龐涓的處世為人，便同意了。

龐涓原以為孫臏一家人都在齊國，孫臏不會在魏國久留，就試探著問他：「你怎麼不把家裡人接來同住呢？」孫臏說：「家裡的人都被齊君害死了，剩下的幾個也已四散，不知何處尋找，哪裡還能接來呢？」龐涓一聽傻了眼，如果孫臏真在魏國待下去，自己的位置可真要讓給他了。

半年以後，一個齊國人捎來了孫臏的家書，大意是哥哥讓他回去，齊國也想重振國威，希望孫家的人能在齊國團聚。孫臏對來人說：「我已在魏國做了客卿，不能隨便就走。」於是寫了一封信，讓他帶回去交給哥哥。孫臏的回信竟被魏國人搜出來交給了魏王，魏王便找來龐涓說：「孫臏想念齊國，怎麼辦呢？」龐涓見機會來了，就對魏王說：「孫臏是大有才能之人，如果回到了齊國，對魏國十分不利。我先去勸勸他，如果他願意留在魏國，那就罷了，如果不願意，他是我薦舉來的人，那就交給我來處理罷。」魏王答應了。

龐涓當然沒有勸孫臏。他對孫臏說：「聽說你收到了一封家書，怎麼不回去看看呢？」孫臏說：「是哥哥讓我回去看看的，我覺得不妥，沒有回去。」龐涓說：「你離家多年了，一直和家人沒有聯繫，如今哥哥找到了你，你應當回去看看，見見親人，再給先人上上墳，然後再回來，豈不是兩全其美嗎？」孫臏怕魏王不同意，龐涓一力承攬，孫臏十分感激。

第二天，孫臏就向魏王請兩個月的假，魏王一聽他要回去，就說他私通齊國，立刻把他押到龐涓那裡審問。龐涓故作驚訝，先放了孫臏，再跑去向魏王求情，過了許久，才又神色慌張地跑回來說：「大王發怒，一定要殺了你，經我再三懇求，大王總算給了點面子，保住了你的性命，但必須處以黥刑（在臉上刺字，使之留下永久標記）和刖刑（剔掉膝蓋骨使之不能走路逃跑）。」孫臏聽了，雖非常憤怒，但覺得龐涓為自己出力，還是十分感激他。孫臏被在臉上刺了字又被剔去了膝蓋骨，從此只能爬著走路，成了終身殘廢。此時，龐涓對孫臏表現得非常關心體貼，一日三餐，極其豐盛。孫臏很過意不去，總想盡自己所能為龐涓做點什麼。起初龐涓什麼也不讓他做，後來孫臏再三要求，才說：「兄坐於床間，就把鬼谷先生所傳的孫子兵法十三篇及注釋講解寫出來吧，這也是對後世有益的善事，也可因此使吾兄揚名於萬代千秋呢！」

孫臏知道龐涓也想全面學習這十三篇兵法，就高興地答應；而且從那天起，他日以繼夜地在木簡上寫起來，日復一日，廢寢忘食，以致人都勞累得變了形。一個照顧孫臏起居的士兵為孫臏拚命工作的精神所感動，便對龐涓一貼身衛士講，是否求龐將軍讓孫先生休息幾天，那個衛士道：「龐將軍只等孫臏寫完兵書，就要餓死他呢！還會讓他休息？」士兵一聽大驚，偷偷把這消息告訴了孫臏。聽到這個消息，猶如一盆涼水從頭澆下，孫臏全身一下子涼透了！

第二天，正要繼續寫書的孫臏，當著那個士兵及兩個衛士的面，忽然大叫一聲，昏倒在地，大嘔大吐，兩眼翻白，四肢亂顫。過了一會兒，他醒了過來，卻神志恍惚，無端發怒，立起眼睛大罵：「你們為什麼要用毒藥害我？」罵著，推翻了書案桌椅，抓起花費心血好不容易寫成的部分孫子兵法扔到火盆裡，還把身子撲向火盆，頭髮鬍子都燒著了。人們慌忙把他救起，他仍神志不清地又哭又罵。那些書簡則已化成灰燼，搶救不及。士兵趕忙向龐涓報告。龐涓急慌慌跑來，只見孫臏滿臉全是吐出之物，髒不忍睹；又趴在地上，忽而磕頭求饒，忽而呵呵大笑，完全一副瘋癲狀態。見龐涓進來，孫臏爬上前，緊揪住他的衣服，連連磕頭：「鬼谷子先生救我！鬼谷子先生救我！」龐涓懷疑孫臏是裝瘋，就命令把他拽到豬圈裡。孫臏渾身污穢不堪，披頭散髮，全然不覺地在豬圈泥水中滾倒，直怔怔地瞪著兩眼，又哭又笑。龐涓又派人在夜晚和四周別無他人時，悄悄送食物給孫臏：「我是龐府下人，深知先生冤屈，實在同情您。請您悄悄吃點東西，別讓龐將軍知道！」孫臏一把打翻食物，面孔猙獰，厲聲大罵：「你又要毒死我嗎？」來人氣極，就撿起豬糞、泥塊給他。孫臏接過來就往嘴裡塞，毫無感覺的模樣。於是來人回報龐涓：孫臏是真瘋了。龐涓這時才有些相信，從此任孫臏滿身糞水的到處亂爬，有時睡在街上，有時躺在馬棚、豬圈裡。這時，真正知道孫臏是裝瘋避禍的只有一個人，就是當初瞭解孫臏的才能與智謀、向魏王推薦孫臏的人。這個人就是赫赫有名的墨子。

他把孫臏的境遇告訴了齊國大將田忌，又講述了孫臏的傑出才能。於是，田忌派人到魏國，趁龐涓疏忽，在一個夜晚，先用一人扮作瘋了的孫臏把真孫臏換出來，脫離龐涓的監視，然後快馬加鞭迅速載著孫臏逃出了魏國。直到此時，假孫臏才突然失蹤。龐涓發現時，已經太遲了。

孫臏到了齊國，齊威王一見之下，如獲至寶，當即想拜他為軍師，孫臏說：「龐涓如知道我在齊國，定會嫉妒，不如等有用得著我的時候再出面不遲。」齊王同意了。後來，孫臏陸續打聽到自己的幾位堂哥都已無音訊，才知道原來送信的人也是龐涓派人裝的。前前後後，這一場冤屈全由龐涓一人導演而成。

後來，龐涓帶兵連敗宋、魯、衛、趙等國。趙國向齊求援，於是齊王派田忌為大將，孫臏為軍師，打得龐涓連連敗北，最後，孫臏用「減灶法」引誘龐涓來追，暗設伏兵，將龐涓射死在馬陵道上。魏國從此衰敗，並向齊國進貢朝賀。在殺死龐涓後，孫臏便辭官歸隱，專心研究兵法。

有時候為了達到某種目的，常常需要忍辱負重，隱藏自己的行為，儘管這是一個痛苦的過程，但要想改變自己隨時有生命危險的處境，必須屈身求全，承擔起常人不能承受的痛苦，方能換來反擊的機會，這是為人處世的一種大智慧。

厚黑秘訣二：暫避風頭

厚黑真經

在山窮水盡的時候，不要死挺硬扛，而是要採取「先走為上」的策略。所謂「先走為上」是指辦事者在自己的力量遠不如對手的力量時，不要和對手硬拚，以卵擊石，自取滅亡，應該採取「走」的策略，避開是非，爭取另開新路。

厚黑妙用

李鴻章在權力的爭鬥中，就很好地做到了「暫避風頭」這一點，他絕不冒險，所以才有步步高升的機會。

當時大太監李蓮英深受慈禧太后的寵愛，權傾朝野，人人望而生畏，人稱「九千歲」。此人狐假虎威，老謀深算，心狠手辣。李鴻章以軍功而升高官後，最初看不起這些奴才，有意無意間就得罪了李蓮英，因此，李蓮英就想給他點顏色瞧瞧。

不久後，慈禧太后有意靜居，想把清漪園修繕一番，以便頤養天年。但卻苦於籌款無術，時常焦躁。李蓮英趁機說：「李伯爺是朝廷重臣，若能體仰上意，玉成此事，以慰太后，以寬聖心，當立下不世之功。」

李鴻章聽到有這樣貼近慈禧太后的好機會，豈肯輕易放過？當即滿口應承，並馬上獻計獻策，和李蓮英商量。李蓮英聽了大喜，拍手稱善，笑容可掬地著實奉承了李鴻章一番。接著李蓮英又謙恭有禮地希望李鴻章入園內踏勘一回，看看哪裡該拆該建，做到心中有數。

可是到了約定的日子，李蓮英卻藉口有事不能奉陪，只派了個伶俐的太監領著李鴻章，轉悠了一整天。事後不久，李蓮英又故意揀了個光緒皇帝肝火最旺的時候，誣陷李鴻章在清漪園裡遊山玩水。光緒最忌諱的就是別人不尊重他的皇權帝位。聽說權傾當朝的李鴻章竟敢大搖大擺地在他御苑禁地遊逛，頓時大怒。認為這是「大不敬」，是對皇權皇位的公然藐視和冒犯！光緒一怒之下，不問青紅皂白，立即下詔「申飭」，將李鴻章「交部議處」。

所謂奉旨申飭，就是由皇帝、太后或皇后派一名親信太監，捧著「聖旨」去指著某人的鼻子，當眾數落臭罵一頓。而被罵的人，既不能申辯，也不能回罵，還要伏在地上謝恩。這「申飭」雖不傷皮肉，卻是極使人難堪的侮辱性懲罰。

李鴻章被御批「申飭」後，他自然懂得其中奧妙，於是便立即著人送了銀子，免去了當眾受辱之苦。李鴻章自然很快悟出了吃虧的原委，從此以後便對這位「九千歲」刮目相看，敬禮如儀。這就是李鴻章的退讓之法——不去冒險與人爭鬥，而以守住自己為重。

善於退讓，也能贏得成功，因為這樣做一則保住了自己，二則保留了機會。

人與人之間總有強勢與弱勢之分，因此我們就更需要精通「撤步術」。讓步並不是懦弱的表現，它是為了獲得更大的進步。就像跳遠一樣，為了跳出好成績，後退幾步是必然的。求人辦事一定要注意，該進時則進，該退時就要毫不猶豫地後退幾步，由此你會取得更大的成功。

無獨有偶，晉國公子重耳的故事也是個很好的例子。

晉公子重耳由於國王昏庸，獻公聽信驪姬的讒言，逼迫太子自殺，因而出走流亡在外，這樣他既避免了驪姬的迫害，又能留得餘生待國有轉機時回朝主持朝政。在他流亡期間，也漸漸變得成熟幹練，而且他也充分利用「走」來尋找他的同盟者。這樣他就在「走」的同時來促使晉國內外發生有利的變化，最後，他終於在秦國大軍的護送下歸晉，眾多人歡迎重耳回國。

這是留與走的一個鮮明對比：留則無生路，走後則得王位。這雖是一個治國之君的經歷，但這個道理在我們平時辦事的過程中也是大有作用的。切記：走是為了等待時機，創造條件，不是為了躲避困難，尋求安逸。

厚黑秘訣三：舌轉乾坤

厚黑真經

「狗掀門簾——全憑一張嘴」，這也是厚黑秘訣之一。靠一張嘴吃遍四方，才能在危難來臨的時候，扭轉乾坤化險為夷。

厚黑妙用

為人處世，職場生存，學會見機行事、駕馭事態是一項不可或缺的技能。靠舌轉乾坤而精於權變、處危應變的人大有人在，我國古代大太監李蓮英就是其中一位。

慈禧愛看京戲，常以小恩小惠賞賜藝人一點東西。一次，她看完著名演員楊小樓的戲後，把他召到眼前，指著滿桌子的糕點說：「這一些賜給你，帶回去吧！」

楊小樓叩頭謝恩，他不想要糕點，便壯著膽子說：「叩謝老佛爺，這些尊貴之物，奴才不敢領，請……另外恩賜點……」

「要什麼？」慈禧心情高興，並未發怒。

楊小樓又叩頭說：「老佛爺洪福齊天，不知可否賜個『字』給奴才。」

慈禧聽了，一時高興，便讓太監捧來筆墨紙硯。慈禧舉筆一揮，就寫了一個「福」字。站在一旁的小王爺，看了慈禧寫的字，悄悄地說：「福字是『示』字旁，不是『衣』字旁的呢！」楊小樓一看，這字寫錯了，若拿回去必遭人議論，豈非有欺君之罪，不拿回去也不好，慈禧一怒就要自己的命。要也不是，不要也不是，他一時急得直冒冷汗。

氣氛一下子緊張起來，慈禧太后也覺得挺不好意思，既不想讓楊小樓拿去錯字，又不好意思再要過來。

旁邊的李蓮英腦子一動，笑呵呵地說：「老佛爺之福，比世上任何人都要多出一『點』呀！」楊小樓一聽，腦筋轉過彎來，連忙叩首道：「老佛爺福多，這萬人之上之福，奴才怎麼敢領呢！」慈禧正為下不了臺而發愁，聽他這麼一說，急忙順水推舟，笑著說：「好吧，隔天再賜你吧。」就這樣，李蓮英為兩人解脫了窘境。

李蓮英聰明地將錯就錯，巧妙圓了慈禧的場，不失為一種機智。

如果上司出了錯，你能夠「舌轉乾坤」，靈機而動，為上司解除尷尬，那麼你的前途便會因此而更顯光明。

同樣，生活中，遇到被人誣陷時，不能驚慌失措一味地解釋，要學會借話說話，依靠「舌轉乾坤」抓住時機，才能擺脫困境。

戰國時候，張儀和陳軫都投靠到秦惠王門下，受到重用。

不久，張儀便產生了嫉妒心，因為他發現陳軫很有才幹，甚至比自己還要強，他擔心日子一長，秦王會冷落自己，喜歡陳軫。

於是，他便找機會在秦王面前說陳軫的壞話，進讒言。

一天，張儀對秦惠王說：「大王經常讓陳軫往來於秦國和楚國之間，可現在楚國對秦國並不比以前友好，但對陳軫卻特別好。可見陳軫的所作所為全是為了他自己，並不是誠心誠意為我們秦國做事。聽說陳軫還常常把秦國的機密洩露給楚國。作為您的臣子，怎麼能這樣做呢？我不願再和這樣的人在一起做事。最近我又聽說他打算離開秦國到楚國去。要是這樣，大王還不如殺掉他。」

聽了張儀的這番話，秦王自然很生氣，馬上傳令召見陳軫。一見面，秦王就對陳軫說：「聽說你想離開我這兒，準備上哪兒去呢？告訴我吧，我好為你準備車馬呀！」

陳軫一聽，莫名其妙，兩眼直盯著秦王。但他很快明白了，這裡面話中有話，於是鎮定地回答：「我準備到楚國去。」

果然如此！秦王對張儀的話更加相信了。於是慢條斯理地說：「那張儀的話是真的。」

原來是張儀在搗鬼！陳軫心裡完全清楚了。他沒有馬上回答秦王的話，而是定了定神，然後不慌不忙地解釋說：「這事不單是張儀知道，連過路的人都知道。我如果不忠於大王您，楚王又怎麼會要我做他的臣子呢？我一片忠心，卻被懷疑，我不去楚國又到哪裡去呢？」

秦王聽了，覺得有理，點頭稱是，但又想起張儀講的洩密的事，便又問：「既然這樣，那你為什麼將我秦國的機密洩漏給楚國呢？」

陳軫坦然一笑，對秦王說：「大王，我這樣做，正是為了順從張儀的計謀，用來證明我是不是楚國的同黨呀！」

秦王一聽，卻糊塗了，望著陳軫發愣。

陳軫還是不緊不慢地說：「據說楚國有個人有兩名妾。有人勾引那個年紀大一些的妾，卻被那個妾大罵了一頓。他又去勾引那個年紀輕一點的妾，年輕的對他很友好。後來，楚國人死了。有人就問那個勾引兩個妾的：『如果你要娶她們做妻子的話，是娶那個年紀大的呢，還是娶那個年紀輕的呢？』他回答說：『娶那個年紀大些的。』這個人又問他：『年紀大的罵你，年紀輕的喜歡你，你為什麼要娶那個年紀大的呢？』他說：『處在她那時的地位，我當然希望她答應我。她罵我，說明她對丈夫很忠誠。現在要做我的妻子了，我當然也希望她對我忠貞不貳，而對那些勾引她的人破口大罵。』大王您想想看，我身為楚國的臣子，如果我常把秦國的機密洩露給楚國，楚國會信任我、重用我嗎？楚國會收留我嗎？我是不是楚國的同黨，大王您該明白了吧？」

秦惠王聽陳軫這麼一說，不僅消除了疑慮，而且更加信任陳軫，給了他更優厚的待遇。

在困境中，只有冷靜才能在氣勢上給對方一種心理上的震懾，並在贏得主動權的同時也有了思考的機會，然後找出對方話語中的漏洞予以擊破。「舌轉乾坤」，借話說話，化不利為有利。

厚黑秘訣四：借牌擋箭

厚黑真經

借得巧，便可以在槍林矢雨中求得一片安穩之地。

厚黑妙用

「不」字很難說出口，因此我們總是想方設法避免將這個「不」字說出口，取而代之是許多費盡心機想出來的婉言曲說方式。其實很多時候也不用這麼複雜，只需要抬出一個「後臺老闆」，將責任歸之於他，你便可以輕鬆說出「不」了。

一家公司的經理對一家工廠的顧問說：「我們兩家來聯營，你看怎麼樣？」顧問回答說：「這個設想很不錯，可是廠長已經決定跟先前一家廠聯營了，這個我也沒有辦法。」注意了，拒絕不是顧問的意思，問題已經全部歸結到廠長那裡了，廠長的決定，誰也改變不了，事情就這麼簡單。抬出後臺老闆，就是以別人的身分表示拒絕。這種方法看似推卸責任，但卻很容易被人理解：既然愛莫能助，也就不便勉強。

有個女孩是個集郵愛好者，她的幾個好朋友也是集郵迷。一天，有個朋友向她提出要換郵票，她不同意換，但又怕朋友不高興，便對朋友說：「我也非常喜歡你的郵票，但我媽不同意我換。」

其實她媽媽從沒干涉過她換郵票的事，她只不過是以此為藉口，但朋友聽她這樣一說，也就作罷了。

有時為了拒絕別人，可以含糊其辭地推託：「對不起，這件事情我實在不能決定，我必須去問問我的父母。」或者是：「讓我和孩子商量商量，決定了再答覆你吧。」

一位和善的主婦說，巧妙拒絕的藝術使她一次又一次地獲得了寧靜。每當推銷員找上門來，她便彬彬有禮但卻態度堅決地說：「我丈夫不讓我在家門口買任何東西。」這樣，推銷員會因為被拒絕的並不僅僅是自己一個人而心理上得到一點平衡，減少了被拒絕的不快。

人處在一個大的社會背景中，互相制約的因素很多，為什麼不選擇一個盾牌來擋一擋呢？例如，有人求你辦事，假如你是上司成員之一，你可以說：「我們公司是集體領導，像剛才的事，需要大家討論才能決定。不過，這件事恐怕很難通過，最好還是別抱什麼希望，如果你實在要堅持的話，待大家討論後再說，我個人說了不算數。」這就是推託之辭，把矛盾引向了另外的地方，意思是我不是不幫你辦，而是我決定不了。求人辦事者聽到這樣的話，一般都會打退堂鼓。

一個年輕的銷售員經常與客戶在酒桌上打交道，長此以往，他覺得自己的身體每況愈下，已不能再像以前那樣喝太多的酒了。可應酬中又免不了要喝酒，怎麼辦呢？後來他想到一個妙計。每當客戶勸他多喝點的時候，他便詼諧地說：「諸位仁兄還不知道吧，我家裡那位可是一個母老虎，我這麼酒氣熏天地回去，萬一她河東獅吼起來，我還不得跪洗衣板啊？」

他這麼一說，客戶覺得他既誠懇又可愛，自然就不再多勸了。

每個人在必要時都可以「借」一個「後臺老闆」的「牌」來擋「箭」，把自己的意願透過這位「後臺老闆」表達出來，適當放低自己的位置，便能直言拒絕，這樣拒絕的效果很好，而且不會得罪人，即使有所得罪，責任也推到了「後臺老闆」那裡。

除了能更委婉地拒絕別人，「借牌擋箭」還可用於借強者之力來幫助自己。單憑個人的力量總是有限的，成功路上逞不得匹夫之勇，取他人之長來補自己之短，力量自會大增，贏取勝利也會輕鬆不少。

一個小男孩在沙灘上玩耍。他身邊有他的一些玩具——小汽車、貨車、塑膠水桶和一把亮閃閃的塑膠鏟子。他在鬆軟的沙灘上修築公路和隧道時，發現一塊很大的岩石擋住了去路。小男孩企圖把它從泥沙中弄出去。他是個很小的孩子，而岩石卻相當巨大。他手腳並用，花盡了力氣，岩石卻紋絲不動。小男孩一次又一次地向岩石發起衝擊，可是，每當他剛把岩石搬動一點點的時候，岩石便又隨著他的稍事休息而重新返回原地。小男孩氣得直叫，使出吃奶的力氣猛推猛擠。但是，他得到的唯一回報便是岩石滾回來時砸傷了他的手指。最後，他精疲力盡，坐在沙灘上傷心地哭了起來。

這整個過程，他的父親從不遠處看得一清二楚。當淚珠滾過孩子的臉龐時，父親來到了他的跟前。父親的話溫和而堅定：「兒子，你為什麼不用你所有的力量呢？」男孩抽泣道：「爸爸，我已經用盡全力了，我已經用盡了我所有的力量！」「不對，」父親親切地糾正道，「兒子，你並沒有用盡你所有的力量。你沒有請求我的幫助。」說完，父親彎下腰抱起岩石，將岩石扔到了遠處。

不要羞於向強者求助，有時對自己來說是天大的事，對強者而言不過只需要動動手指頭。而且在有些時候，即使是敵人，也可為己所用。

在亞熱帶，有一個由三種動物組成的非常有意思的生物鏈：毒蛇、青蛙和蜈蚣。毒蛇的主要食物是青蛙，青蛙卻以有毒的蜈蚣為美食，在青蛙面前是弱者的蜈蚣卻能夠使比自己體型大得多的毒蛇斃命，一般的毒蛇對它都無可奈何，三者間兩兩都是水火不相容的。有趣的是冬季裡，捕蛇者卻在同一洞穴中發現三個冤家相安無事地同居一室，和平相處地生活。

它們經過世代的自然選擇，不僅形成了捕食弱者的本領，也學會了利用自己的剋星保護自己的本領：如果毒蛇吃掉青蛙，自己就會被蜈蚣所殺；而蜈蚣殺死毒蛇，自己就會被青蛙吃掉；青蛙吃掉蜈蚣，自己就會成為毒蛇的盤中餐。這樣一來，為了生存，青蛙不吃蜈蚣，以便讓蜈蚣幫助自己抵禦毒蛇；毒蛇不吃青蛙，以便讓青蛙幫助自己抵禦蜈蚣；蜈蚣不殺死毒蛇，以便讓毒蛇幫助自己抵禦青蛙。三者相剋又相生，這是一個多麼美妙的平衡局面。

由此可見，好漢也需三個幫，單槍匹馬殺出的只能是「血路」，在弱勢狀態下，必須懂得借助他人的力量。

厚黑秘訣 五：韜光養晦

厚黑真經

在名利場中，要防止盛極而衰的災禍。

厚黑妙用

一個人，鋒芒太盛了難免灼傷他人。想想看，當你將所有的目光和風光都搶盡了，卻將挫敗和壓力留給別人，那麼別人在你的光芒壓迫之下，還能夠過得自在、舒坦嗎？因此，有才卻不善於隱匿的人，往往招來更多的嫉恨和磨難。曹植鋒芒畢露，終招禍殃，文名滿天下，卻給他帶來了災禍，這難道是他的初衷嗎？他只是不知道收斂罷了。

唐人孔穎達，字仲達，從小勤學苦讀。成年後，飽讀詩書並通曉天文曆法。隋朝大業初年，舉明高第，授博士。隋煬帝曾召天下儒官，集合在洛陽，令朝中士與他們討論儒學。穎達年紀最小，道理說得最出色。那些年紀大、資深望高的儒者認為穎達超過他們是恥辱，便計畫暗中刺殺他。穎達躲在楊志感家裡才逃過這場災難。到唐太宗，穎達多次上訴忠言，因此得到了國子司業的職位，又拜祭酒之職。太宗來到太學視察，命穎達講經。太宗認為講得好，下詔表彰他。但後來他卻辭官回家了。

南朝劉宋王僧虔，是東晉名士王導的孫子，宋文帝時官為太子庶子，武帝時為尚書令。年輕的時候，僧虔就以擅長書法聞名。宋文帝看到他寫在白扇子上面的字，讚嘆道：「不僅字超過了王獻之，風度氣質也超過了他。」當時，宋孝武帝想以書法名聞天下，僧虔便不敢顯露自己的真跡。大明年間，他曾把字寫得很差，因此平安無事。

當你把別人比下去，就給了別人嫉妒你的理由，為自己樹立了敵人。所以，在與人逞強之前請先三思。

如果你確實有真才實學，又有很大的抱負和理想，不甘於停留在一般和平庸的階層，那麼，你可以放開手腳大幹一場，但有一點，你必須注意時刻提防周遭人的嫉妒。要想使自己避免遭嫉，你需要更注意自己的言行，盡量不要刺激對方的嫉妒心理。對於你周圍的嫉妒者，可迴避而不宜刺激。同事的嫉妒之心就像馬蜂窩一樣，一旦捅它一下，就會招來不必要的麻煩。既然嫉妒是一種不可理喻的低層次情緒，就沒必要去計較你長我短、你是我非，更不必針鋒相對，非弄個水落石出、青紅皂白不可。須知，這不是學術討論，更不是法庭對峙，你的對手不會用邏輯、情理或法律依據與你爭鋒的。嫉妒之人本來就不是與你處在同一檔次上，因而任何據理力爭都只會使你吃虧，浪費時間，虛擲精力，最佳的應對方式是胸懷坦蕩、從容大度。對嫉妒者的種種雕蟲小技，完全可以視若不見、充耳不聞，以更為出色的成績來證實所受的認可是完全公正的。

不僅在我國古代，即便在現代社會中的國外，韜光養晦都是一條不滅的真理。

做人處事，最難修練的就是心機。無能之能是聰明的「退」，是弱者的保護色。真正成大事的人善於韜晦心機、隱藏智慧，一方面和旁人維持和諧的關係，避免受傷害；一方面等待各方面的條件成熟了，自然便可英雄大顯身手了。韜光養晦無論是對一個國家還是對一個人來說，都是一種智慧的體現。

厚黑秘訣 六：忍小謀大

厚黑真經

忍，是古人極為推崇的一種生存哲學。《論語．衛靈公》：「子曰：巧言亂德，小不忍則亂大謀。」朱熹《論語集注》：「小不忍，如婦人之仁、匹夫之勇皆是。」又說：「婦人之仁，不能忍於愛；匹夫之勇，不能忍於忿，皆能亂大謀。」意思是說，在小事情上不忍耐讓步就會打亂今後的一些大計畫。在力量不足、遭人欺壓時，如果衝冠一怒，很可能惹禍上身，白白地葬送自己。在這種情況下，還不如忍氣吞聲，臥薪嚐膽，等待機會，再一舉洗刷恥辱。

厚黑妙用

古往今來，越王勾踐也好、韓信也罷，都曾忍受過常人難忍之辱，最終渡過了難關，成就了大業。清代金蘭生《格言聯璧》中說：「必能忍人不能忍之觸忤，斯能為人不能為之事功。」忍，不是消極躲避，不是甘願受欺，它是一種靈活的處世方式，是一種韜光養晦的鬥爭策略，是一種韌性的戰鬥技巧，是戰勝人生危難和險惡的有力武器。

戰國時期，出生於魏國的范雎，家境貧寒，起初只在魏國大夫須賈手下當門客。有一次，須賈奉命出使齊國，范雎作為隨從陪同前往。到了齊國，齊襄王遲遲不接見須賈，卻因仰慕范雎的辯才，叫人賞給范雎十斤黃金和酒，但范雎辭謝了。須賈卻由此產生了疑心，認為范雎把秘密情報告訴齊國，才得以贈送禮物。回國後，須賈將自己的懷疑告訴了魏國宰相魏齊。魏齊下令把范雎傳來，用竹板責打他，打折了肋骨，打落了牙齒。范雎假裝死了，被人用席子捲起來，丟在廁所裡。接著魏齊設宴喝酒，喝醉了，輪流朝范雎身上小便。後來，范雎設法逃出魏國，改名換姓，輾轉到了秦國，當了秦國的宰相。

己不如人時，當面翻臉、發洩怒火只會自取滅亡，懂得適時彎曲、暗中發力才是求勝之道。當遭遇別人的欺辱時，是生氣對自己有利，還是忍下這口氣對自己更有利？是翻臉對自己有利，還是適時彎曲對自己更有利？這是不言自明的。當然，不能為彎曲而彎曲，要在彎曲時不忘積極進取，最後一鳴驚人，顯示出強者的實力時，自然會贏得別人的尊重。

南北朝時的高洋就是一個懂得適時彎曲的人。高洋在尚未稱帝時，政權在其兄長高澄的手裡。高洋的妻子十分美豔，高澄很嫉妒，而且心裡很是不平。高洋為了不被高澄猜忌，裝出一副樸誠木訥的樣子，還時常拖著鼻涕傻笑。高澄因此將他視為痴物，從此不再猜忌高洋。

高澄時常調戲高洋的妻子，高洋也假裝不知。後來高澄被手下刺殺，高洋為丞相，都督中外諸軍。朝中大臣素來輕視高洋，而這時高洋大會文武，談笑風生，與昔日判若兩人，頓時令四座皆驚，從此再不敢藐視。高洋篡位後，初政清明，簡靜寬和，任人以才，馭下以法，內外肅然。

當時西魏大丞相宇文泰聽到高洋篡位，借興義師的名義，進攻北齊。高洋親自督兵出戰，宇文泰見北齊軍容嚴整，不禁嘆息道：「高歡有這樣的兒子，雖死無憾了！」於是引軍西還。

在今天的現實生活中，已不存在這種不忍讓就會動輒丟性命的屈伸之道了，但適時彎曲是必需之策。彎曲時更容易看清彼此更多的東西，更有利於溝通和進步。

有人問李澤楷：「你父親教了你一些成功賺錢的秘訣嗎？」李澤楷說，賺錢的方法他父親沒有教，只教了他一些為人的道理。李嘉誠曾經跟李澤楷說，他和別人合作，假如他拿七分合理，八分也可以，那麼拿六分就行了。

李嘉誠的意思是，吃虧可以爭取更多人與他合作。你想想看，雖然他只拿了六分，但現在多了一百個合作人，他能拿多少個六分？假如拿八分的話，一百個人會變成五個人，結果是虧是賺可想而知。李嘉誠一生與很多人進行過或長期或短期的合作，分手的時候，他總是願意自己少分一點錢。如果生意做得不理想，他就什麼也不要了，願意吃虧，這是種風度，是種氣量。也正因為這種風度和氣量，才有人樂於與他合作，他也才越做越大。所以李嘉誠的成功更得力於他的恰到好處的吃虧處世經驗。

若一個人不肯吃虧，則必想占便宜，於是，妄想日生，驕心日盛。而一個人一旦有了驕狂的態勢，難免會侵害別人的利益，引起紛爭，在四面楚歌之中，豈有人再和他合作，焉有不敗之理?故而，有時我們學會糊塗處世、主動吃虧，不能不說是一種合作的智慧。

忍，實在是醫治磨難的良方。忍人一時之疑、一時之辱，一方面可脫離被動的局面，同時也是一種對意志、毅力的磨練。正所謂，吃得眼前虧，可保百年身。

美國第三任總統傑弗遜在給子孫日常告誡中有一條是：「當你氣惱時，先數到十後再說話；假如怒火中燒，那就數到一百。」

生活中，在遇到一些不順心和不如意的事情時，我們的情緒往往會被超常激發起來，陷入激動、委屈、不安等精神狀態中。此時最容易從情緒出發，而不顧理智，做出魯莽之事。「忍一時風平浪靜，退一步海闊天空」，在這個時候，務必要記住「忍」字。強制自己把心情平靜下來，認真選擇利最大、弊最小的做法，以求達到在當時可能取得的最好效果。

在日常生活中，有很多表面上看起來吃虧的事情，比如工作的調動、環境的變遷等。面對這些事情，我們應該做到泰然處之，把目光放長遠一些。

《菜根譚》中有一句話：「處世讓一步為高，待人寬一分是福。」忍住私欲、怒火，低調做人，實際上是幫助你成就大業。

第二章 應對：因勢利導，隱忍待發

厚黑秘訣七：處變不驚

厚黑真經

俗話說天有不測風雲，人有旦夕禍福。每個人的一生都會遇到突如其來的變故，一個偶然出現的突發事件也許會改變我們的人生軌跡。當險情已經發生，你首先需要做的是冷靜思考。

厚黑妙用

陳平在當初投奔漢王劉邦的時候，曾發生過一宗險事。

那時正值春夏交替時節。一天中午，天空灰濛濛的，碧綠的田野一片靜寂。這時。從楚王項羽的軍營裡走出一個人，身穿將軍服，佩帶一把寶劍，警戒地四下看著，順著田間小路，急匆匆地向黃河岸邊趕去。這個人就是陳平。他想偷渡黃河去投奔漢王劉邦。

陳平趕到河邊，輕聲叫來一艘渡船。只見船上有四五個人，都是粗蠻大漢，臉上露出兇相。

當時陳平已覺察到，上這條船有些不妙，但又沒別的去路。他擔心誤了時間，楚兵會很快追趕上來，只好上了船。

船隻慢慢離了岸，陳平總算鬆了口氣，但他敏銳地觀察到，船上這幾個人竊竊私語，相互遞著眼色，流露出不懷好意的舉動。

「看來是個大官，偷跑出來的。」

「估計他懷裡一定有不少金銀財寶吧？嘿嘿！」

坐在艙內的陳平聽到船尾兩個人這樣低聲議論，並發出陰險的笑聲時，心中不禁有些緊張，心想：「他們要謀財害命！我身上沒有什麼財物和珍寶，我只是獨自一人，只有一把劍，肯定鬥不過他們。如何安全地擺脫危險的困境呢？」

這時船到了河中央時，速度明顯地減緩了。

「他們要下手了，怎麼辦？」陳平在上船時已考慮了一計策。

他從船內站起來，走出船艙說：「艙內好悶熱啊！熱得我都快要出汗了。」

陳平邊說邊佯裝若無其事地摘下寶劍，脫掉大衣，倚放在船舷上，並幫他們划船。這一舉動，出乎他們的預料，使他們一時不知道該怎麼辦才好。陳平很用力地划船。過了一會兒，他又說：「天悶熱，看來要來一場大雨了。」說著，又脫下一件上衣，放在那件外衣之上。過了一會兒，再脫下一件。最後，他索性脫光了上衣，赤著身子，幫他們划船。

船上那幾個人見沒有什麼財物可圖，就此打消了謀害他的念頭，很快把船划到對岸了。在這樣的情況下，陳平以他一介文士的身分，不論是向船家極力辯解，還是憑一時血氣之勇拔劍與船家展開搏鬥，恐怕都難以逃脫被船家殺害的結局。陳平能在間不容髮的緊張瞬間想出辦法，不露聲色地把危機消解於無形，不愧為劉邦手下的一大謀士。

陳平的脫險得益於他冷靜的分析與從容不迫的態度。

試想，如果他手足無措、慌作一團，那麼他還有可能擺脫這種險境嗎？既然我們已經「上了賊船」——險情已經發生，我們就不能用逃避或驚恐來面對，愈在此時愈需要冷靜，只有這樣才能突破重圍。

英國有位婦女，名叫戴安娜，她是個不幸的女人，她接連嫁了兩個丈夫，都因病去世了。她雖然繼承了許多遺產，但一個人生活，總覺得很寂寞。

不久前，有個叫查爾斯的男人向他求婚，她覺得這人不錯，就嫁給了他。查爾斯搬到她的豪華住宅裡來。一天下午，戴安娜幫丈夫收拾房間，意外地發現丈夫抽屜裡收藏著一大疊剪報。上面報導了一個叫馬可的罪犯，專門尋找有錢的女人，和她們結婚，然後設法殺死她們，將錢財占為己有。該凶犯如今越獄在逃。戴安娜看了報上對罪犯的描述後，頓時頭暈目眩。原來，這名罪犯竟是她現在的新婚之夫——查爾斯！

正在這時，查爾斯手拿鐵鍬進了院子。她想：恐怕今天晚上，他要殺死我了！她想逃出去，但又怕丈夫懷疑。她就趁他去屋後的時候，拿起電話，給好朋友傑克打了個報警電話。打完電話，她裝著若無其事的樣子，煮了杯咖啡，沒放糖，遞給了剛上樓的丈夫。

丈夫喝了幾口咖啡說：「這咖啡為什麼不放糖？這麼苦！我不喝了，走吧，我們到地窖裡去整理一下。」

戴安娜知道丈夫要殺她了。她明白自己無法逃出去，便靈機一動，說：「親愛的，你等一下，我要向你懺悔！」她在編造故事，想拖延時間，等朋友傑克的到來。

丈夫好奇地問：「你要懺悔什麼？」

戴安娜沉痛地說：「我向你隱瞞了兩件事。我第一次結婚後，勸我那有錢的丈夫買了人壽保險，那時，我在一家醫院當護士。我假裝對丈夫很好，讓左鄰右舍都知道我是個好妻子。每天晚上，我都親自為他煮咖啡。有一天晚上，我悄悄地把一種毒藥放進咖啡裡。不一會兒，他就倒在椅子上，再也爬不起來了。我就說他暴病而死，得了他的五千英鎊人壽保險金和他的全部財產。第二次，我又用親手煮的咖啡加毒藥的方法，得了八千英鎊的人壽保險，現在，你是第三個……」戴安娜說著，指了指桌上的咖啡杯。

查爾斯聽到這裡，嚇得臉色慘白，用手拚命地摳自己的喉嚨，一邊歇斯底里地尖叫道：「咖啡，怪不得咖啡那麼苦，原來……」他邊吼叫著，邊向戴安娜撲了過去。戴安娜一邊向後退，一邊鎮定地說：「是的，我在咖啡裡下了毒，現在，你毒性已經發作！不過，你喝得不多，還不至於馬上死去……」

查爾斯受不了這沉重的打擊，一下子被嚇昏了，就在這時，她的好友傑克帶著員警趕到了。

戴安娜給丈夫喝的咖啡裡並沒毒，但是她的丈夫查爾斯聽到她在咖啡加了毒藥以後，一下子就嚇昏了。

出色的應變能力可以使我們順利地脫離險境。求人不如求己，並且要相信自己的智慧，要冷靜，不要慌張，讓冷靜幫我們分析形勢，用智慧讓我們脫離險境。

厚黑秘訣八：渾水摸魚

厚黑真經

在摸魚時，需要把水攪渾，才有可能把魚抓住。在形勢對自己不利時，趁機把形勢搞亂，使對方也失去自身的優勢，不失為一條厚黑應對之計。

厚黑妙用

「用假消息牽著對方鼻子走」一計，最早的使用者是古代兵家。在戰爭史上，向敵人透露假消息來把水「攪渾」，從而影響其決策，最終將其打敗的例子不勝枚舉。這裡列出兩個較為典型的戰例：

南北朝混戰時代，中國北方有東魏和西魏相互對峙。東魏大將段琛據兵於兩國交界的宜陽

（今河南宜陽西），派下屬牛道恒招募西魏邊民，以擴大自己，削弱西魏。牛道恒招募有方，使得大批西魏邊民遷移到東魏來。西魏大將韋孝寬非常憂慮。後來，韋孝寬想出了一招「鉤鼻計」。他先派人打入牛道恒的內部，獲得了牛道恒手跡。又命令手下擅長書法的人模仿牛道恒筆跡，偽造出了一封牛道恒的信。信中寫牛道恒對西魏如何嚮往，對韋孝寬如何崇拜，並表達了伺機投誠的心願。信寫好之後，故意抖落上一些燈灰在信上，以使得天衣無縫。然後利用間諜，把信轉到了段琛的手中。段琛因此對牛道恆產生了懷疑，對他不再信任。這樣一來，牛道恒對招募工作也就沒勁了。

另有一例：一九三六年，四川發生旱災，糧食短缺。各大糧商乘機囤積居奇，重慶糧價頓時一漲沖天。當時漢口糧價依舊平穩，但因為交通和社會治安的問題，由漢口運糧至重慶出售，不但難以獲利，弄得不好還會虧本，所以重慶糧價一直居高不下。

鮮伯良為解重慶之危，經過一番辛苦籌謀之後，帶了三千包麵粉親自從漢口趕往重慶。麵粉大王抵達重慶之後，第二天便依常規去走訪各大糧商。糧商見麵粉大王親臨「寒舍」，當然喜出望外，熱情備至。但在每一家糧商客廳裡，當麵粉大王與糧商談興正濃的時候，總會匆匆跑來麵粉大王的高級助理，遞給一紙合約後，在麵粉大王耳邊神秘細語一番。就這樣，鮮伯良在輕描淡寫中把重慶的頭號特大新聞一字一句地灌進了每個大糧商的耳朵裡：麵粉大王將從漢口源源不斷地運糧來幫助重慶度過乾旱之年。

對糧商來說，這無疑是平地驚雷。

接著，鮮伯良開始將從漢口帶來的三千包麵粉低價出售。糧商們這一下更急了，爭先恐後放棄了囤積居奇的美夢，開始競相減價拋售。

不多時，重慶復興麵粉公司的倉庫裡堆滿了低價糧食，而等到糧商們突然發覺自己手頭無糧食了，而漢口並未向重慶運糧時，便趕緊親自趕往漢口。沒料到，此時漢口的糧價竟比自己剛剛拋售的重慶糧價高得多了。而等到他們再次趕回重慶時，卻又發現重慶復興麵粉公司已經開始高價售糧了。

常言道：「渾水摸魚」，做事情也是這樣，如果沒有計謀，被人一眼看透，那麼這件事的成敗就可想而知了。所以做人應有城府，做事要有「心計」，要把水「攪渾」，這樣才能在處處「險惡」的社會環境中生存下來。商場如戰場，只有在市場策略上「出奇」才能爭得主動。當一切都是有定數的時候，只有在整個變數之內的「出奇」才是最好的選擇。

商場如戰場，在這些沒有硝煙的戰爭中，商人必須懂得「偽」、「詐」之術，懂得巧放煙幕彈的道理；人生也是一樣，在人生殘酷的生存競爭中，也要像商人一樣懂得運用計謀，讓自己在這場「戰爭」中勝出。

厚黑秘訣九：見廟燒香

厚黑真經

建立人際關係要學會在冷廟中燒香，不要只挑香火繁盛的熱廟進香。熱廟因為燒香人太多，神仙的注意力分散，你去燒香，也不過是眾香客之一，顯不出你的誠意，神對你也不會有特別的好感。所以一旦有事求祂，祂對你只以眾人相待，不會特別照顧。

但冷廟的菩薩就不是這樣，平時門庭冷落，無人禮敬，你卻很虔誠地去燒香，神對你當然特別在意。同樣燒一炷香，冷廟的神卻認為這是天大的人情，日後有事去求祂，祂自然特別照應。如果有一天風水轉變，冷廟成了熱廟，神對你還是會特別看待，不把你當成趨炎附勢之輩。

厚黑妙用

你或許有過這樣的經驗：當你遇到了困難，你本以為某人可以幫你解決，於是你就想馬上找他，但你後來轉念一想，過去有許多時候，本來應該去看他的，結果你都沒有去，現在有求於人就去找他，會不會太唐突了？甚至因為太唐突而遭到他的拒絕？

有這樣一個寓言：說是黃蜂與鷓鴣因為口渴得很，就找農夫要水喝，並答應付給農夫豐厚的回報。鷓鴣向農夫許諾牠可以替葡萄樹鬆土，讓葡萄長得更好，結出更多的果實；黃蜂則表示牠它能替農夫看守葡萄園，一旦有人來偷，牠就用毒針去刺。農夫並不感興趣，對黃蜂和鷓鴣說：「你們沒有口渴時，怎麼沒想到要替我做事呢？」

這個寓言告訴我們這樣一個道理：平時不注意與人交往，建立關係，等到有求於人時，再提出替人出力，就為時已晚了。

俗話說「冷廟燒香」，其實不只是廟有冷熱之分，人也同樣如此。一個人是否能發達，要靠機遇。你的朋友當中，有沒有懷才不遇的人，如果有，這個朋友就是冷廟。你應該與熱廟一樣看待，時常去燒燒香，逢到佳節，送些禮物。為求實惠，有時甚至可以送些錢，請他自己買些實用的東西。又因為他是窮人，當然不會履行禮尚往來的習慣，並非他不知道還禮，而是無力還禮。不過他雖不曾還禮，但心中卻絕對不會忘記未還的禮，這是他欠的人情債，人情債越欠越多，他想還的心越切。所以日後他否極泰來，他第一要還的人情債當然是你。他有清償的能力時，即使你不去請求，他也會自動還你。這時候你有求於他，就是輕而易舉的事情了。

所以，如果你認為對方是個英雄，就該及時結交，多多交往。或者乘機進以忠告，指示其所有的缺失，勉勵其改過遷善。如果自己有能力，更應給予適當的協助，甚至施予物質上的救濟。而物質上的救濟，不要等他開口，隨時採取。有時對方很急著要，又不肯對你明言，或故意表示無此急需。你如得知此情形，更應盡力幫忙，並且不能有絲毫得意的樣子，一面使他感覺受之有愧，一面又使他有知己之感。寸金之遇，一飯之恩，可以使他終生銘記。日後如有所需，他必奮身圖報。即使你無所需，他一朝否極泰來，也絕不會忘了你這個知己。

而要想真正做到冷廟燒香，關鍵是平時多給人提供幫助。這對做好人際關係很有幫助，有時更是一本萬利的事情。沒有幾個人會不知道「紅頂」商人胡雪巖，他的發跡實際上就是冷廟燒香的典型。

胡雪巖本是浙江杭州的小商人，他不但善經營，也會做人，精通人情世故，懂得「惠出實及」的道理，常給周圍的人一些小恩惠。但小打小鬧不能使他滿意，他一直想成就大事業。他想，在中國，一貫重農抑商，單靠純粹經商是不太可能出人頭地的。他想到大商人呂不韋另闢蹊徑，從商改為從政，名利雙收，所以，胡雪巖也想走這條路子。

當時，杭州有一小官叫王有齡，他一心想往上爬，又苦於沒有錢作敲門磚。胡雪巖與他也稍有往來。隨著交往加深，兩人發現他們有共同的目的，殊途同歸。王有齡對胡雪巖說：「雪巖兄，我並非無門路，只是手頭無錢，十謁朱門九不開。」胡雪巖說：「我願傾家蕩產，助你一臂之力。」王有齡說：「我富貴了，絕不會忘記胡兄。」

於是胡雪巖變賣了家產，籌集了幾千兩銀子，送給王有齡。王有齡去京師求官後，胡雪巖仍舊操其舊業，對別人的譏笑並不放在心上。

幾年後，王有齡身著巡撫的官服登門拜訪胡雪巖，問胡有何要求，胡說：「祝賀你福星高照，我並無困難。」

王有齡是個講交情的人，他利用職務之便，令軍需官到胡雪巖的店中購物，胡雪巖的生意越來越好、越做越大。他與王有齡的關係也更加密切。

故事中的胡雪巖就很好地做到了「冷廟燒香」這點，他的朋友王有齡當時並沒有對他有所幫助，但胡雪巖仍然甘冒傾家蕩產的危險去幫助他。待到王有齡發達了，自然就會對胡雪巖傾力相助了。

其實，「冷廟燒香」並不是很難辦的事情，有時僅僅需要隨時體察一下別人的需要即可，這是最簡單不過的事情了，隨手即得。時刻關心身邊的人，幫他們一個忙。日後，你就很容易得到他們的幫助。此外，你還需要做的就是趁自己有能力時，多結交些潦倒英雄，使之能為己所用，這樣會大大增加請求別人幫助時成功的機率。

對朋友的投資，最忌諱的是講近利，因為這樣就成了一種買賣，說難聽點更是種賄賂。如果對方是講骨氣之人，更會感到不高興，即使勉強接受，也不會以為然。日後就算回報，也是得半斤還八兩，沒什麼好處可言。

厚黑秘訣 十：挫敵勵己

厚黑真經

拿破崙曾經說：「一支軍隊的實力，四分之三是由士氣構成的。」這種說法似有誇張，但不無道理。士氣是構成戰鬥力的基本要素，一支軍隊士氣的高低，直接影響著戰爭的勝負。古今中外的軍事家，都把挫傷敵人的銳氣，激勵己方的士氣，作為運籌決策的重要內容。

厚黑妙用

西元前二七九年，齊國田單所率軍隊被燕軍圍於即墨。田單首先派間諜向外宣傳說：「我最怕燕軍俘虜齊軍士兵後，把他們的鼻子割掉，再把他們放到攻擊部隊的前頭，那樣即墨就要被擊破了！」

燕軍聽說後，果真這樣去做，令人將俘虜的鼻子全割掉，推到陣前恐嚇齊軍。城中軍民看到被俘的士兵被割去鼻子，異常憤怒，死守不屈。

田單又派出間諜四處散佈言論說：「我最怕燕軍挖即墨城外的墳墓，那會使城中軍民人人寒心，失去鬥志。」燕軍將領聽說後，不僅下令挖掉齊人的墳墓，還焚燒掉骸骨，威逼齊人投降。城中齊國軍民見此情景，悲痛涕零，義憤填膺，決心和燕軍決一死戰。田單看到高昂的士氣上來了，便率領軍民大舉反攻。燕軍潰敗，齊軍很快收復了所有失地。

常言道：哀兵必勝。示以「哀兵」之形，往往會造成敵方驕縱輕敵心理，而己方因處於受壓迫、受凌辱的地位，必然懷著滿腔悲憤，求勝爭強。此時則可以因勢利導，積極發動攻勢，就能戰而勝之。如何激起哀兵之勢呢？田單採取了謠言惑眾的辦法，誘使敵人去割鼻挖墓，看似消沉齊軍意志，實則暗中另有所圖，他是要藉由此舉激起軍民同仇敵愾的士氣，有了這樣士氣高昂的軍隊，打起仗來焉有不勝之理？

同樣，在如今的職場生活中，激勵士氣也是領導者必不可少的一項任務。卡內基認為：作為一名成功的主管，應欣賞部下晉級之美，應設法讓你的部屬分享你現有的成果。別忘了，分享是對部下的最大激勵。

誰都喜歡晉級，誰都喜歡加薪。主管這樣，部下也如此。當主管晉級加薪之時，別忘了底下為你打下江山的弟兄們，設法讓他們也有所晉升，或得到些許獎勵，保薦他們到更好的職位，這才是對部下最大的激勵。

中國有句諺語「一人升天，仙及雞犬」。當你加官晉級，同時也把你的成果與眾部下分享，可以想像，部下會是何等的忠誠，這樣的公司也必然是上下一心，齊心合力，謀求更大進步的公司；動力十足，也就必然是一個充滿活力的企業，效益不斷上升可以想見。

公關部主管史密特先生，由於近日在與日商談判中，大殺了日本人的威風，壓低了對方所要價格，使公司節省了近百萬元，可謂立下汗馬功勞，也為本公司揚眉吐氣，大長志氣。因此總經理決定為他加薪一級，同時將給他一筆獎金。

史密特獲得加薪，自然沒忘和自己一起奮戰幾晝夜商討談判方案的弟兄們，於是他慷慨解囊，宴請諸部下，隨後又請他們週末一起去度假。

這樣一來，他不僅得到上司欣賞，又備得屬下愛戴。其實宴請費用不多，卻買到了屬下一片忠心，今後他們必會賣力氣幹活，那麼下次再加薪晉級還會遠嗎？

這就說明，讓屬下分享你的成果，是對他們最大的激勵，也是自己再創佳績的基礎。

不可否認，表揚和讚美是有效的管理激勵方法。但就人的本性而言，更多的員工喜歡對他們的表揚和讚美是有形的、實實在在的，獎勵就是這種有形和實在的讚美和表揚。這種方法也可以讓下屬更積極地做事。

曾經蒸蒸日上的「塑膠大王」馬貝爾，經營的一家塑膠生產公司在一九九八年業績大幅滑落。由於員工們意識到經濟不景氣，這一年做得比以前更賣力。馬上到年底了，照往例，年終獎金最少加發兩個月，多的時候，甚至再加倍。然而今年慘了，財務部門算來算去，頂多夠發一個月的獎金。總經理李特隆看到這種情況後焦急萬分，他知道員工今年的工作熱情比任何一年都要高。如果按以前的標準發放年終獎金的話，勢必會給企業留下重大的創傷；如果不那樣做的話，又怕員工的士氣因此大敗，這樣給企業造成的損失將更大。怎麼辦？如何給員工一份滿意的薪酬？

李特隆請來遠在馬來西亞的董事長馬貝爾一起商討如何解決這個問題。董事長馬貝爾聽完總經理的說明後，生動地說道：「每年的發紅包就好像給孩子糖吃，每次都抓一大把，現在突然改成兩顆，小孩一定會吵。」聰明的總經理突然靈機一動，想起小時候到店裡買糖，他總喜歡找同一個店員，因為別的店員都先抓一大把拿去稱，再一顆一顆往回扣。那個店員則每次都抓不足重量，然後一顆一顆往上加，這樣使得小李特隆很滿意。於是，董事長和總經理為設計出員工滿意的薪酬策略，達成了共識。

幾天後，公司下達了一個決策：由於營業不佳，年底要裁員。頓時公司內人心惶惶，每個人都在猜會不會是自己。最基層的員工想：「一定由下面殺起。」高層主管則想：「我的薪水最高，只怕從我開刀！」但是，沒過幾天，總經理吉爾多達就宣佈：「公司雖然艱苦，但我們不能沒有你們，無論有多少困難，公司都願意和你們一起度過難關，只是年終獎金就不可能發了。」聽說不裁員，人人都放下心頭的一塊大石，早壓過了沒有年終獎金的失落。

除夕將至，員工看著別的公司的員工紛紛拿到了年終獎金，多少有點遺憾。突然，董事長李特隆召集高層領導緊急會議。看主管們匆匆開會的樣子，員工們面面相覷，心裡都有點兒七上八下：難道又要裁員了嗎？

沒過幾分鐘，各級主管們紛紛衝進自己的部門，興奮地高喊著：「有了！有了！還是有年終獎金，整整一個月，馬上發下來，讓大家過個好年！」整個公司沸騰了，員工為了滿意的年終獎金而高呼，很多員工都主動要求過節期間加班。一次「滿意」的薪酬激勵，終於換來了第二年的發展。

可見，用獎勵的方法激勵下屬辦事是非常有用的。當然，這種策略最好是用在公司營運不佳的時候，否則公司賺得盆滿缽滿，再用這種方法來激勵下屬，就只能適得其反。

厚黑秘訣十一：擇木而棲

厚黑真經

「女怕嫁錯郎，男怕入錯行」，當發現嫁錯郎或入錯行而無路可走時，最佳的辦法便是棄暗投明，另擇明主了。做人千萬不可吊死在一棵樹上。

厚黑妙用

章邯是秦朝的大將，對朝廷忠心耿耿，屢建大功。

陳勝、吳廣起義後，章邯受命討伐。由於軍力不足，章邯便把刑徒和官奴也組織起來，在他的調教下，這支拼湊起來的隊伍也頗有戰鬥力。

章邯性情直率，不喜諂媚，他對當時掌控了朝政的權臣趙高也不逢迎，惹得趙高十分惱怒，他為了報復章邯，竟對章邯的大功視而不見，更無封賞之意。

項羽崛起後，章邯和他交手多有敗績，他為此向朝廷頻頻告急，不想趙高為置其死地，不僅不派兵援助，還把他的告急文書一律扣壓，從不向秦二世稟報。章邯連連失敗的消息，有一天終於讓秦二世知道了。秦二世身邊的太監對秦二世說：「章將軍勇冠三軍，若他有失，秦國就危險了，陛下將怎樣對待他呢？」秦二世怒不可遏：「章邯深負皇恩，罪該萬死，他還想活命嗎？」

太監搖頭說：「章將軍如今已是敗軍之將，必心多惶恐，鬥志有失。陛下既依靠他殺敵保國，就不能任性責罰他了，否則他懼禍投敵，陛下豈不更加危險？陛下若能忍下氣來，略作撫恤，章邯不見陛下怪罪，他定能定下心神，再為秦國建功了。」

秦二世於是再找趙高議論此事，趙高故作驚訝地說：「章邯此人自高自大，向來不把朝廷放在眼裡，這樣的人不加責罰，哪能顯出陛下的天威呢？」

秦二世又要下詔指責章邯，有的大臣上奏說：「時下國家危難之秋，章邯實在是不可多得之良將，這個時候不求全責備，對誰都有好處。一旦詔書降下，萬一章邯投敵，陛下豈不得不償失？」

趙高在旁陰聲道：「皇上賞功罰罪，理所應該，章邯若心懷異志，正好可將他除去。他若為忠，又怎會因皇上責罰而叛敵呢？」

秦二世於是下詔，對章邯大加指責，言辭甚厲。章邯接詔，又氣又怕，一時六神無主。長史司馬欣前去咸陽替他探聽消息。他從別人口中知曉這其中的緣故，於是趕緊返回對章邯說：「趙高對將軍有心排斥，看來無論你有功無功，都不免遭他陷害了。」

章邯大吃一驚，情緒更加低落。

值此時刻，趙將陳餘派人送書前來，勸他反叛秦國，信中說：「白起、蒙恬都是秦國的大功臣，可他們的下場卻是被賜死。將軍為秦賣命奮戰，到頭來卻為趙高陷害、昏君猜忌，其命運也就可想而知了。天意亡秦，如將軍認清形勢，反戈一擊，不但無有災禍，還有除暴濟世之大名，何樂而不為呢?」

章邯見信落淚，久不作聲，司馬欣長嘆一聲，說：「皇上不識奸佞，反責忠臣，這不是將軍欲反，而是不得不反啊。」於是，章邯向項羽投降。

做人要辨別是非曲直，做忠臣可以，但不要做愚忠之臣。俗話說水往低處流，人往高處走，棄暗投明，適當的時候炒掉你的主人，才能開始你的成功人生。良禽擇木而棲，本身並沒有錯。識時務者為俊傑，章邯的反叛加速了秦朝的滅亡和一個新朝代的建立，擇主依時而變，不但順應天理，而且對己有利，這種兩全其美的事，對於有「心機」的人來說是不難選擇的。

那麼，我們該如何「擇木」呢?一般而言，「木」就是貴人。中國有貴人之說，即是一種在人生中出現值得尊敬之人的思想，它所說的貴人，大致都是身分比自己高、學識淵博者、德高望重者或有錢人等。而我們這裡所說的貴人，是公司裡身居高位的人，或者是公司裡令掌權人物崇敬的人。這樣的人經驗、專長、知識、技能等在那個圈子裡名聲響，說話管用，讓貴人扶上一把，有時可以省很多力。個人的努力像爬樓梯一樣，腳踏實地，而貴人出現，就會讓個人像乘坐電梯般快速發達。

這樣的事情，在人生中總會有幾次。因為乘上了電梯，所以會很快達到與以前完全不同的世界。換句話說，就是有能夠改變人們命運的人的存在。實際上，是不是有人因與這樣的人相識而有完全的轉變呢?的確是有的。

美國前總統柯林頓在成名之前，立志想當音樂家。可是，在白宮遇見了當時的美國總統甘迺迪之後，他的人生方向發生了改變。他放棄了當音樂家的夢想，立志走政治家的道路。甘迺迪在他的人生事業中發揮了非常大的作用。如果沒有甘迺迪，也許就沒有前總統柯林頓，充其量會多一位著名的音樂家。可以說甘迺迪是柯林頓的貴人。

李鴻章早年屢試不第，他一度鬱悶失意，然而一八五九年他受到了命運之神的眷顧，從一個潦倒失意的人一躍成為湘系首腦曾國藩的幕僚，從此他的宦海生涯翻開了新的一頁。

有人曾對很多公司進行過統計，發現九十％的中高層領導有被貴人提拔的經歷；八十％的總經理要得貴人賞識才能坐上寶座；自行創業成功的老闆百分之百受恩於貴人。

很多人相信「命裡有時終須有，命裡無時莫強求」這句話。這是一種典型的宿命論思想。有很多相信命運的人，算命的說他們有貴人相助，結果他們等呀等，等到鬚髮俱白也沒見到自己的貴人，而自己的事業都在等待中耽擱了。貴人是等不來的，你要主動去尋找你生命中的貴人。那麼，我們怎樣得到貴人的幫助，迅速成就一番大事業呢？

一．攀附貴人，首先要讓貴人認識你，引起他對你的注意

根據人生和事業安排，確定對自己有幫助的交際圈和人，進入他們的視線，想辦法得到他們的欣賞和提拔。

二．要得到貴人的重視和關愛，就必須採取主動

俗話說：「老實人吃啞巴虧，會哭的孩子有奶吃。」

如果在同等條件下，兩個同事工作都勤懇認真，業績也不相上下，但在分發紅利時，一個「有苦難言」對上司只提了一次要求，但另一個三天兩頭地找上司訴苦，結果就會被優先考慮。所以，適時地在別人的面前多提自己的需求，獲得優先考慮和幫助的機會會更大。

三．要想套牢貴人，就要投其所好

依靠貴人辦事，如果能得到對方的認可，做起事來自然如順水行舟，省心省力的同時，更容易達到自己的目標。所以，在瞭解貴人的基礎上，投其所好，主動逢迎，是一舉兩得的好事，一來博得了貴人的賞識，讓貴人喜歡你；二來得到了貴人的相助，這才是真正的目的所在。

四．恰當恭維讓貴人樂於助你

貴人也是人，自然也有著普通人的弱點。要找貴人辦事一定要學會適當恭維，並且一定要採取恰當的恭維方式，要清楚地掌握貴人的喜好，在其心情愉悅的情況下，尋找合適的契機，把你的要求提出來，這樣才會容易把事辦成。

五．對付難纏的貴人要以柔克剛、出奇制勝

以柔克剛是最高明的攀靠藝術。幽默大師林語堂說過：「中國是女權社會，女人總是在暗地裡對男人施加影響，左右著男人的心理情緒和處世態度，無形中便決定了事態的發展。」因此，依靠貴人時，走「夫人路線」也不失為一條妙計。除此之外，我們還可以透過貴人的父母、孩子對貴人施加影響，親情的作用有時是不可估量的。因為相比較之下，老人、小孩更容易接近，且透過老人、小孩，可以達到融洽全家的目的。當你與貴人的老人、孩子打成一片時，你想攀靠的貴人也會非常高興，拉近距離，再靠上去就不難了。

總之，利用貴人必須講究方式。對不同的人要採取不同的策略，對不同的事也要針對問題具體分析。靈活處理，善於變通，才能更好地靠住大樹，攀附貴人。

厚黑秘訣十二：屢敗屢戰

厚黑真經

拿破崙．希爾說過：「堅韌者總有強項。」在敗績中，堅韌是解決一切困難的鑰匙。試問諸事百業，有哪一種可以不經堅韌的努力而獲成功呢？

厚黑妙用

失敗對於每一個人來說都不陌生，我們從小到大，都或多或少地經歷過失敗的打擊。事業取得成功的過程，實質上也就是不斷失敗再戰勝失敗的過程。經研究證明，世界上著名成功人士所做的事情中，成功與失敗的平均比率是一比十，也就是說，他們幾乎要失敗十次才能換來一次成功。

因此，在通往成功的道路上，挫折與失敗是必然存在的，能不能經得住失敗的考驗，決定了能否達到成功的目標。有的人因為失敗而徘徊不前、悲觀失望，他們往往會由於害怕失敗而遭受到更多的失敗，最終落於人後；有的人卻是微笑地面對失敗，從哪裡跌倒再從哪裡爬起來，用信心和勇氣來戰勝失敗，他們最終都是踏上了成功巔峰的出類拔萃之人。

愛迪生曾說過：「偉大人物最明顯的標誌，就是他堅強的意志，不管環境變換到何種地步，他的初衷與希望仍不會有絲毫的改變，並能終於克服障礙，達到期望的目的。」

他發明燈泡的時候，做了近六千次的試驗，從纖維絲到鎢絲，他不知失敗了多少次，但是每次失敗之後，他都不氣餒，而是馬上著手下一次實驗。這個失敗對他來說並不能算是失敗，只不過是發現了一種行不通的方法罷了。

愛迪生屢戰屢敗，屢敗屢戰，堅持不懈，終於研製出了經久耐用的電燈，這便是他最後的成功，前面數千次的失敗在這一次的成功面前，便顯得微不足道了。

擁有萬貫家產的威廉姆斯現在經營著一家金礦，但是他當年創業的時候，不知道經歷過多少次的失敗。起初，威廉姆斯領著幾個夥伴，帶著簡陋的採礦工具來到礦區，開始了他們的勞作。當時，他們只知道礦區有一個金礦的礦脈，但是具體的方位並不清楚。他們並沒有灰心，略加勘探以後，就開始工作了。

但是由於工具的簡陋和人手的不足，他們的進度很慢，堅硬的岩石像巨大的攔路虎擋在他們的面前。一個多月過去了，礦洞也只有十幾米深，而且一個更加嚴峻的事實也擺在他們面前：他們弄錯了方向，朝著礦脈的相反方向鑽洞。這一次他們是失敗了，而且白白花費了許多勞力與時間。

與威廉姆斯合夥的人都打起了退堂鼓，但是威廉姆斯努力說服了他們：既然已經知道了失敗的原因，就應該堅持做下去，不然花費了那麼多的力氣換來的只有失敗，那多不划算。於是他們又開始了新的工作。當他們鑽的第三個洞深入地下幾十米的時候，他們終於發現了金礦的礦脈。當時的激動心情是無與倫比的，威廉姆斯後來回憶說：「我發現了礦脈，就像是看到了黃澄澄的金子真實地擺在了我的眼前。我知道我成功了，以前的失敗對於此刻的成功簡直不值一提。」

確實，成功就像是金礦，失敗則是外面包裹著的堅硬而頑固的岩石。只有努力鑿穿這層岩石，才能得到裡面的寶貴財富。

美國有個企業家叫做貝雷斯，他專門收購瀕臨破產的企業，而這些企業一到他的手中，經過整頓，便幾乎個個都起死回生。

有人對他的這種做法感到奇怪，便問他為什麼要這麼做。貝雷斯回答道：「對於成功的企業，人們總是只看到其好的一面，而往往忽略其潛在的失敗因素，但是對於失敗的企業它的缺點和失誤明確地擺在眼前，只要能改正這些缺點，就能夠轉敗為勝。」

可見，錯誤和失敗是邁向成功的階梯。任何成功都包含著失敗，每一次失敗都是通向成功不可缺少的臺階。被譽為「中國航太之父」的錢學森指出：「正確的結果，是從大量錯誤中得出來的，沒有大量的錯誤做臺階，也就登不上最後正確結果的高峰。」有志氣有作為的人，他們在失敗面前不唉聲嘆氣、不悲觀失望。成功與失敗並沒有絕對不可跨越的界限，成功是失敗的盡頭，失敗是成功的黎明。失敗的次數愈多，成功的機會亦愈近。成功往往是最後一分鐘來訪的客人，你做一件事情失敗了，這意味著什麼呢？無非有三種可能：一是此路不通，你需要另外開闢一條路；二是某處故障作怪，應該想辦法解決；三是還差一兩步，需要你做進一步的探索。這三種可能都會引導你走向成功，失敗有什麼可怕呢？成功與失敗，距離只有一步。即使你認為失敗了，只要有「置之死地而後生」的精神，仍然有成功的可能。

第三章 機遇：機不可失，失不再來

厚黑秘訣 十三：亂中淘金

厚黑真經

塞翁失馬，焉知非福。任何危機都蘊藏著新的機會，這是一條顛撲不破的人生真理。而能否有效地利用危機，從危亂時局、突發事件中發現機會，便是成功的一大關鍵。

厚黑妙用

二〇〇三年春節前後，SARS肆虐全球，侵吞了不少無辜的生命。許多企業因此放了長假，餐飲業更是受到了巨大的衝擊，許多餐館紛紛停業。王府井美食廣場也沒有逃脫這場危機的襲擊，但麥當勞王府井餐廳依然人來人往。

SARS爆發後，中小學放假、成年人減少外出用餐，麥當勞採取了積極的針對性措施：如增加了外賣，免費送餐上門；做好店內清潔，店內也加強通風和地面消毒，餐廳門把手、樓梯扶手半小時消毒一次；員工戴口罩接待顧客。北京麥當勞公司向員工發放了兩百多萬只口罩，還向用餐顧客分發了五十萬只口罩。

正因為這樣，很多人外出用餐首選麥當勞，一些會議用餐也是麥當勞。所以麥當勞在SARS期間不僅沒有減少顧客，反而增加了更多顧客群。

對待突發事件，麥當勞的理念是：變危為機。這四個大字就寫在危機管理手冊的封面上。面對危機，麥當勞迅速採取對策，變被動為主動，在餐飲業普遍低迷的情況下，營業額不降反升。麥當勞用「變危為機」的變通理念為自己迎來了機遇。

在麥當勞的員工手冊裡有這樣一段話：世界上有許多事情就像大山一樣，是我們無法改變的。如果事情無法改變，我們就改變自己。如果別人不喜歡自己，是因為自己還不夠讓人喜歡。如果無法說服別人，是因為自己還不具備足夠的說服能力。如果顧客不願意購買我們的產品，是因為我們還沒有生產出足以令顧客願意購買的產品。如果我們還無法成功，是因為我們暫時還沒有找到成功的方法。山如果不過來，那我們就過去。企業中的員工要善於變通，敢於變通，尤其是當遇上難以解決而又不得不面對的棘手問題時，採取變通的方式會收到很好的效果。當前行時碰到擋路的大山以後，就覺得無路可循。山不變，但人是活的，變通一下繞過山去。變通是一種思維的靈活性，懂得變通的員工知道舉一反三，觸類旁通，能夠用不同的思維看問題；易於從工作中發現不足之處，從而找出解決問題的新辦法。

幾年前，趙群還是一家公司的業務員。當時公司最大的難題是討帳。公司產品不錯，銷路也不差，但產品銷出去後，總是無法及時回款。

有一位客戶，買了公司二十萬元產品，但總是以各種理由搪塞，遲遲不肯付款，公司派三批人去討帳，都沒能拿到貨款。當時趙群剛進入這家公司不久，就和一名姓王的員工一起，被派去討帳。他們兩人曉之以情動之以禮，想盡了辦法，最後，客戶終於給了一張二十萬元的現金支票。

他們興高采烈地拿著支票到銀行取錢，結果被告知，帳上只有十九萬八千元，很明顯，客戶給了他們一張無法兌現的支票。第二天就要春節放假了，如果不能及時拿到錢，不知又要拖延多久。遇到這種情況，一般人可能一籌莫展了，但是趙群突然靈機一動，拿出自己的兩千元，讓同去的小王存到客戶公司的帳戶裡去。這一來，帳戶裡就有了二十萬元。他立即將支票兌了現。

他帶著這二十萬元回到公司時，董事長對他大加讚賞。之後，他在公司發展很快，五年之後當上了公司的副總經理，後來又當上了總經理。

和趙群一樣，許多成功者成功的秘訣就在於善於變通。窮則變，變則通，通則久。遇到危機就要敢於改變，只有改變，才能克服困難，走向成功。美國名人羅茲說：「生活的最大成就是不斷地改造自己，以使自己悟出生活之道。」由此可知，變通就是我們遇到困難和變化時所採取的方法和手段。

變通能讓人的眼光不局限於某一方向，不受消極思維的桎梏，能夠轉變角度考慮問題，採取對策。變通使人產生超常的構思，提出不同凡響的新思想、新觀點。所以變通的人往往能夠把一場危機變成讓人生發跡的機會。

南宋紹興十年七月的一天，杭州城最繁華的街市失火，火勢迅速蔓延，數以萬計的房屋商鋪處於汪洋火海之中，頃刻之間化為廢墟。有一位裴姓富商苦心經營了大半生的幾間當鋪和珠寶店，也在那條鬧市中。火勢越來越猛，大半輩子的心血眼看就要毀於一旦，可是他並沒有讓夥計和奴僕衝進火海，捨命搶救珠寶財物，而是不慌不忙地指揮他們迅速撤離，一副聽天由命的神態，令眾人大惑不解。

然後他派人從長江沿岸平價購回大量木材、毛竹、磚瓦、石灰等建築用材。當這些材料像小山一樣堆起來的時候，他整天品茶飲酒，逍遙自在。

大火燒了數十日之後被撲滅了，但是曾經車水馬龍的杭州，大半個城已經是牆倒房塌，一片狼藉。不幾日，朝廷頒旨：重建杭州城，凡經銷建築用材者一律免稅。於是杭州城內一時大興土木，建築用材供不應求，價格陡漲。裴姓商人趁機拋售建材，獲利巨大，其數額遠遠大於被火災焚毀的財產。

裴姓富商是一個善於變通的人，雖然大火燒盡了一輩子的心血和財產，但他採取辦法把火災變成商機，其個人資產不減反增。一條路不通的時候，不妨繞道而行，你的業績就會取得突破性的進展。

厚黑秘訣十四：當機立斷

厚黑真經

機遇是難得的。一旦機遇到來，千萬不要猶豫不決，貽誤良機，而應學會當機立斷，毫不遲疑，這樣才可以迅速達到自己的目的。

厚黑妙用

西元二二一年，劉備不聽諸葛亮、趙雲的勸說，為了奪回荊州，親率蜀國大部分人馬，對東吳發動了大規模的戰爭。

孫權得知後，幾次派人去向劉備求和，都遭到拒絕。在這之前，東吳大將周瑜、魯肅和呂蒙等都已先後去世了。孫權不得已，只好任命年輕的鎮西將軍陸遜為大都督，統率五萬人馬去抵抗劉備。

吳國文武官員對陸遜出任大都督都表示懷疑，擔心他不能勝任。為了提高陸遜的威望，孫權當著百官的面對陸遜說：「朝廷裡的事由我主持，外面打仗的事由你負責。」然後把自己佩帶的寶劍交給陸遜，接著說：「哪個不服，由這劍說話！」百官聽了，都默不作聲。

陸遜辭別孫權，帶著水陸兩軍來到前線。

這時候，劉備已進抵猇亭，沿路紮營，綿延幾百里。吳國將領請求陸遜趕快出兵迎擊劉備。

陸遜說：「劉備此番東下，氣勢正盛，且占據高處，我們很難攻破。如果出師不利，便會挫傷士氣，所以不如佈置防禦，等待時機。」將士們聽了，嘴上雖沒說什麼，心裡卻認為陸遜膽小，個個臉上都流露出輕蔑的神色，暗笑他的懦弱。陸遜拍拍寶劍，又道：「我雖是書生，但有責任更好地完成主上交給我的重大使命。如有不服，尚方寶劍伺候！」

之後的日子裡，蜀軍多次挑戰，陸遜總是置之不理。儘管劉備一次次挑戰，陸遜就是沒有上當。

兩軍相持半年之後，盛夏季節來臨，天氣異常炎熱，蜀軍士兵忍受不了蒸人的暑氣，叫苦連天。劉備只得讓水軍離船上岸，和陸軍一起，在樹林的茂密之處，紮下互相連接的四十多座軍營，等到秋涼後再向吳軍大舉進攻。

陸遜看到了蜀軍戰線拉得過長，兵力分散，士氣低落，認為進行反攻的條件已經成熟了。一天，他召集大小將士，宣佈了出兵破蜀的計畫。經他前前後後一分析，將領們都佩服他有遠見。

為了使反攻有把握取得勝利，陸遜先派出一小部分兵力對蜀軍的一個營寨進行了試探性攻擊，雖然吃了點虧，但卻找到了克敵的辦法，那就是用火攻。

當天晚上，正值風猛。陸遜命所有的士兵每人手持一把茅草，裡邊藏上火種，向蜀營發起攻擊。霎時火光沖天，蔓延開來。吳軍乘著火勢，奮力殺敵，接連攻破了蜀軍四十多座營寨。

陸遜火燒猇亭，一舉打敗了連營幾百里的蜀軍，贏得了戰爭的勝利。

陸遜能忍，一方面忍受內部將領對他的輕視和不理解，另一方面還要面對劉備的挑釁故作不知，這中間需要承受非常大的壓力。但他更明白時機未到，任何輕舉妄動都會給自己帶來嚴重的後果。一旦時機成熟，陸遜瞬間爆發取得了顯著成效，這種做事的風格令人敬佩。所以時機尚未成熟時需要隱忍，以及承受一切壓力的勇氣和執著。而等到時機成熟，卻要當機立斷，不失時機地採取行動。

當機立斷，這就要求我們一旦看準了就要果斷出擊，不僅要有魄力，更需要膽識和智慧。下面是關於巴菲特的真實經歷，或許我們能從他的身上學到投資中當機立斷的一點訣竅。

巴菲特從小就顯露出他的投資天賦。十一歲時他就用零用錢買了三股城市服務公司的股票，不久股價上升，他急於拋出，賺了五美元。但後來該股狂升，巴菲特後悔不迭，由此他得出深刻的教訓，如果對某種股票有信心，就要堅持到底，不管買後是升還是跌。所以，巴菲特後來買進股票，都保持在十年之久。他嚴格按照自己這種投資信條買賣股票，在其初中畢業時，就賺了不少錢，並在拉斯維加斯州購置了一塊面積四十畝的大農場。

在二十世紀七〇年代，當傳播事業和廣告業處於低潮時，巴菲特又大舉購進了包括華盛頓郵報、美國廣播公司在內的多種股票。他似乎有點石成金的力量，當他買進這些股票後，股價便直線上升，巴菲特發了一筆大財。

最為人津津樂道的，就是他收購哈薩維公司的股票。巴菲特在一九六五年購入該公司股票時，每股只值十二美元，此後股價一路上漲，到二十世紀九〇年代時，每股八千五百美元，二十六年來升值逾七〇八倍，成為紐約證券交易所價格最高的股票。

當有人問起巴菲特成功的奧秘時，他說：「第一，做事要果敢，切忌猶猶豫豫。第二，不熟悉不做。如果有人向你廉價出讓美國鋼鐵、通用汽車的股票時，你最好別接手，雖然這些都是很好的公司，但如果涉及太多科技，而你根本不瞭解，就最好不要沾手。第三，選擇高素質公司。其標準是，只需較少的流動資金經營，老闆持有大量現金，老闆有足夠的裁決權。」

當機遇來臨時，必須足夠智慧地當機立斷——這就是投資天才的投資聖經。

厚黑秘訣 十五：攻其不備

厚黑真經

在武俠小說中，唐門暗器在江湖上獨樹一幟，其之所以威力無窮，是因為發暗器者總是在對手不防備的時候突然發難，讓人防不勝防。主動出擊也要找準時機，以硬碰硬只能兩敗俱傷，在敵人放鬆警惕時給其狠狠的一擊，可達到事半功倍的效果。

厚黑妙用

宋朝時，岳飛奉命到嶺南去招安盜賊，但是岳飛費盡唇舌，賊頭曹成就是不理不睬。岳飛想，強奪不下，只能智取了。

岳飛暫時和曹成休戰，不久之後，將士抓到了一名曹成派來的間諜。岳飛馬上吩咐部下將間諜綁在主帥軍帳的附近，好讓間諜聽得到岳飛與將領之間的談話。

在這場只演給間諜一個人看的戲中，岳飛故意與押糧官商量好在言談之間說一些「軍糧已盡，該如何是好」之類的話，顯出一副苦悶惆悵的樣子，彷彿已無心打仗。岳飛還假裝與其他將領談到因為戰事不順，部隊準備暫時撤退的計畫。之後，岳飛又故意讓間諜有機會逃跑。

一連幾天，部隊按兵不動，將士們正在納悶，這個時候，岳飛估計間諜應該已經帶著假情報回到了賊營，於是就選擇一天夜晚，下令全軍整裝，摸黑急行軍。天還沒亮，大軍已經偷偷繞過山頭，兵臨賊營。盜賊們因為假情報而毫無戒備，當發現岳家軍來襲之後，他們頓時大驚失色，措手不及，四處逃竄，潰不成軍。當盜賊已經構不成威脅時，才到了招安的時候。

明朝時的戚繼光破倭寇也採取過類似的方法。當他率領「戚家軍」到達倭寇的老巢時，倭寇嚴陣以待，準備隨時迎擊戚繼光的進攻。戚繼光卻宣稱，倭寇人多勢眾，難以速戰速決，所以命令士兵紮帳篷，挖鍋灶，準備打持久戰。倭寇聽到這個消息，就暫時放了心，認為戚繼光不會很快發動進攻，於是放鬆了警惕，就放開肚皮大吃大喝起來。就在他們酒足飯飽，睡得昏天黑地的時候，戚繼光突然發動進攻，出其不意地攻擊倭寇的大營。——原來，他之前的行動完全是在放煙幕彈，是想麻痹倭寇，讓他們放鬆警惕，倭寇果然上當。就這樣，戚繼光趁著倭寇沒有一點心理準備的時候，從天而降，倭寇手足無措，被戚家軍殺了個精光。為患十幾年的倭患終於被徹底解決，這一戰也成了戚繼光平倭的最經典戰役之一。

俗話說，老虎也有打盹的時候。如果在人生中遇到強勁對手，強攻不下的時候，不妨借助對手鬆懈的瞬間出擊，定能克敵制勝。對手鬆懈時要抓緊時間進攻；對手不鬆懈時，創造條件，製造假象，無所不用其極，誘其鬆懈，然後再進攻。把自己藏在別人注意不到的地方，別人在明我在暗，能看清局勢，且不受人干擾，被人忽視的最大好處就是可以累積自己的實力。在別人注意不到的地方，隱忍待時，靜若處子。一旦時機成熟，就一飛沖天，動若脫兔。人生的主動權，就掌握在了自己手中。

「一鳴驚人」的故事，就是一個很好的例子。

春秋戰國時期的楚莊王即位後，不理國政，每日不是在宮中奏樂飲酒，與妃妾們尋歡作樂，便是率領衛士於深山大澤中打獵。

楚國的大臣們紛紛勸諫，楚莊王置之不理，我行我素。

國王不理朝政，下面自然亂作一團：權臣們藉機樹黨爭權，小人們則逢迎拍馬，撈取官職，貪官們更是渾水摸魚，中飽私囊。楚國的政治一下子陷入了混亂無序的狀態。

楚國的大夫伍舉實在忍不住了。他決定入宮進諫。

他入宮見到楚王時，楚莊王正一邊喝著美酒，一邊聽樂師們奏樂。見到伍舉，楚莊王問道：「大夫是想喝美酒，還是要聽音樂？」

伍舉笑道：「臣既不想喝酒，也不想聽音樂，而是聽人們說大王智慧過人，所以想請大王猜個謎語。」

「在楚國的一座高山上，停落一隻大鳥，牠羽毛五彩繽紛，異常華麗，可是三年來牠既不鳴叫，也不飛走，臣實在不明白其中的原因。」

楚莊王沉思片刻，說道：「這不是一隻平凡的鳥，牠三年不鳴，是在積蓄自己的力量；三年不飛，是等待看清方向。這隻鳥不鳴則已，一鳴驚人；不飛則已，一飛沖天。你去吧。你的意思我都明白了。」

伍舉聽完楚莊王的解釋後非常高興，他知道了國君是很有頭腦的人，他是在等待時機，而絕不是一個沉溺酒色的荒淫君主，楚國還是大有希望。

幾個月過去了，楚莊王不但沒有絲毫改變，反而更加荒淫無度。伍舉的朋友蘇從感到受了騙，他全無顧忌，捨身直闖王宮，直言進諫：「您身為國王，不理國政，只知道享受聲色犬馬之樂，卻不知道樂在眼前，憂在不遠，不久就會民眾叛於內，敵國攻於外，楚國離滅亡不遠了。」

楚莊王勃然大怒，拔出長劍，指著蘇從的鼻尖，厲聲叱道：「難道你不怕死嗎？」

蘇從凜然正色道：「假如我的死能讓君王悔悟，能讓楚國富強，我的死就是值得的。」

楚莊王看了蘇從半晌，忽然扔下長劍道：「我等的就是大夫這樣忠於國家，不怕死的棟樑。」他揮手斥退舞女，與蘇從談論起楚國的政務。蘇從這才驚異地發現：國君對國家上下瞭解比自己還要多。

楚莊王隨後發佈一系列政令，把那些諂諛小人、貪官和不稱職的官員該殺的殺，該罷職的罷職，把那些包括伍舉、蘇從在內的忠於國家、有才能、剛直不阿的人提拔上來。一番改革後，楚國的政治從貪濁混亂一下子變得清明。

楚國國內基礎鞏固後，國力日漸強盛，最後楚莊王成為「春秋五霸」之一。

把自己藏在別人注意不到的地方，別人在明我在暗，能看清局勢，且不受人干擾，被人忽視的最大好處就是可以累積自己的實力。

躲在暗處，既能使對手小視自己，又能趁機識別身邊人。這一韜晦之法不僅能用於治國，也能用於人生路上的紛繁競爭。我們在競爭中，不要做明槍，要做暗箭，在暗中向對方進攻，往往使他防不勝防。

厚黑秘訣十六：見機行事

厚黑真經

情勢在變，機遇在變，所以，要行使厚黑學必須隨機應變，見機行事，不能冥頑不化。

厚黑妙用

我們都知道，慈禧喜歡別人稱她「老佛爺」，自然也喜歡故意擺出不殺生、行善積德的樣子給人看看。特別是她六十大壽之際，她更要做出一番「功德」來，好讓天下人都知她慈禧有好生之德。李蓮英為了能夠在眾臣面前求得慈禧對自己的寵愛，以保自己的勢力。於是，他絞盡腦汁地想出並試驗出一些絕招來奉承慈禧。

六十大壽這一天，慈禧按預先安排好的計畫，在頤和園的佛香閣下放鳥。一籠籠的鳥擺在那裡，慈禧親自抽開鳥籠，鳥兒自由飛出，騰空而去。等李蓮英讓小太監搬出最後一批鳥籠，慈禧抽開籠門後，鳥兒就紛紛飛出，但這些鳥兒在空中只盤旋了一陣，又唧唧喳喳地飛進籠中來了。慈禧又驚奇又納悶，還有幾分高興，便向李蓮英說：「小李子，這些鳥怎麼不飛走哇？」李蓮英很是得意，知道自己做的準備已經讓主子高興了。於是，跪下叩頭道：「奴才回老佛爺的話，這是老佛爺德威天地，澤及禽獸，鳥兒才不願飛走。這是祥瑞之兆，老佛爺一定萬壽無疆！」

一般說來，李蓮英這個馬屁可謂拍得極有水準，但這次卻拍馬屁拍到馬腿上了，慈禧太后雖覺拍得舒服，但又怕別人笑話她昏昧，於是臉上露出了陰森的殺氣，隨即怒斥李蓮英道：「好大膽的奴才，竟敢拿馴熟了的鳥兒來騙我！」

李蓮英並不慌張，他不慌不忙地躬腰稟道：「奴才怎敢欺騙老佛爺，這實在是老佛爺德威天地所致。如果我欺騙了老佛爺，就請老佛爺按欺君之罪辦我。不過在老佛爺降罪之前，請先答應我一個請求。」

在場的人一聽，李蓮英竟敢討價還價，嚇得臉都白了，哪個還敢吱聲。大家知道，慈禧雖號為老佛爺，實在是一個殺人不眨眼的劊子手，許多因服侍不周或出言犯忌的都被她處死，哪個敢像李蓮英這樣大膽。

慈禧聽了這番話，立刻鐵青了臉，說：「你這奴才還有什麼請求？」李蓮英說：「天下只有馴熟的鳥兒，沒聽說有馴熟的魚兒。如果老佛爺不信自己德威天地，澤及魚鳥禽獸，就請把湖畔的百桶鯉魚放入湖中，以測天心佛意，我想，魚兒也必定不肯游走。如果我錯了，請老佛爺一併治罪。」

慈禧也有些疑惑了，她隨即走到湖邊，下令把鯉魚倒入昆明湖。稀奇的事情真就出現了，那些鯉魚游了一圈之後，竟又紛紛游回岸邊，排成一溜兒，遠遠望去，彷彿朝拜一般。這下子，不僅眾人驚呆了，連慈禧也有些迷惑。她知道這肯定是李蓮英糊弄自己，但至於用了什麼法子，她一時也猜不透。

李蓮英見火候已到，哪能錯過時機，便跪在慈禧面前說：「老佛爺真是德威天地，如此看來，天心佛意都是一樣的，由不得老佛爺謙辭了。這鳥兒不飛去，魚兒不游走，那是有目共睹的，哪是奴才敢矇騙老佛爺，今天這賞，奴才是討定了。」

李蓮英說完，立刻口呼萬歲拜起來，隨行的太監、宮女、大臣，哪能不來湊趣，一齊跪倒，個個都向他們的「大總管」投來了奉承的眼光。事情到了這份上，慈禧太后哪裡還能發怒，她滿心歡喜，還把脖子上掛的念珠賞給了李蓮英。

且不論李蓮英的為人如何，從這個故事我們可以看出，李蓮英抓住時機討巧的功夫實在高明至極。現實生活中，我們也應該見機行事，儘快辦成自己要辦的事。

在見機行事中還要注意一點，就是不能墨守成規。

有這樣一個歷史故事：

戰國時代，有施氏與孟氏兩家鄰居。施氏家有兩個兒子，一個兒子學文，一個兒子學武。學文的兒子去遊說魯國的國君，闡明了以仁道治國的道理，魯國國君重用了他。那個學武的兒子去了楚國，那時楚國正與外邦作戰，見他武藝高強，有勇有謀，就提升他為軍官。

施氏的鄰居孟氏也有兩個兒子，這兩個兒子也是一個學文，一個學武。孟氏看見施氏的兩個兒子都成材，就向施氏討教。施氏向他說明了兩個兒子的經歷。

孟氏也學著施家的做法，讓他們去尋找自己的榮華之路。於是，學文的兒子去了秦國，但秦王當時正準備吞併各諸侯，對文道一點也聽不進去，反而認為這是阻礙他的大業，就將這個學文的兒子砍掉了一隻腳，逐出秦國。學武的兒子到了趙國，趙國因為連年征戰，民匱國乏，已經厭煩了戰爭，這個兒子的尚武精神引起了趙王的厭煩，於是砍掉了他的一隻胳膊，也將他逐出了趙國。

一樣的經歷，卻形成了兩種結果。孟氏的兒子們跟施氏的兒子們學問一樣，但建立的功業卻大不相同。原因是天下的道理並非永遠是對的，天下的事情也並非永遠是錯的。以前所用，今天或許就會被拋棄；今天被拋棄的，也許以後還會派上用場。這種用與不用，並無絕對的客觀標準。一個人必須能夠見機行事，懂得權衡變化。因為處世並無固定法則，這些都取決於智慧。假如智慧不足，即使擁有孔丘那麼淵博的學問，擁有姜尚那麼精湛的戰術，哪有不遭遇挫敗的道理？

做任何事都是這樣，都要從變化的角度來考慮，如果凡事依然按照過去的眼光、想法、辦法來處理，必然走投無路。

厚黑秘訣 十七：尋機而上

厚黑真經

蘇格拉底曾斷言：「最有希望的成功者，並不是才華最出眾的人，而是那些最善於利用每一時機發掘開拓的人。」我們和機遇結伴而行，機遇往往與我們擦肩而過。抓住機遇的，一舉成功，放棄機遇的，悔恨終生。機遇在某種意義上來說，決定著我們人生的成敗。

厚黑妙用

很多人總是埋怨沒有發財的機會，其實是因為他們沒有發現機會的眼光。機會總是存在的，你肯動腦筋的話，機會往往就在你周圍。

有這樣一個故事。英國、美國各有一家製鞋公司的推銷員先後造訪了同一個小島，當他們發現這個島上的居民們原來是不穿鞋的，英國推銷員迅速離開了小島，而美國推銷員則要求迅速發貨，並取得豐厚的收益。

同樣的投資環境，英國人沒有完成銷售任務，而美國人不僅完成了，還獲得了大量利潤，這是為什麼呢？這就是因為前者沒有能夠抓住機遇，沒有能夠把握其中所蘊藏的巨大商機。就從這個故事本身來看，島上的居民從前是不穿鞋的，如果沿用最簡單的邏輯，不穿鞋就意味著沒有製鞋公司的市場。但是，如果能夠進一步想想，不穿鞋的原因是什麼？是民俗習慣？是在島上鞋子不實用？還是居民們根本就沒有意識到穿鞋的好處呢？如果能夠讓居民們瞭解到穿鞋的優點，就能夠率先占領這個島的鞋業市場。更重要的是，它能在居民心中製造一個暗示：這家公司不僅帶來了舒適耐用的鞋，而且帶來了「鞋文明」。這樣一來，人們就會很自然地將這家公司與鞋畫上等號，對長久壟斷這裡的鞋業創造了不可多得的條件。美國人正是因為看到了這樣的商業機遇，才最終獲得成功。

機遇潛藏在生活、學習、工作中的每一個角落裡，關鍵在於發掘。當今軟體業巨頭比爾．蓋茲在白手起家時發現了電腦作業系統互不相容的問題，抓住了電腦開發商們對穩定的、相容的作業系統迫切要求的機遇，製作了簡單易用的MS-DOS，使他得到了繼續發展所不可或缺的大量資金。直到系統軟體層出不窮的現在，MS-DOS仍然是最基本的作業系統。

機遇往往是不易發掘的，但成功者所做的不僅僅是發掘，大膽的努力同樣重要。就以上面故事為例，如果美國人意識到潛藏的機遇，但不敢於承擔風險，優柔寡斷，那麼也只能眼睜睜地看著別人把這機遇奪走。科學上同樣如此。一七九五年，當拉朗德第一次觀測到海王星的時候，雖然產生了興趣，但沒有做更進一步的研究，白白放過了一個重要的科研成果。而海王星的發現者就成了半個世紀後的勒威耶和亞當斯。

人們常說「機遇總是降臨在有準備的人頭上」，其實不然。對任何一個人來說，機遇都是平等的，關鍵在於是否有心，是否能夠抓住。只有善於發掘，並且重視每一次的發現，有一個「有準備的頭腦」，才有可能抓住機遇。

二十世紀六〇年代末，美國太空人登上月球，揭開了人類發展史上嶄新的一頁。最初，登月的真相準備保密，人們將無法看到這一人類壯舉。後來，美國政府突然決定向全世界轉播登月實況。這則消息在各大小報紙上只是作為一般新聞加以報導。

一家電視機廠首先打出廣告：「看人類最偉大的壯舉，用某某牌電視機最清晰！」這一下立即引起連鎖反應，電視機廠商都加入了這場廣告大戰。人類登月給經營者提供了絕好的成功機會，賣電視機僅為其中一項，就創造了巨大的經濟效益。僅在美國，一個月就銷了五百多萬台黑白電視機和二百八十多萬台彩色電視機。

比爾．蓋茲說：「機會並不會自動地轉化為鈔票——其中還必須有其他因素。簡單地說，你必須能夠看到它，然後你才能抓住它。」

比爾．蓋茲指出：「強烈的欲望也是非常重要的。人需要有強大的動力才能在好的職業中獲得成功。你必須在心中有非分之想，這樣才能發現潛藏在你身邊的機會。」

要想敏銳地發現機遇，必須克服以下障礙：

（一）一些人總想迴避創造性的工作，儘管他們會斷然否認這一點。一般人有一種意向，選擇常規的工作，以代替創造性的活動。事實上，他們不厭其煩地去接受簡易的任務，就是為了避免在發生緊迫問題時，思想受到壓力，或者造成情緒紊亂。

（二）故步自封，猶豫不決。莎士比亞筆下的哈姆雷特，不顧一切地要解決自己的問題，但囿於各種固有的解決方法，結果是束手無策。這種猶豫遲疑的傾向，在普通人身上不難找到。

（三）海龜式的毛病。當一隻海龜受到威脅時，便將頭縮進殼內，以保護自己。因為牠不敢把脖子伸出來，所以只有維持退縮狀態。同樣，許多人也害怕伸出脖子，他們總是盡量避免決策。

（四）過分專注、緊張，會造成停滯狀態。當一個人的思想感情陷入某一問題的泥潭之中，比如他的事業正處於生死攸關的時候，他會變得遲鈍呆板，他會喪失正確觀察事物、洞察其相互關係的能力，從而做出錯誤的決策或根本做不出任何決策來。

（五）個人素質的障礙。有些人做不出決策，只是因為他們覺得沒有決策可做。阻礙他們進展的原因，是他們智力有限、思想僵化以及自身的積極性不高等等。

厚黑秘訣十八：死地而生

厚黑真經

置之死地而後生是一種非常策略，它指人們在出乎意料的緊急狀況下採取的非常措施，可以煥發一往無前的戰鬥精神，激發人的生存潛能。軍事家孫武說過的一句話正好印證了這一個道理：將帥賦予軍隊任務，要像登高而抽去梯子一樣使他們有進無退；率領軍隊深入諸侯國土，要像弩機射出的箭一樣使其一往直前。所謂觸底才能反彈，當我們面臨絕境的時候，千萬不能絕望，須知退無可退，反而應該勇敢向前，這個時候所迸發出的能量，往往能超出自己的意料。

厚黑妙用

在韓信攻打趙國之初，趙王準備用二十萬大軍在井陘（陘，ㄒㄧㄥˊ）關口進行阻截。趙國的謀士李左軍向趙王建議：「漢軍遠征，軍糧自千里之外運來，這是犯大忌的。現在，他要深入井陘口內一百多里。這裡道路狹窄，我們只要用三萬人的兵力去劫奪他的糧草，使他進退不得，不出十天，漢軍必定退走。」

趙王深信「義兵不用詐謀」的道理。他想，韓信號稱數萬人馬，其實只有幾千兵丁，以趙國數十倍於他的兵力，若不敢與他正面交戰，而使用詐謀，豈不被人笑話？所以，他沒有用李左軍之計。

這正中韓信下懷。當探知趙王的決定後，漢軍大膽前進，在離井陘口三十里的地方紮營，韓信半夜選輕騎兩千帶著漢軍旗幟，從小路深入，並密令他們等待兩軍交戰、趙軍傾巢出動時偷襲趙營插上漢軍旗號。

在戰前動員會上，韓信傳令：「戰敗趙軍後再吃早飯。」將士們幾乎沒有人相信立刻就能取勝，但也只能聽憑指揮。韓信部署一部分隊伍背水為陣，趙軍見後嬉笑不止。背水無路是用兵大忌。韓信身為上將，竟鬧出這樣的笑話。趙軍於是放鬆了戒備，立即出關與漢軍混戰。不料漢軍根本不堪一擊，丟下輜重，棄車而逃。守關的趙軍，看此情形迫不及待地衝出來飽掠一番。可是當他們滿載勝利果實回關時，關頭已經遍插漢軍旗幟。他們以為漢軍已經襲取關頭，大驚失色，回身想逃，恰好與背水一戰的漢軍相遇，兩軍對戰，趙軍死傷遍地。戰鬥結束，趙王被擒。韓信用千金重賞士兵，重用俘虜李左軍。此戰前後所花時間僅一個時辰，果然沒有延誤士兵的早餐時間。

事先，韓信的部將都認為韓信背水紮營，不合兵法，竟然順利得勝，就向韓信請教。韓信說：「兵法上說：陷之死地而後生，置之亡地而後存。背後有水，人人只能奮勇爭先，求取生路，這就是兵法教訓制勝的道理。」眾將領更加佩服韓信，「背水一戰」自此名揚後世。

陳勝、吳廣揭竿而起不久就相繼死去。然而，由他們點燃的反秦烈火卻越燒越旺。其中，以項梁的隊伍聲勢最大，接連幾次大敗秦軍，攻占了一些地方。與此同時，隊伍中驕傲輕敵的思想也開始滋長。部將宋義勸告項梁說：「打了勝仗之後，主將容易驕傲，兵士容易鬆懈，這容易招致失敗，一定要謹防。」項梁不聽，放鬆了對秦軍的防備。

秦二世見形勢危急，派大將章邯率領大軍，前來鎮壓。章邯英勇善戰，打敗楚軍，殺死項梁，然後北渡黃河進攻趙國。趙國是由陳勝的部下張耳、陳餘扶持的趙國後代趙歇建立起來的新政權，根本不是秦軍的對手。都城邯鄲很快丟失，趙王濳逃到鉅鹿。章邯命令王離、涉間二將包圍鉅鹿，自己率領秦軍主力駐紮在鉅鹿南面的棘原。他派人在棘原和鉅鹿之間修築了一條糧道，支援王離。王離兵多糧足，攻打鉅鹿更加賣力。趙王歇向楚懷王緊急呼救。楚懷王立即下令以宋義為上將軍，項羽為次將軍統兵救趙。

宋義帶領二十萬大軍來到安陽。聽說秦軍聲勢浩大，命令楚軍停止前進，想等到秦、趙兩軍交戰過後，趁秦軍疲憊不堪之際再掩殺過去。宋義在安陽按兵不動，一晃就是四十六天。項羽見狀心裡著急，勸宋義急速渡河破秦軍救趙。宋義不肯向前，並以傲慢的態度對待項羽。項羽殺掉主將宋義，並把宋義被殺的事報告了楚懷王。楚懷王雖然不滿，也只好封項羽為上將軍。項羽派部將英布和蒲將軍率領兩萬人做先鋒，去切斷秦軍運糧通道。然後，項羽率領大軍渡過黃河，準備與秦軍決一雌雄。

過河以後，項羽為了激發楚軍的鬥志，堅定將士決戰的信心，下令把所有的船隻沉沒，把鍋籠砸爛，把房舍燒毀，只帶著三天的乾糧，項羽對大夥說：「現在我們是有進無退了！三天之內，必須打敗秦軍！」

項羽這種破釜沉舟的勇氣和決心，鼓舞著楚軍勇往直前，奮勇殺敵。與秦軍作戰時，楚軍將士以一當十、以十當百，殺得秦軍丟盔卸甲，狼狽逃竄，秦軍將領王離也被楚軍俘虜，圍困鉅鹿的秦軍全面崩潰。

鉅鹿之戰，殲滅了秦軍主力，奠定了滅秦的基礎，這是秦末農民戰爭中的一次關鍵性勝利。後來清代的王況在《項羽論》中說：「嗟乎！首難者雖陳涉，滅秦者項王也；入關者雖沛公，滅秦者項王也。」

詩人鄭板橋也曾謳歌這一戰役：「項羽提戈來救趙，暴雷驚電連天掃。臣報君仇子報父，殺盡秦兵如殺草。戰酣氣盛聲喧呼，諸侯壁上驚魂逋（逋ㄅㄨ）。項王何必為夫子，只此決戰千古無。」這些並非過譽之詞，確實反映出鉅鹿之戰的重大歷史作用。

鉅鹿之戰的勝利不僅體現了當時年僅二十四歲的項羽具有大將氣魄和膽略，而且也表明項羽善於運用奪氣攻心的心理戰術。當他面對強敵，看到憑己力量不足以抗衡對手時，採取了「破釜沉舟」的辦法，運用了心理學上「應激心理」所產生的效應，促成了將士「困獸猶鬥」、「窮鼠噬貓」的勇氣，才取得最後的勝利。

「破釜沉舟」、「背水一戰」，就是「置之死地而後生」的應激心理效應的具體運用。所謂「應激」，是指人們在出乎意料的緊張情況下和對人有切身利害關係的嚴重事實面前所引起的情緒狀態。俗話所說的「急不擇路」、「急中生智」，這個「急」就是這一狀態的具體反應。適當的應激心理，能夠使人們處於「警覺」或「準備搏鬥」狀態，並透過神經內分泌系統來進行心理、生理機能的調節，促進有機能量的釋放，提高機體的活動效率和適應效能，煥發出一往無前的戰鬥精神。當然，「應激狀態」的運用是有條件的，過度的、不適時的或長期的情緒應激，會使機體的激動水準增高，以致無法控制，出現應激反應的「衰竭」現象。所以，用此辦法者對應激心理的把握和利用一定要量時、量地、量情，斷不可盲目從事。

第四章 詭智：勝王敗寇，機關算盡

厚黑秘訣 十九：誘敵入彀

厚黑真經

漁人打開了一個瓶子，裡面跳出來一個魔鬼。漁人驚愕之餘，說：「你這麼高大，怎麼能鑽到這瓶甕中呢？」那魔鬼得意洋洋：「我能伸能縮，現在就鑽給你看。」等那魔鬼重又鑽回後，漁人趕緊塞住了瓶口。在生活中，如果我們也使用厚黑智慧設計這麼一個圈套，讓對手鑽進去，豈不大功告成。

厚黑妙用

在赤壁之戰中，曹操重用蔡瑁、張允，日夜操練水軍，對周瑜依託長江的水上防禦造成了極大的威脅。

後來，曹操得知周瑜暗窺他的水寨，非常生氣地對諸將說：「昨日與東吳水戰輸了一陣，挫傷了我軍的銳氣，今又被他窺探吾寨，吾應用何計破之？」這時曹操手下一謀士蔣幹（字子翼）出來獻計。他說：「我自幼與周郎同窗交契，願憑三寸不爛之舌，去江東說此人來降。」周瑜聽說蔣幹來訪，以禮相待。大擺酒席，奏軍樂，輪換行酒，款待蔣幹。

飲至晚上，周瑜仍未盡興，便攜蔣幹入帳，點上燈燭，與諸將再飲，眼見已入深夜，蔣幹告辭說：「不勝酒力矣。」周瑜命撤宴席，諸將一一辭出。周瑜對蔣幹說：「久不與子翼同榻，今宵二人抵足而眠。」於是佯裝大醉之狀，攜蔣幹入帳共寢。周瑜和衣臥倒，流涎嘔吐，形態狼藉。蔣幹怎麼也睡不著，伏枕聽時，軍中鼓打二更，看帳內，殘燈尚明，看周瑜時，鼻息如雷。蔣幹見帳內桌上堆著一卷文書，便起床偷看，卻都是軍務往來信件。內有一封，上面寫著「蔡瑁、張允謹封」。蔣大吃一驚，暗暗讀之。書略曰：「某等降曹，非圖仕祿，迫於勢耳。今已將北軍困於寨中，但得其便，即將曹賊之首，獻於麾下。早晚人到，便有關報。幸勿見疑，先此敬覆。」

蔣幹讀後思曰：「原來蔡瑁、張允勾結東吳……」

看畢，蔣幹旋即將信暗藏於衣內，待他想檢看其他書信時，見周瑜翻了個身，蔣幹怕被識破，便上床假寐。周瑜故作說胡話：「子翼，我數日之內，教您看曹操之首！」蔣幹躺在床上，將近四更，只聽得有人入帳，喊：「都督醒否？」周瑜夢中做忽覺之狀，故問那人：「床上睡著何人？」那人答：「都督請子翼同寢，何故忘卻？」周瑜懊悔說：「吾平日未嘗飲醉，昨日醉後失事，不知可曾說甚話？」那人說：「江北有人到此。」瑜喝：「低聲！」便喊：「子翼。」蔣幹假裝睡著。

周瑜潛步出帳。蔣幹側耳竊聽，只聞有人在外說：「張、蔡二都督道：『急切不得下手……』」後面的話聲音很低，聽不清楚。

不一會兒，周瑜入帳，又喊：「子翼。」蔣幹只是不應，蒙頭假睡。睡至五更，蔣幹起床喊周瑜，周瑜卻裝著睡熟。蔣幹戴上頭巾潛步出帳，喚了小童，徑出轅門。軍士不予阻擋。蔣幹下船，飛槳回見曹操。操問之：「子翼的事幹得如何？」蔣幹說：「雖然未能說服周瑜，卻與丞相打聽得一件事。」在喚左右屏退後，蔣幹取出書信，將打聽的張、蔡投降書信之事逐一說給曹操聽。曹操大怒，喝武兵將兩人推出斬之。片刻間，刀下頭落。等操再細看書信時，發現書信根本不是張、蔡兩人的筆跡，方知中計，但悔已晚矣。

「詐」在很多人看來是一個不好的字眼，認為「詐」總是與「壞」聯繫在一起，其實，「詐」也是一種鬥雞博弈策略，在與對手的較量中，我們不妨用一點「詐術」誘敵入彀。

在一家小旅館裡，一位住店的男子走入廁所。突然一個打扮得花枝招展的女郎閃電似的擠身跟著進了廁所，並迅速地把廁所門關上，對男子說道：「把你的錢和手錶給我，不然我就喊你非禮。」

廁所裡沒有第三者，真相難以說清，不給錢女郎就喊非禮，弄不好會使自己聲名狼藉。男子遇此困境，並未驚慌失措，而是急中生智，用手指指自己張大的嘴巴，又指指自己的耳朵，然後「嗚嗚啊啊」地叫了起來。

女郎見事情不順利，便想轉身溜走。此時男子掏出鋼筆遞給她，並將自己的手掌伸出來，示意女郎把剛才的話寫在他的手掌上。

男子這一動作如此逼真，女郎以為真的遇到了啞巴，失去了警惕。她還想繼續敲詐，便拿起筆在男子的手上寫道：「把錢和手錶給我，不然就喊你非禮！」

這個男子取得了女郎的罪證，便一把抓住她，大喊一聲：「抓搶劫犯！」

在男子與女郎的博弈中，男子就是使用了詐術誘敵入彀，從而成功抓住了嫌犯。

春秋時期的著名謀士子犯（即狐偃）曾經說過：「對於注重禮的君子，應多講忠誠和信用，取得對方信任，而在你死我活的陣戰之間，不妨用點欺詐的手段迷惑對方。」確實，兵不厭詐，與人博弈時，我們也需要一點「詐術」誘敵入彀。

厚黑秘訣 二十：反道而行

厚黑真經

面對一個棘手的問題，當我們順著某一個思路不能解決的時候，不妨換一個思路，沿著事物發展的相反方向，用反向探求的思維方式對事物進行逆向思考，也許就能順利解決問題。養成逆向思維的好習慣，不僅可以提高解決問題的能力，也能夠激發我們的創造力。

厚黑妙用

一條街道上，同時住著三個裁縫，手藝都不錯。可是，因為住得太近了，競爭非常激烈。為了搶客戶，他們都想掛出一塊有吸引力的招牌來招攬客戶。

一天，一個裁縫在他的門前掛出一塊招牌，上面寫著這樣一句話：北京城裡最好的裁縫！另一個裁縫看到了這塊招牌，也連忙寫了一塊招牌，第二天也掛了出來，招牌上寫的是：中國最好的裁縫！

第三個裁縫眼看著兩位同行相繼掛出了這麼大氣的廣告招牌，搶了大部分的客戶，心裡很是著急。這位裁縫為了招牌的事開始茶飯不思：「一個說是北京最好的裁縫，另一個說是中國最好的裁縫，他們都大到這份上了，我能說自己是世界最好的裁縫？這是不是有點太誇大了？」這時兒子放學回來了，問明父親發愁的原因後，告訴父親不妨寫上這樣幾個字。

第三天，第三個裁縫掛出了他的招牌，果然，這個裁縫店從此門庭若市。招牌上寫的是什麼呢？原來第三塊招牌上寫的口氣與前兩者相比很小很小：本街最好的裁縫！

「本街最好」，那就是這三家中最好的。你看，聰明的第三家裁縫沒有再向大處誇自己的小店，而是運用了逆向思維，在選用廣告詞時選了在地域上比「全國」、「北京」要小得多的「本街」一詞。這個小小的「本街」卻蓋過了大大的「北京」乃至大大的「全國」。

有一所學校，每年都要舉行一次智力競賽。這一年，智力競賽又拉開了序幕。報名參加比賽的有幾百名學生，競爭非常激烈。終於，百裡挑一，全校選出了六名最聰明的學生，大家都等著看哪一位能獲得第一名。

校長把參加決賽的六名選手帶進了教學樓第一層，指著六間教室，又指指大門，說：「我現在把你們分別關在六間教室裡，門外有人把守。我看你們誰有辦法，只說一句話，就能讓門外的警衛把你放出來。不過有兩個條件：一是不准硬闖出門；二是即便放出來，也不能讓警衛跟著你。」校長說完，微微一笑：「好了，孩子們，請吧！」

六名學生各自走進了一間教室，思考著如何用一句話，就能讓警衛叔叔放自己走出大門。然而，三個小時過去了，卻沒有一個人發出聲響。正在這時，有個學生很慚愧地低聲對警衛說：「警衛叔叔，這場比賽太難了，我不想參加這場競賽了，請您讓我出去吧。」警衛聽了，打開房門，讓他走了出來。看著這個臨陣退縮的小傢伙垂頭喪氣地走出了大門，警衛惋惜地搖搖頭。

然而，走出大門的小傢伙很快又回來了，他走到大廳裡，對校長說：「校長，您看！按您的要求，我辦到了！」校長伸出手一把抱起了這個孩子，高興地說：「孩子，你是這次競賽的勝出者！你是最最聰明的！」

此例中的主人公運用了逆向思維，以退為進，很輕鬆地贏得了「最最聰明的孩子」的稱號。

反道而行應用到商業中，其表現之一就是「人棄我取，人取我予」，這是戰國經濟謀略家和理財家白圭首創的經商名言。白圭提出了一套經商致富的原則，即「治生之術」，其基本原則是「樂觀時變」，主張根據豐收、歉收的具體情況來實踐「人棄我取，人取我予」的規則。在當時的貿易是以貨易貨，而白圭的高明之處就是準確掌握市場行情，在別人覺得多而拋售時，他就大量地吃進，等別人缺少貨物需要吃進時，他就大量拋出。這樣低進高出，必能從中獲利，累積財富。

行事、用人和經商一樣，趁低吸納，收益巨大。可惜的是，少有人敢這麼做，然而正因為此，趁低吸納之人才會「輕易」地成功。取於人捨之時，可付出較小的成本；可避免與人爭搶；可正中對方下懷，使對方心懷感激。當然，能夠做到「趁低吸納」，需要非凡的洞察力和睿智的眼光，這要求我們在生活中多觀察、多思考，多加磨練。一旦發現機會，就要處之不疑，勇敢地將其變為現實。

要想在與人競爭的過程中贏得主動，我們就要多花心思，多思考，找到與眾不同的思路反道而行，這樣才能夠獲得成功。

厚黑秘訣二十一：借力使力

厚黑真經

當在與對手較量中暫時處於不利的地位時，只要巧妙地憑藉和利用外部某種力量，便可重整旗鼓，東山再起。所謂反敗為勝，就是這麼簡單。

厚黑妙用

牛頓說，自己之所以能取得如此輝煌的成就，只是因為站在了巨人的肩膀上。這裡當然有牛頓自謙的成分，卻也道出了一種成功的途徑。我們為什麼不向牛頓式的成功者學習，學習他人的卓越之處，站在這些巨人的肩膀上，為自己設置一個更高的目標，在學習、模仿中努力去超越呢？

一九九九年，在內蒙古草原上一片荒地中第一次豎起了蒙牛的旗幟。僅僅經過短短的六年時間，它以「蒙牛速度」和「蒙牛奇蹟」搖身一變成為舉世矚目的中國乳業頂級品牌，它是如何以如此之快的速度使得「盡人皆知」，又是怎樣在強大的競爭對手壓力之下躋身全國乳業前列？原來，蒙牛深知「借勢」的作用，在自己很弱小時就站在巨人的肩膀上樹立了超越的目標。

最初的蒙牛是一個名不見經傳的小企業，錢少，名小，勢薄。更為殘酷的是，蒙牛與伊利同城而居。在獅子鼻尖下遊走，在巨人腳底下起舞，在魯班門前耍大斧，行嗎？事物總有兩面性。伊利既是強大的競爭對手，同時也是蒙牛學習的榜樣。伊利不正為蒙牛提供了後發優勢嗎？好，那就直接站在巨人的肩膀上，可以看得更遠。於是，蒙牛的借勢之作騰空而起：創內蒙古乳業第二品牌。

內蒙古乳業的第一品牌是伊利，這是世人皆知的。可是，內蒙古乳業的第二品牌是誰？沒人知道。蒙牛一出世就提出創「第二品牌」，這等於把所有其他競爭對手都甩到了身後，一起步就跨到了第二名的位置。而且，伊利也是中國冰淇淋第一品牌——蒙牛這光沾大了，這勢借對了。目標明確了，創意也出來了，如何用最少的錢傳播出最大的效應呢？

經過詳細的考察和比較分析後，孫先紅（蒙牛乳業創辦人之一）認為在呼和浩特，花同樣的錢，路牌廣告的效果比電視廣告還要好。當時在呼市經營路牌廣告的益維公司，大量資源處於閒置狀態，沒人認識到這是一塊寶貴的廣告資源。

孫先紅就用「馬太效應」策動益維負責人：你的牌子長時間沒人上廣告，那就會無限期地荒下去，小荒會引起大荒；如果蒙牛鋪天蓋地做上三個月，就會有人認識到它的價值，一人買引得百人購。所以，我們大量用你的媒體，其實也是在為你做廣告，你只收工本費就會成為大贏家。

結果，蒙牛只用成本價，就購得了三百多塊路牌廣告的發佈權。發佈期限為三個月。媒體有了，怎麼發佈？用紅色！因為紅色代表喜慶，紅色最惹眼、最醒目。出奇兵！不能陸陸續續上，必須一覺醒來，滿大街都是。不鳴則已，一鳴驚人。

一九九九年四月一日這一天。人們一覺醒來突然發現所有主街道都戴上了「紅帽子」，道路兩旁冒出一溜溜的紅色路牌廣告，上面高書金黃大字：「蒙牛乳業，創內蒙古乳業第二品牌！」並加注：「發展乳品工業，振興內蒙古經濟。」

一石擊起千層浪。奪目的看板吸引了無數探尋的眼睛，街頭巷尾流轉著不約而同的話題：「蒙牛」是誰的企業？以前怎麼沒聽說過？工廠在哪兒？聲言創「第二品牌」，是吹牛，還是真有這麼大的本事……這樣一來，人們認識蒙牛了。

但隨後，蒙牛卻遇上一件不尋常的事。一九九九年五月一日，一夜之間，有四十八塊懸掛蒙牛廣告的路牌，被不明身分人士掄著棍棒砸得稀爛。蒙牛再次成為關注的焦點。內蒙古幾乎所有媒體都參與了報導。五月份是「聲討月」，《誰砸了蒙牛的招牌？》、《路牌廣告慘遭損毀》、《「砸牌」莫如攤牌》……一篇篇報導，一張張圖片，見諸報紙，飛入千家萬戶。

六月份是「剖析月」，《蒙牛挑戰伊利》、《蒙牛在伊利門前擺擂臺》、《伊利蒙牛誰將挺立潮頭》……一篇篇報導，一張張圖片，透過報紙，再次飛入千家萬戶。蒙牛的看板被砸了，雖沒能找到作案者，但人們瞭解蒙牛了，蒙牛「創內蒙古乳業第二品牌」的理念，以疾風暴雨之勢，已經深入人心了。

且不論後來蒙牛的發展如何，但它能夠在短時間內讓人認識、瞭解，最終認同它的理念，不僅僅是由於強大而巧妙的廣告攻勢，更得力於蒙牛向乳業巨人伊利的借勢。如果沒有伊利的「第二」，蒙牛也就無從想出「第二」。我們可以看到，蒙牛整個造勢過程，都是以伊利為標杆的，無論是以蒙牛的「前輩」，還是以競爭對手的身分出現，重要的是最終蒙牛高高地站在了伊利這個巨人的肩膀上紅了起來。

行業的領頭羊，是行業的標杆。任何企業在做大之前，都需要緊盯著「頭羊」，因為它很可能就是企業的「未來」。在企業造勢時，「頭羊」的受關注度也會大大高於別的「小羊」，因此企業要學會傍上領頭羊。這正是蒙牛騰飛的秘訣。

當今形勢多變的市場經濟，從來不缺少機會，關鍵是企業要調整思路關注經濟發展形勢，善於抓住機會借勢，挖掘市場潛力，做好準備，蓄勢待發。一個善於借勢的創業者，能夠迅速集結並占有資源，使各項資源發揮最大效用。顯然，這樣的人能夠較為容易地獲得成功。相反，一個不會借勢的人，處處唯我獨尊，凡事單打獨鬥，其結果必然是失敗。要想早日成功，創業者要時常詢問自己：哪些資源可以為我所用？哪些「勢」可以被我借用？

借勢或利用別人並不全是醜惡，而是各取所需。一個人，無論在工作，事業，愛情哪方面，都離不開這種人與人之間的相互利用。朋友就是如此。因為各人的能力和局限，以及人際關係有所不同，而必須相互利用，借朋友之力，正是一個人高明的地方。就社會和自然狀況來看，孤單者是鬥不贏拉幫結派的。一個人在社會中，如果沒有朋友，沒有他人的幫助，他的境況會十分糟糕。普通人如此，一個成就大事業的人更是如此。如果失去了他人的幫助，不能利用他人之力，任何事業都無從談起。

厚黑秘訣二十二：以拙破巧

厚黑真經

「破天下之至巧者以拙」。拙可以破巧，是因為拙並非真正的愚笨，而是「大智若愚、大勇若怯」。懂得這一厚黑秘訣的人有著比一般人更遠的眼光。

厚黑妙用

有一個身價過億的富翁，特別愛惜自己的生命。年邁的專車司機退休後，他決定重新招聘一個新司機。富翁的管家按照他的要求給他在全國挑出來三個司機，然後將這三個人帶到富翁面前。

這個富翁問了他們同一個問題：如果我們現在出去，前面是懸崖，憑你的技術，能夠把車停在離懸崖多遠的地方？

第一個應聘者馬上回答：我技術好，我能穩穩當當把車停在離懸崖一公尺遠的地方。

第二個應聘者說：我技術比他還好，我能停在離懸崖三十公分的地方。

第三個應聘者想了一會說：我大老遠一看見懸崖就停車，我不過去。

結果，被富翁錄取的司機是第三個人。

前面兩個應聘者自恃技術高人一等，認為自己會在最完美的距離將車子停下來，但是世事多變，難免不出差錯，這兩個應聘者關注的只是解決眼下的問題，這無疑是小聰明，而最後一個應聘者注重的是如何規避這一危險，既然明知前方有懸崖，為什麼還要開過去？這就是大智慧和小聰明之間的區別。

大智若愚，要求我們要懂得「守拙」。外表糊裡糊塗的人可能才是深藏不露、大智若愚的智者；看似手腳笨拙的匠人也許才是心靈慧明的能工巧匠。所謂糊塗，就是不用想太多，不用想後果，糾纏於思考是人生的負擔和枷鎖。看重的不是結果，而是過程。糊塗的人往往更快樂，幸福會追著他們走，他們不必費盡心機爭取，可以隨意享受陽光的熱情。太過理性的人則是追著幸福跑，用盡全力也抓不住飄忽不定、轉瞬即逝的幸福。

「揚州八怪」之一的鄭板橋，最為著名的言論莫過於「難得糊塗」。據說，「難得糊塗」四個字是在山東萊州的雲峰山寫的。有一年鄭板橋專程到此地觀鄭文公碑，流連忘返，天黑了，不得已借宿於山間茅屋。屋主為一鶴髮老翁，自命「糊塗老人」，言語不俗。他的室中陳列了一塊方桌般大小的硯臺，石質細膩，鏤刻精良，非常罕見。鄭板橋對其十分嘆賞。老人請鄭板橋題字以便刻於硯背。鄭板橋認為老人必有來歷，便題寫了「難得糊塗」四字，用了「康熙秀才雍正舉人乾隆進士」的方印。

因硯臺尚有許多空白，鄭板橋建議老先生寫段跋語。老人便寫了「得美石難，得頑石尤難，由美石而轉入頑石更難。美於中，頑於外，藏野人之廬，不入寶貴之門也」。他用了一塊方印，印上的字是「院試第一，鄉試第二，殿試第三」。鄭板橋一看大驚，知道老人是一位隱退的官員。有感於糊塗老人的命名，見硯背上還有空隙，便也補寫了一段話：「聰明難，糊塗尤難，由聰明而轉入糊塗更難。放一著，退一步，當下安心，非圖後來報也。」

一段佳話，一段趣談，也成就了一種智慧——糊塗經。

《菜根譚》說得好：「滋味濃時，減三分讓人食，路徑窄處，退一步與人行。」做人做事都要留餘地，尤其是要給自己留後路，不可把話說死，把事情做絕，更不能把人逼急。立身處世，須圓融之中顯厚道，糊塗之中藏精明，敞開心扉後，仍有防暗箭之智勇，進退自如、遊刃有餘，方能把一切掌控於心。

春秋時期，鄭莊公準備伐許。戰前，他先在國都組織比賽，挑選先行官。將士們一聽露臉立功的機會來了，都躍躍欲試，準備一顯身手。

首先進行的是擊劍格鬥，將士們都使出了渾身解數，爭先恐後。經過輪番比試，選出了六個人，參加下一輪射箭比賽。在射箭項目上，取勝的六名將領各射三箭，以射中靶心者為勝。最後潁考叔與公孫子都打了個平手。

可先行官只有一位，所以，他們倆還得進行一次比賽。後來，莊公派人拉出一輛戰車來，說：「你們兩人站在百步開外，同時來搶這部戰車。誰搶到手，誰就是先行官。」公孫子都輕蔑地看了潁考叔一眼，哪知跑了一半時，公孫子都一不小心，腳下一滑，跌了個跟頭。等爬起來時，潁考叔已搶車在手。公孫子都當然不服氣，於是提了長戟來奪車。潁考叔一看，拉起車就飛跑出去，莊公忙派人阻止，並宣佈潁考叔為先行官。公孫子都因此對潁考叔懷恨在心。

戰爭開始了，潁考叔果然不負莊公所望，在進攻許國都城時，手舉大旗率先從雲梯衝上許都城頭。眼看潁考叔就要大功告成，公孫子都記起前事，竟抽出箭來，搭弓向城頭上的潁考叔射去，一下子把沒有防備的潁考叔射死了。

所謂「花要半開，酒要半醉」，凡是鮮花盛開嬌豔的時候，不是立即被人採摘而去，就是衰敗的開始。潁考叔正是不知收斂，精明過頭，才落得個慘死的下場。

只有「守拙」才能「破巧」。「守拙」是大智若愚，是另類的聰明，是歲月在一個人身上沉澱下來的大智慧；「守拙」是一種老謀深算的清醒，也是臥薪嚐膽的大度，更是一種心中有數的正派。「守拙」不是那種與世無爭的軟弱，而是退一步海闊天空的豁達；不是明哲保身的逃避，而是讓三分風平浪靜的睿智；不是苟且偷生的迂腐，而是真金不怕火煉的堅貞。

厚黑秘訣二十三：將錯就錯

厚黑真經

有時候，我們可以從失誤中找到轉機，利用反向思維從而獲得成功，這就是「將錯就錯」。

厚黑妙用

在戲劇大師莎士比亞誕辰四百周年的日子，作為莎士比亞的故鄉，英國舉行了盛大的紀念活動，其中心內容之一，就是組織各國著名演員演出莎翁的作品。

在所有國際級演員中間，最受人關注的是法國著名演員菲利浦，這位一直扮演白人英雄的演員，這次要出演莎士比亞著名戲劇《奧賽羅》中的黑人統帥奧賽羅。

《奧賽羅》首場演出的票早早地被搶購一空，演出前一個小時，劇場裡就已經坐滿了觀眾，很多戲迷圍在後臺門口，想要瞧一瞧菲利浦。

儘管菲利浦從旅館出門時戴了一副幾乎把臉遮住的墨鏡，但還是被戲迷認了出來，他無奈地被圍困了半個小時，最後由員警保護著才衝出重圍。到了劇院，離開演已經沒多少時間了。菲利浦的化妝比所有演員都費事，時間又那麼倉促，舞臺總監連檢查戲妝的時間都沒有了。「奧賽羅」站上舞臺，臺下立刻響起掌聲。掌聲剛過，臺下就傳出一陣喊喊喳喳的議論。怎麼啦，後臺監督一頭霧水，是演員走錯了臺？沒有呀。是漏了臺詞？也不對。

道具和舞臺美術出了問題，還是演員的服裝有差錯？啊呀！到這時他才發覺，這位黑人統帥滿頭鬈髮，臉和脖子漆黑，偏偏那雙手還是白的，該死的化妝師，居然忘了給菲利浦塗黑雙手。

這時候，臺上的菲利浦也發現了這個荒唐的錯誤。他略微改變了一些動作，盡量讓雙手避開強烈的燈光，而他那出神入化的演技，居然讓觀眾暫時忘記了他那雙雪白的手。

一段戲演完，菲利浦要暫時下場了，離再上場還有七、八分鐘。

菲利浦一下臺，化妝師立刻迎上前來，一邊道歉一邊飛快地替他把雙手塗上了黑色，並立即用吹風機吹乾。這時，離菲利浦上場還剩三分鐘。

菲利浦坐在出場口，沉思了一會兒，突然站起來，向入口處一位警官借了他戴在手上的那副雪白的手套。

下一場戲，「奧賽羅」要跟久別的好友緊緊握手。戲開始了，只見菲利浦大步走上臺去，大喊一聲：「我的老朋友，我們可是多年沒見了！」同時伸出雙手。

臺下的觀眾發現，黑人元帥居然還伸著一雙雪白的手，不禁哄笑起來，有的人還吹起口哨，喝起了倒采。

就在兩位演員即將握手的一剎那，菲利浦突然從手上摘下一副白手套，瀟灑地往身後一扔，「奧賽羅」那雙黑色的手，終於出現在了全體觀眾面前。

臺下立刻安靜了下來，觀眾們都覺得誤會了戴白手套的「奧賽羅」。

菲利浦憑藉自己的機智，用一副白手套掩蓋了疏忽。這種將錯就錯，順水推舟的智慧往往在人們處於困境的時刻閃現靈光。

十七世紀，美國寶潔公司推出了新產品——白肥皂，但是由於當時的肥皂廠很多，競爭也非常激烈，寶潔公司陷入了困境。更加糟糕的是，在辛辛那提的一個工廠裡，有個粗心的員工在午休前忘記關掉肥皂原料合成攪拌器，致使原料中混入了過多的空氣，做出的肥皂個個都膨脹起來，顏色也由純白變成了乳白。這個失誤使寶潔公司雪上加霜，因為這意味著這些昂貴的化工原料全部報廢，損失相當大。

公司的負責人非常焦急，就在這個時候，他突然想起了這麼一幕：很多辛辛那提居民在俄亥俄河裡洗衣、洗澡時經常把肥皂掉進水裡，很難找到。河畔最常見的情形就是洗衣婦滿頭大汗地在河裡尋找滑落的肥皂，或者是洗了一半澡的人因為丟了肥皂掃興而去。想到這裡，他開始微笑起來，並把一塊圓鼓膨脹的肥皂放進水中，不出所料，肥皂果然浮了起來！他立即命令部下：「繼續生產，告訴零售商，我們又推出了新產品——漂浮的肥皂！」

這款「漂浮肥皂」一上市，立即成了雜貨店裡的搶手貨。

世界上從來就沒有什麼絕對的事情，也沒有絕對的壞牌。當你在工作中不小心拿到壞牌處於劣勢的時候，一定要善於「將錯就錯」，從它對立的東西中為自己獲得翻身的手段，從反向思維中為自己找到解決問題的出路。

當我們在工作中遇到困難的時候，眼睛裡不能總是裝著困難，把困難看成是不可逾越的三座大山。再強大的東西也有它的破綻，看似糟糕的壞局並不意味著結局一定就是壞的。從事物的對立面逆向思考，將缺點變為優點，變廢為寶，化腐朽為神奇你就能輕而易舉反敗為勝。例如金屬被腐蝕原本是一種壞事，但是人們可以反向思維，利用金屬腐蝕原理生產出了金屬粉末。再例如，某時裝店的員工不小心將一條高級呢裙燒了一個洞後，乾脆在小洞的周圍挖了更多的小洞，經過修飾之後命名為「鳳尾裙」，比原來的裙子更具格調，並以更高的價格賣了出去。

將錯就錯，從事物的對立方面來考慮問題，從事物的功能、結構、因果關係等方面找出解決問題的方法，是一種出奇制勝的戰術，只要在工作中多觀察，多思考，多從對立方面考慮問題，問題自然能迎刃而解。

厚黑秘訣二十四：以小搏大

厚黑真經

扭轉敗局並非都要大動作，有時候一個小小的力量就能創造出驚天動地的偉績。這個不起眼的力量之所以能產生「四兩撥千斤」的作用，主要是因為這「四兩」勁使在了最關鍵的時機和地方。

厚黑妙用

國際體育比賽中曾發生過這樣一件事，在一次保加利亞隊和捷克斯洛伐克隊的籃球比賽中，離比賽結束還剩下八秒鐘的時候，保隊僅領先一個球。按照規定，保隊在這一場球賽中，必須至少贏三個球才能不被淘汰。這時，保隊的一個隊員突然向本方的籃內投入一個球。雙方的隊員和場外的觀眾一下子都愣了，不知這是怎麼回事。過了好一會兒，大家才明白過來，並報以熱烈的掌聲。

這位保隊隊員為什麼要向本方的球籃投進一個球？他是怎麼想的呢？

他的思考過程大致說來是這樣：保隊要想不被淘汰，必須再贏兩個球，要有可能再贏兩個球，就得延長比賽時間，要延長比賽時間，就要在終場時把比分拉平，要在終場時把比分拉平，那就只有現在向本方籃內投進一個球。

果然，保隊這個隊員剛一投進這個球，裁判就宣佈進行加時比賽。在隨後的比賽中，保隊士氣高漲，輕鬆拿下三個球，贏得了比賽的勝利。

這位保加利亞隊隊員運用的思維方式就是種以小搏大的迂迴策略。以小搏大，常常是創新者用來解決難題的一種思考手段。

日本豐田汽車公司曾為了確保在日本的銷售市場，深謀遠慮，從解決城市的汽車與道路的矛盾入手，先後成立了「豐田交通環境保護委員會」，在東京車站和品川車站首次修建「人行道天橋」；還投資三億日圓在東京設立了一百二十處電子電腦交通信號系統，使交通擁擠現象得到緩解；另外還投資創立了汽車學校，培養更多人學會開車；還為兒童修建了汽車遊戲場，從小培養他們的駕駛本領。良苦用心最終如願以償，汽車銷量日益增多，公司效益也相當可觀。

豐田緣何行銷成功？一言以蔽之：採取「放棄小利益」的以小搏大的行銷策略。此招，乍看之下，似乎他們所做的種種事都是「賠本買賣」，投入了大量資金「做好事」，卻不提「賣車」，其實，此乃「醉翁之意不在酒」，這是一種迂迴戰術。小的投入獲取的將是大的回報。在這個適者生存，充滿挑戰的大環境下，知難而進，勇往直前是需要提倡的。但一味蠻幹往往適得其反。因為盲目進取，得不償失，勢必不進反退。而審時度勢，迂迴前進，則是聰明之舉。

有句話叫「弱肉強食」，意思是弱小的總會被強大的吞噬。現實生活中弱小者也往往是失勢一方，但商場卻有例外。很多商人就是憑著超強的商業頭腦和驚人魄力以小搏大，在競爭激烈的利益博弈中占得先機，成就自己的財富夢想。

李澤楷就是其中一例。他在闖蕩商場二十幾年的時間裡創造了一個又一個奇蹟，從名不見經傳的學生到香港「小超人」。媒體甚至戲言他一天賺的錢比父親李嘉誠一輩子賺的還多。人們在感嘆李澤楷非凡賺錢能力的同時，忍不住研究他輝煌的發家史，其中最值得一提的是收購香港電訊。

在李澤楷的盈科數碼動力併購香港電訊之前，他在北京的盈科中心很少有人知曉，連計程車司機也說不出具體位置。併購完成後，盈科和李澤楷成了人們口耳相傳的傳奇。

二〇〇〇年，李澤楷宣佈競購香港電訊之前並不被人看好，資歷尚淺，資金缺乏。那時候盈科成立才幾個月，還沒有實實在在地賺到過錢，據媒體報導一九九九年盈科虧損三九七〇萬港元。與香港電訊相比是實實在在的「小螞蟻」。而香港電訊的地位相當於內地的中國電信，它的大股東是英資公司大東電報局，大東是一家跨國公司，員工超過四萬人，在全球七十多個國家和地區有自己的業務。一段時間以來香港電訊的贏利相當穩定，總股本一一九．六億，被香港人譽為「一隻能下蛋的金雞」。

但表面的繁華掩蓋不了內在的空虛。在資本市場裡，香港電訊的發展前景已不容樂觀，短時間的贏利無法使它的遠景市場得到活躍，而且還面臨其他公司的強有力競爭。區區幾百萬香港人，幾大公司「分而食之」，結果可想而知。因為大環境的原因，英國大股東去意已決，尋找接手公司的事情就提上日程。最開始英國方面接洽的是新加坡電信，但遭到港人和媒體的一致反對，他們不願讓一個外國國有企業控制自己的通訊業，各方爭執不下，香港電訊一時無人接手。

李澤楷就是在這個時候宣佈想要收購的，香港人非常高興。沒有錢，李澤楷就著手向銀行貸款，中國銀行、滙豐銀行、巴黎國民銀行，以及巴克萊銀行等四家銀行共貸給盈科一百三十億美元，綜合自己原有資金，李澤楷收購香港電信共花費三百八十億美元。「小魚吃大魚」，製造了當年最大的兼併案。盈科也一躍成為全球超強企業，李澤楷的個人資產直線上升。

有分析認為李澤楷決定兼併香港電訊除了看中它具備的高科技元素，還看上了電訊本身的人才。隨著收購的完成，一批頂尖技術人員來到盈科，他們的到來使盈科如虎添翼，成為亞洲最大的網際網路企業指日可待。

這就是李澤楷的創富路，以小搏大，四兩撥千斤。一個成功的商人要有魄力和敢與一切爭鋒的精神。不能因為暫時弱小而放棄繼續拚搏的信念，勇爭第一要成為不變的追求。如果當初李澤楷因為自己的「小」而放棄競購的機會，他就不會取得今天輝煌的成績，也脫不掉「靠李嘉誠發達」的帽子。但是「以小搏大」不是莽撞，要懂得運用商業頭腦，一味蠻幹無異於自取滅亡。只有深刻認清自己的實際能力及準確無誤地分清時局後，才能上演「小螞蟻」扳倒「大象」的好戲。優秀的商人往往是出色的智謀家，商場爭奪不比戰場衝鋒容易多少，只有充分調動自己的智慧，才能將看似遙遠的財富拉到自己身邊。

第五章　搏殺：心狠手辣，又拉又打

厚黑秘訣二十五：借刀殺人

厚黑真經

「敵已明，友未定，引友殺敵，不自出力。」借用盟友的力量去打擊敵人，可以換得自己的利益。而且自己手上沒血，也可以博得一個能忍不殺的美名。

厚黑妙用

二十世紀六〇年代，香港滙豐銀行曾借用大陸金融機構的力量，擊敗了力量強大、不可一世的美國銀行集團。

早在二十世紀六〇年代，美國幾家大銀行組成銀團，開始實施一項驚人的秘密計畫：占領香港金融界，徹底打垮華人和英國人在香港的金融實力，奪取香港，控制東南亞。計畫一出臺，美國金融大亨們紛紛來到香港「旅遊」、「度假」。他們的到來，使香港的股票市場發生了巨大的股票買賣風潮，這一風潮險些把資金雄厚的香港匯豐銀行置於死地。

香港匯豐銀行是一家金融集團，在香港有著雄厚的根基和社會基礎，實際上起著香港中央銀行的作用，其首腦人物與當地居民也有著傳統的密切聯繫。因此美國銀行視其為「眼中釘」，只有打垮匯豐銀行，才能穩獲香港金融大權，但要擊倒匯豐，又談何容易呢？

美國金融界的人士進攻匯豐銀行的策略，在香港之行前夕就早已謀定。他們首先利用香港當時的股市傳播資訊系統不靈活的條件，大量收購匯豐銀行股票。一時間，匯豐銀行股票連翻數倍，不斷暴漲，成為人們手裡發財的象徵。匯豐銀行為平抑股價，開始拋售股票，但杯水車薪無濟於事。緊接著，美國人在一兩天內把所有收購的匯豐銀行股票向市場低價拋售，並製造各種謠言，散佈匯豐銀行經營狀況不好，匯豐股票如同廢紙等。一時間，匯豐股票價格如落潮般狂跌下來，在銀行擠兌現款的人越來越多。形勢對匯豐銀行十分不利。

很明顯，如果不收盡這些堆積如山的股票，任其繼續下跌，匯豐的信譽便會一落千丈，甚至有關門垮臺的危險。誰知形勢比預料的還要糟，就在匯豐銀行籌集資金大量吃進股票時，分佈在全港的匯豐各分支機構也頻頻告急：許多不明真相的儲戶紛紛提款，使銀根緊張，如不關門停業，存款有被提空的危險，一份份寫有「絕對機密」的電文飛到匯豐銀行總部，總部決策人陷入了有史以來最大的困境之中。

面對美國銀團的挑戰，匯豐銀行開始進行反擊。他們首先廣而告之，安撫民心，強調匯豐銀行久盛不衰的秘密在於對每一位儲戶負責。然後，他們馬不停蹄地四處貸款，先找老關係戶，不行，再找新關係，也不行；最後找到香港黑社會組織，請他們助一臂之力，但是一切努力都未能奏效，借款的工作人員四處碰壁，誰也不肯把錢借給看來即將破產的倒楣蛋。匯豐銀行既無力收購股票，也無力支付擠兌，失敗的結局似乎離匯豐銀行越來越近。戰場是無情的，你死我活，商戰也是如此，是生與死的較量。在這生死存亡的嚴峻考驗面前，匯豐銀行在走投無路的情況下，猛然找到了一劑起死回生的靈丹妙藥，那就是向香港的大後方——中國大陸金融機構求援。

對於美國金融界的野心，中國大陸駐港金融機構早已察覺，並曾多次提醒匯豐銀行注意，但由於匯豐銀行沒有防範，結果吃了大虧。如今在這極為關鍵的時刻，中國金融機構本著穩定香港的目的，決定支援匯豐，保證香港的經濟穩定。

事實證明，這個決定是十分正確的，有著重要的戰略意義。大陸駐港人員以最快的速度把香港發生的一切回報到北京。中國金融的權威機關，中國人民銀行立即做出決定：支持匯豐銀行。並迅速指示駐港機構以最快的速度辦理貸款過帳業務，一切都以最高效率進行。與此同時，香港新聞媒介立刻做了大標題披露，「中國人民銀行與匯豐銀行聯手共進」，「匯豐銀行信心的一票來自大陸」等。大小報紙從頭到尾進行報導，一時間成為港報的焦點新聞。

香港的股民和儲蓄客戶知道，匯豐銀行有大陸金融機構撐腰就意味著匯豐銀行的資本不會枯竭，資金信用是毫無疑問的。他們看到了這場廝殺的前景。緊接著，形勢急轉直下，匯豐股票價格直線上升，儲蓄額再領風騷。天外有天，人外有人，美港金融大戰，半路殺進了個程咬金，形勢由對匯豐不利轉為有利，來港的美國人只能望洋興嘆，本想吃掉匯豐，沒想到聰明反被聰明誤，搬起石頭砸了自己的腳。

由於大陸金融機構的加盟，戰局已經明朗，美國銀團被迫與滙豐銀行進行談判。由於美方高價吃進，低價拋出，損失了很多，並且為彌補滙豐銀行損失，不得不同意將一家航空公司拱手相讓。滙豐銀行為保證香港金融的穩定發展，同意讓美方在香港保留一部分資產，並讓美方承諾，今後不再發生類似的事件。事後，美方一位金融界高級人士聲稱，「滙豐銀行邀請大陸金融機構參戰，這一招太絕，也太狠，差一點使我們全軍覆沒。」這一仗中，滙豐正是「借」中國人民銀行這把「刀」，「殺」的是美國銀團這個「人」。

借刀殺人是保存自己削弱敵手的絕佳選擇。但一般人都不情願用制人來對付敵手，一方面是因為面子上拉不下，一方面不甘心別人當「主角」。這都可以理解。不過在和敵人的競爭中如處於劣勢，借刀殺人就成了幾乎最後的選擇。如果這時還扭扭捏捏，就等著大傷元氣吧。

厚黑秘訣二十六：離間挑撥

厚黑真經

堡壘是最容易從內部攻破的。離間挑撥，能讓對手之間相互猜忌、相互打鬥，自己袖手旁觀，坐收漁翁之利。

厚黑妙用

西元一六二九年十月，皇太極率領幾十萬後金軍，從龍井關、大安口（今河北遵化北）繞到河北，直撲明朝京城北京。崇禎帝心急如焚，忙派人請袁崇煥救駕。袁崇煥趕到後，一些奸臣卻說袁崇煥和金兵私通，這次金軍入侵就和袁崇煥有關。崇禎帝是個猜疑心極重的人，聽了這些謠言，也有些懷疑起來。而皇太極打探到這一消息後，決定利用崇禎和袁崇煥之間的嫌隙，來進行挑撥。這時候，有一個被金兵俘虜去的太監從金營逃了出來。

原來，明朝有兩個太監被後金軍俘虜了以後，關在金營裡。有天晚上，一個姓楊的太監半夜醒來，聽見兩個看守他們的金兵在外面輕聲地談話。一個金兵說：「今天咱們臨陣退兵，完全是皇上（指皇太極）的意思，你可知道？」

另一個說：「你是怎麼知道的？」

一個又說：「剛才我就看到皇上一個人騎著馬朝明營走去，明營裡也有兩個人騎馬過來，跟皇上談了好半天話才回去。聽說那兩人就是袁將軍派來的，他已經跟皇上有密約，眼看大事就要成功啦……」

姓楊的太監偷聽了這番對話，趁看守他的金兵不注意，偷偷地逃了出來，趕快跑回皇宮，向崇禎帝報告。崇禎帝聽了也信以為真，他哪裡知道，這個情報完全是假的，兩個金兵的談話是皇太極預先安排的。

崇禎帝命令袁崇煥馬上進宮。袁崇煥接到命令，也不知道發生了什麼事，匆忙進了宮。崇禎帝拉長了臉，責問道：「袁崇煥，你為什麼要擅自殺死大將毛文龍？為什麼金兵到了北京，你的援兵還遲遲不來？」袁崇煥不禁怔了一下，這些話都是從何說起？他正想回答，崇禎帝已經喝令錦衣衛把袁崇煥捆綁起來，押進大牢。有個大臣知道袁崇煥平日忠心為國，覺得事有蹊蹺，勸崇禎帝說：「請陛下慎重考慮啊！」

崇禎帝說：「什麼慎重不慎重？慎重只會誤事。」崇禎帝拒絕聽大臣的勸告，一些魏忠賢餘黨又趁機誣陷，到了第二年，崇禎帝終於下令把袁崇煥殺死。

皇太極離間明朝君臣，除去袁崇煥後，失去一個強大的對手。從此後金越來越強大，十幾年後就入主中原，建立了清王朝。

找準縫隙，挑起對手內部的矛盾，就等於把對手的實力一分為二，而且這被一分為二的實力還極有可能互相爭鬥、兩敗俱傷，那麼自己可不費吹灰之力贏得勝利。能讓對手親者痛、仇者快，互相猜忌提防，甚至互相攻擊，互相消耗力量，而自己坐山觀虎鬥，坐收漁翁之利，這是極高的智慧。

春秋時期，齊景公手下有三位武將：古冶子、田開疆和公孫接。他們力大無窮，勇猛過人，號稱「齊邦三傑」。

「齊邦三傑」自恃有功，結拜為兄弟，在朝中傲視百官，對下面欺壓百姓，即使對齊景公，他們也傲慢少禮，不講君臣禮儀。齊景公畏懼他們，也不敢追究他們的過錯。

齊國相國晏嬰心有憂慮，他有次專程拜訪三人，勸導他們說：「你們身為大將，當為人臣的典範，不該恃功自傲啊。各位若行為不檢，不行善事，不僅與你們威名有損，也會讓主公臉上蒙羞，你們難道不該自省嗎？」

「齊邦三傑」不聽規勸，仍我行我素。晏嬰心痛之下，對家人說：「這三人為非作歹，是國家的禍患，我一定設法剷除他們。」

晏嬰的家人恐懼不已，顫聲道：「他們三人都身懷絕技，勢大力強，連主公都奈何不了他們，你這是自取禍殃啊。萬一事情有所疏漏，你必受其害不說，齊國也要大亂，你一定要謹慎從事。」

這句話讓晏嬰心沉起來，他自度不錯，不再氣躁，思慮萬全之策。

一日，晏嬰和其摯友談論世事，晏嬰隨口說：「人心不古，惡人難制，我真懷疑天理一說了。」

他的摯友微微一笑，接道：「大人智慧過人，想不到也有迷茫的時候啊。人皆能制，惡人更不在話下，大人有此感慨，只是不得其法而已了。」

晏嬰虛心下問，其摯友回道：「致人於死，莫過於讓他所求不得，斷其欲念。罪惡之人欲念最盛，只要挑起他們的欲念，而後當頭一棒，使其萬念皆空，他們必難以承受，這樣不費吹灰之力，惡人就難以為惡了。」晏嬰體會此語，深感奇妙，他茅塞頓開，心中已有了除賊之計。

一天，魯昭公帶著相國叔孫婼（婼 ㄖㄨㄛˋ）到齊國來訪問。晏嬰陪同齊景公一起設宴招待魯國君臣。

「齊邦三傑」帶劍立於堂前。酒至半酣，晏子請大家吃一種珍貴的桃子。魯國君臣都吃了，分到後來，還剩兩個。

晏子說：「還剩兩個桃子，我建議大臣中誰功勞最大，誰就可以吃這兩枚桃子。」景公同意了。

公孫接第一個站出來說：「我當年跟隨主公一道上桐山打獵，力誅猛虎，這功勞夠得上吃桃子嗎？」晏子點頭同意。公孫接吃了一枚桃子。

這時，古冶子一躍而出，說：「我當年曾在黃河斬魚蛟，使主公轉危為安，夠得上吃一枚桃子吧。」景公同意其說，又把桃子賜予他。

看到最後一枚桃子也歸別人所有，田開疆忍不住發起牢騷來說：「我曾奉命攻打徐國，俘虜了五百人，逼徐國稱臣請命，威震諸侯，為齊國稱霸做出了巨大貢獻。我的功勞更大！應該受賞！」

晏嬰火上澆油地對景公道：「田將軍功勞確實在前面兩位勇士之上，但可惜桃子已賜完，可否緩他日補賜？」

景公也以同樣話安慰田開疆。但田聽不進，大叫道：「打虎斬蛇，雕蟲小技，我為國血戰功勳卓著，反遭冷落，在兩國君臣面前受辱，還有何面目立於朝廷！」遂拔劍自刎。公孫接大驚，也拔劍曰：「我功小受賞，田將軍功大而受辱，於情於理不容，我恥也。」說完也自戕。古冶子激動地跳起來說道：「我三人乃結拜兄弟，誓同生死，他兩人已去，我不可偷生！」也拔劍自刎。

晏嬰利用「二桃」之所以能殺「三士」，其原因就在於他巧用離間計，借助對手的力量制服了對手。

厚黑秘訣二十七：結合次力打擊主力

厚黑真經

三個臭皮匠，勝過一個諸葛亮。要想反敗為勝，光靠一個人的厚黑是不夠的，一定要全體一致對外厚黑才行。

厚黑妙用

在熱帶雨林地區有一種螞蟻，當牠們要搬家的時候，牠們就在蟻王的帶領下，按照一定的順序前進。若是途中遇到了河流，牠們會聚集成一個球形，把蟻王圍在球心，然後滾進河流，漂過河去。等牠們抵達了陸地，就分散開來，又一次開始重建家園。雖然最周邊的螞蟻在過河中死去，但螞蟻群體保住了，可以繼續繁衍後代。

同樣，企鵝世界的故事也同樣讓人驚嘆。

當黑暗、寒冷而漫長的冬季來臨時，企鵝群會聚在一起，互相用體溫取暖，共度難關。要實現這一點，有兩個難題需要解決：第一，誰在外層，誰在裡邊？第二，誰在頂風處，誰在背風處？一個明顯的道理是：如果外層的永在外層，內層的永在內層，處頂風的永處頂風，處背風的永處背風，結果將是，處在頂風外層的企鵝首先被凍死，然後，唇亡齒寒，一層層地凍死開去，直到一隻不剩，全體凍死。

企鵝們用這樣的辦法解決難題：整個群體極為精妙地組織成兩個互相套在一起、緩緩對流的卷心軸；在由這兩個卷心軸形成的「企鵝旋兒」中，每一隻企鵝都有同樣的機會轉到外層再轉到內層，同樣的機會轉到頂風再轉到背風。如此，每一隻企鵝都能活下來，從而使整個群體得以活下來。

在日常生活中，我們也會有這樣的經驗：如果平均一匹馬能拉動十噸火車貨運車廂，那麼兩匹馬在一起共同拉的話，它們所能拉動的火車貨運車廂就不止二十噸，而是會超過若干。這也就是我們平常所說的一＋一大於二。只要能彼此默契、互相配合，那麼就能產生比個體單打獨鬥大得多的力量。

團結就是力量，只有團結起來，才會產生巨大的力量和智慧，才能克服一切困難。如果一個人在做事的時候不主動與他人合作，甚至不考慮別人，那麼他不但做不好自己的工作，而且也會影響別人的工作，因為每個人都是團隊鏈條中不可缺少的一環。當一個人充分意識到自己是團隊中的一分子，他就有責任為了整個團隊的利益與其他成員合作。因為團隊的勝利也是每一位成員的勝利。

一個關於天堂與地獄的故事正好說明了個人與團隊這種唇齒相依的關係。有一天，一個人好奇地問上帝：「地獄是什麼樣子的？」於是上帝帶他來到地獄，那裡有很多人圍著一張大餐桌，餐桌上有許多的食物。但奇怪的是，每個人都拿著一把長勺——他們努力想把食物送到自己的嘴裡，可是無論如何都吃不到。

那個人似乎恍然大悟：「那天堂裡的人一定都是用短勺子。」上帝又帶他來到天堂。那裡也有許多人圍著一張大餐桌，桌上也有許多美味的食物，人們也是拿著一把長勺子，不過他們是相互把食物送到對方的嘴裡。

從人類歷史上來看，人類所取得的任何大的成功都是與一個團隊緊密團結合作相關的，而任何失敗都是分裂、離間造成的惡果。社會的進步依賴於團結互助，現代企業更是如此。因為現代企業是一個分工合作的系統，它以合理的分工原則將企業員工組織起來，使他們能夠完成個人所不能完成的任務，獲得個人所無法獲得的成功，創造個人所不能創造的奇蹟。

籃球巨星麥可．喬丹說過一句名言：「一名偉大的球星最突出的能力就是讓周圍的隊友變得更好。」他在結束自己的籃球生涯時說：「在別人看來，我站在籃球世界的頂端，每當聽到這樣的讚美，我都感到惶恐。我所取得的任何成績都是和隊友們以及教練一起努力的結果，還有贊助商和每一個支持鼓勵我們的球迷們，榮譽屬於你們每一個人，我只是幸運地作為代表，一次次地領取獎盃。」

芝加哥公牛隊在二十世紀八〇年代一直是NBA的一支普通球隊，直到一九八四年喬丹的加入。這之後的六年，這支球隊努力地想成為一支冠軍球隊。一開始，喬丹平均每場能得到四十多分，他只是自己投籃，不願意將球傳給他的隊友，在教練的不斷勸說下，他試著把球傳給別人。直到他真正願意把球傳給隊員，這支球隊才成為冠軍球隊，此時已經是一九九一年，經歷了長達七年的磨合。之後，他們在八年中獲得了六次總冠軍。

籃球運動如此，對於一支軍隊來說團結尤為重要。西爾斯公司第三代管理者羅伯特·伍德是西點一九八二屆的學員，他說：不論一個士兵多麼強大，都無法戰勝敵人的圍剿，但我們聯合起來就可以戰勝一切困難，把阻擋在眼前的一切障礙消除掉。歷史上著名的溫泉關戰役向我們展示了團結一致所爆發出的驚人力量！

西元前四八〇年，波斯和希臘之間爆發了溫泉關戰役，當時波斯國王統率五十萬大軍、戰艦千餘艘，大舉進攻希臘。面對來勢洶洶的敵人，三十多個國家組成了反波斯同盟，同盟軍統帥由斯巴達國王列奧尼達斯擔任。

波斯大軍迅速席捲了希臘北部，七、八月間來到了溫泉關。該隘口是希臘中部的門戶，依山傍海，關口極狹窄，僅能通過一輛戰車，是從希臘北部南下的唯一通道。因此，溫泉關上佈置的兵力只有幾千人。當波斯人臨近的時候，斯巴達國王列奧尼達斯僅帶了三百人來增援。

溫泉關地勢顯要，山道狹窄，希臘人利用溫泉關「一夫當關，萬夫莫開」的地形優勢，居高臨下，用鋒利的長矛兇狠地刺向手持波斯刀的敵人。先後阻擊了波斯人兩天三波攻擊。第三天，由於叛徒的告密，希臘的軍遭到偷襲，被敵人包圍。

前後夾攻的波斯人如潮水般撲向關口，腹背受敵的斯巴達勇士奮勇迎戰。他們用長矛猛刺，長矛折斷了，又拔出佩劍劈砍，佩劍斷了，波斯人擁了上來，斯巴達的勇士們赤手空拳殺退了敵人的四次進攻，拚死保護自己的統帥。他們的人數越來越少，逐漸集中到一個小山丘上。殺紅了眼的波斯人，將殘餘的斯巴達人死死圍住，在口令聲中將雨點般的標槍投向他們，直到最後一個人倒下。至此，溫泉關才被攻占，最終，這三百位勇士全部戰死，也讓波斯大軍在攻破溫泉關一戰中，付出了兩萬人死傷的慘重代價。

雖然這場著名的戰爭以斯巴達人的失敗而告終，但它讓我們看到了團隊精神所凝聚和迸發出來的力量，向我們證明了團結是一道攻不破的防線。如今，我們也同樣期盼「斯巴達三百勇士」的團隊精神，因為這是支撐起團隊的脊樑，是一個企業從激烈的市場競爭中脫穎而出的必備素質。

當今時代是一個知識經濟時代，企業之間的競爭不僅是人才的競爭，更是優秀團隊間的競爭。單一的人才好比一粒晶瑩圓潤的珍珠，對於一個團隊來說當然是上乘的珍珠越多越好，但如果這些珍珠不能有效地被一條線穿起來成為項鍊，那麼，還是一盤散沙，沒有多大價值。只有團隊成員們提高各自的團隊合作能力，緊密團結，才能發揮出各自的優勢，才能為企業構築起一道攻不破的防線。

厚黑秘訣二十八：黑眼識人

厚黑真經

用人必先知人，知人必具黑眼。要想讓人為你賣命、反敗為勝，就要動用你的一雙厚黑之眼不拘一格地識出真正的才，唯才是用。

厚黑妙用

《資治通鑑》中的劉邦是一個大老粗，但是他有一個很大的優點，就是不拘一格的使用人才，他將貴族張良、遊士陳平、縣吏蕭何、狗屠樊噲、商販灌嬰、車夫婁敬、強盜彭越等各色人物組合起來，各就其位，所有的人才都能夠最大限度地發揮作用。

在一次早朝中，劉邦問大臣為何自己得了天下。很多人都想盡讚美之詞。劉邦聽完之後，笑著說：「你們說得有道理，但是有一點我自己很清楚。我以前只是一個小小的亭長，我有自知之明。」

劉邦不隱晦自己的出身，所以不會對別人有什麼苛刻的要求。從市井中走出的千里馬不勝枚舉，同樣，從小職員走上領導者的「左右手」的人也數不勝數。

「華人第一CEO」唐駿進入微軟時，有一萬五千人也和他一樣初次步入微軟。當時他就感到自己在技術上是比不過別人的，即使奮鬥二十年、三十年，也只不過是一個普通的員工。唐駿於是想著應該避開和那些優秀人才的正面競爭，走「差異化競爭」路線。唐駿到微軟五個月後，發現原來使用的開發模式並不是很完美，英文版本開發出來後，日語版本過五個月才能開發出來，中文版本需要八個月。很多人都注意到了這個問題，提交給經理的書面方案將近有八十多份。這時唐駿想，如果我作為經理，我怎麼會有時間看那麼多的方案呢？所以，他沒有提交書面方案，而是想如果他自己解決了這個問題，即找到了方法也找到了技術支持，那樣才有價值。

他努力找出一種模式，可以延伸出三種不同的版本，模式找到了，又找技術支援，一切都成熟之後，他寫了一份書面報告，將他自己編的程式都放在報告裡面了，不僅提出了問題也解決了問題，經理開會一致通過了該方案，當即決定公司三千五百個人都使用這種研發模式。肯定了唐駿的成績之後，就需要成立一個宣傳部門，在公司宣傳這種模式，候選人理所當然地就唐駿一個，沒有競爭對手，就這樣，在他剛進入微軟八個月後就當上了部門經理。英雄不問出處。善於運用變革思維的企業家，都明白非常之事，用非常之人的道理，而不會將對人才的評價僅僅局限在學歷和背景上。

一九八一年底，微軟公司已經控制了桌機作業系統的市場，並決定進軍應用軟體領域。比爾．蓋茲野心勃勃，他認定微軟公司不僅能開發軟體，還能成為一個具有零售行銷能力的公司。微軟公司在軟體設計方面人才濟濟，在市場行銷方面卻乏善可陳。蓋茲雖然看到了希望，卻感到寸步難行。透過獵頭公司，他最後鎖定了肥皂大王尼多格拉公司的行銷副總裁羅蘭德．漢森。

讓一個做肥皂的轉行做電腦軟體行銷，蓋茲的幕僚覺得有些不可思議。但蓋茲認為，漢森雖是軟體門外漢，但他懂得行銷，是合適的人選。

他果斷地將漢森挖來，委以行銷副總裁的重任，負責微軟公司廣告、公關、產品服務以及產品的行銷。漢森上任做的最重要的一件事就是給微軟公司這群只知軟體、不懂市場的精英們上了一堂統一商標的課。在漢森的力陳之下，微軟公司決定，從此以後，所有的微軟產品都要以「微軟」為商標。於是，微軟公司的不同類型產品，都打出「微軟」品牌。不久，這個品牌在美國、歐洲，乃至全世界都成為家喻戶曉的名牌。

軟體門外漢的漢森用品牌推動了市場銷路。

但蓋茲又有新苦惱。隨著市場日益擴大，微軟公司的經營規模日益增大，公司第一任總裁吉姆斯．湯恩年歲已大，跟不上微軟的快速步伐。好在湯恩主動提出辭掉總裁的職務。蓋茲費盡心機，又找到了坦迪電腦公司的副總裁謝利。然而，很多人認為謝利這個人總想著改變，可能會將公司鬧個底朝天。但蓋茲認為，只有變革心強的人才適合做總裁。

謝利一來，就對微軟的人事管理進行大刀闊斧的改革。他把鮑默爾提升為負責市場業務的副總裁，更換了事務用品供應商，削減了二十%的日常費用，謝利掌管下的微軟在許多地方開始「硬」起來。

一九八三年，為了搶在可視公司之前開發出具有圖形介面功能的軟體，占領應用軟體市場，微軟開發了「視窗」項目，並宣佈在一九八四年底交貨。

然而，直到一九八四年過了大半年，「視窗」軟體仍然沒有開發出來，以致新聞界把「泡泡軟體」的頭銜「贈給」了「視窗」。正在進退維谷之時，謝利經過一番調查，找到了癥結：除了技術上的難度外，開發「視窗」的管理十分混亂是導致軟體遲遲不能開發出來的根源。謝利又一次大刀闊斧地整頓：更換「視窗」的產品經理，把程式設計高手康森調入研究小組，負責圖形介面的具體設計；蓋茲自己的職責，也被定位於集中精力考慮「視窗」的總體框架和發展方向。謝利的這一番部署都切中要害，「視窗」的開發立見奇效，各項工作有條不紊，進展神速。年底，微軟向市場推出了「視窗」1.0版，隨後是「視窗」3.0版。

想想看，如果蓋茲認為漢森不懂軟體，就不聘用他，微軟怎麼可能在行銷方面做得那麼出色？如果蓋茲認為謝利過於激進，就不任用他，微軟怎麼可能迅速變革，狂飆突進呢？

由此可見，對於企業家而言，重要的不是你用什麼方式解決問題，而是你用什麼方式思考問題。企業家都是現實主義者，他們重視的是實效，只要能促進企業的發展，選人、用人就應該不拘一格。郭士納原來是美國最大的食品菸草公司老闆，可他卻搖身一變成為ＩＢＭ董事長兼ＣＥＯ，然而，正是這個人，使ＩＢＭ走出困境，重振雄風。還是郭士納說得好，誰說大象不能跳舞！

厚黑秘訣二十九：用心找人賣命

厚黑真經

騎驢的人為了讓驢肯前進，會在驢的前方懸掛胡蘿蔔，驢因為想吃到胡蘿蔔，自然會向前跑。成功的用人之道有多少？其中之一就是知道能人最想要的是什麼，並進而利用這點，讓他願意為自己賣命。

厚黑妙用

熟悉梁慶德的人叫他德叔，聽到別人這麼叫自己他就笑笑。

很多人總說德叔一直是笑呵呵的，他們不知道，德叔的笑容，有時也是擠出來的。不過有一點是貨真價實的，德叔心好。因為這點，人們才願意跟著他。

一九三六年出生的梁慶德，並不知道若干年後，自己會獲得一個德叔的稱號。這讓人想起香港黑幫電影裡許多德高望重的人，也被手下稱為某某叔。但與他們相比，梁慶德有諸多不同。

他在二十六歲時就當起業務員，獨自背著二十斤餅乾走南闖北。他喜歡笑，笑的時候總看著人。許多年後，當梁慶德成為格蘭仕董事長的時候，身上更多的也是笑容和體諒，而非霸氣和專橫。正是這一點，讓他聚攏起更多的人，德叔更多的是敬稱，而不是畏懼。

一九九四年六月十八日晚十一時許，一個老鼠洞差點將已有十六年之久的格蘭仕毀於一旦。百年不遇的洪水讓這個轉型不久的工廠成為一片汪洋。

如果這世上有些事的發生註定無法改變，承受就是唯一的選擇。當時的格蘭仕人面對的就是這樣的局面。十五分鐘內，機器和廠房全部被淹。所有的人都驚慌失措，而此時的梁慶德卻大喊一聲：「撤！一定要保住所有的人，一定要讓所有的員工都安全！」當洪災過去許多天後，一位格蘭仕銷售主管這樣評價自己的老闆：「梁慶德是個低調謹慎、深諳用兵之道和非常講感情的人。」

深諳用兵之道是句含義很深的評語。梁慶德的用兵是把計設在了人們心裡。「很多高級管理員工都是衝著老闆的知遇禮愛之情投奔而來的。」「知遇」「禮愛」是一個成事者難得的秉性，而梁慶德這個面容溫和，素無殺氣的商者正是憑著這點，攻克了無數人內心的堡壘，讓他們為自己拚命。

在那一聲斷喝之後，大家聞令即行。洪水呼嘯而來，「到拱橋上去！到拱橋上去！」此時的梁慶德，衣服已經濕透，卻不知那是汗水還是洪水。

拱橋是當時格蘭仕的最高處，鋼筋混凝土構造，洪水沖不垮。大家紛紛踉蹌而來。梁慶德又給駐守各關鍵崗位的人打電話：「趕快撤！文件帳本都不要了，盡量往高處走，快點！」很多人就是這樣跑了出來。

在這些人中，最顯眼的還是梁慶德，他站在高高的拱橋上向下望去，二米八深的洪水已將整個廠區淹沒。他突然想，怎麼會這樣，天災無情，卻為什麼找到他梁慶德的頭上？幾個月前才剛剛和他一起買下格蘭仕七十%股份的創業者的心血就這樣付之東流，他覺得愧對眾人。但很快，他從這種思緒中抽身而出。

「查查有沒有人員傷亡，清點一下人數。」

很多當時在廠的員工無法清晰的描述自己的感受，他們只覺得感動，非常感動。

「無人員傷亡，所有人員全部到齊。」

梁慶德長長地吁出了口氣，但他知道，之後的恢復工作更加嚴峻。

在接下來的半個多月中，格蘭仕一千多人不分晝夜的對工廠進行搶救。累了，就躺在鎮上送來的席子上睡一會兒。有些年輕人會時不時地哭泣，因為年輕，面對困境才越發絕望，而有些人就是這樣想著想著慢慢睡著。

但梁慶德卻睡不著，沒有人知道他有多少個夜晚沒合上眼睛。沒有人知道他心中的苦楚：資金受損的股東、三千八百萬的銀行貸款、百廢待興的廠房，還有許多當初跟著自己打拚的兄弟姐妹，所有的一切，都要他一個人去抉擇和面對。

「不能垮，不能垮，我還有很多債沒有還！」

幾天之後，梁慶德理了一個短髮，他本想振作精神從頭做起，沒想到卻看到了一頭灰白的頭髮。一夜愁白頭，格蘭仕員工竟在自己老闆身上看見了。此時，有人開始哭泣，不久之後，就是大片大片的哭聲。梁慶德沒有哭，他只說了一句：「開會，中層以上幹部全部過來。」

會上，他先是交代了公司生產要趕緊恢復的事情，接著，就說了下面的話：「大家都是光人一個跑出來的，馬上給每人發一百塊錢，讓大家去買換洗的衣服。後勤再去買些臉盆牙刷生活用品，發給大家，伙食一定要安排好，出再大的事也要吃飯。」

聽了老闆的話，在座的每個人都被鎮住了，他們沒想到在這樣的危難關頭，老闆想得最多的還是員工。「還有，給外地員工發三個月工資，告訴大家想走的就走吧，廠裡能理解，等恢復生產了再請他們回來。」

人，很多時候就是活個情義。梁慶德說出這些話的時候，所有人的心已經被他牢牢抓住，有的外地來的小女孩竟哭作一團。他們決心振作，決心團結，決心一個也不走。而格蘭仕，就真的在眾人的努力下挺過難關，迎來了新的生機。

許多年後，有人問他度過那場洪災的關鍵和企業發展的關鍵是什麼。他思忖片刻，擲地有聲地說：「是人的力量。一個企業在很小的時候，在相當困難的時候，如果能患難與共，風雨同舟，朝著一個目標去努力去幹，這個企業就會有大的發展。格蘭仕的發展，得益於我們一萬三千多名員工和管理層在過去十年吃的苦，沒有他們，就沒有格蘭仕的今天。」

現在，格蘭仕已經成為中國微波爐業的巨頭，梁慶德將這一切歸功於格蘭仕始終如一的人本思想。在那年洪災之後的第二年，格蘭仕招收了一批大學生，入場教育時提到那次洪災，幾乎沒人相信。巧合的是，第二年又發生洪災，那批大學生就是那年抗災的親歷者，如今已成為格蘭仕的骨幹。

俗語說，天災無情人有情。商道之中，此話同樣適用。當一個企業領袖將員工的利益置於金錢之上，他就獲得了最有價值的資源：人心。「人聚財聚，人散財散。」擁有人心，就有了度過難關，創造輝煌的可能。一個富可敵國卻冷酷無情的人註定是孤獨的，他會因為自己的薄情寡義失去良機。而一個善良淳厚的人，卻會得到眾人的回報。在這個社會，重要的不是錢生錢，而是心換心，最有價值的東西都換來了，還怕有什麼得不到呢？

第六章 不敗：笑到最後，笑得最好

厚黑秘訣 三十：別被人賣

厚黑真經

俗話說：明槍易躲，暗箭難防。若有人在黑暗中使絆子，你很有可能栽得鼻青臉腫。因此，提防永遠不可疏忽。首先重在識別，然後有針對性地防範之。

厚黑妙用

「安史之亂」平定後，因為郭子儀立下了汗馬功勞，不免有許多人眼紅，為防小人嫉妒，他一言一行都無比小心。有一次，郭子儀正在生病，有個叫盧杞的官員前來探望。

盧杞是個聲名狼藉的奸詐小人，相貌奇醜，臉色鐵青，臉形寬短，鼻子扁平，鼻孔朝天，眼睛小得出奇，一般婦女看到他都不免掩口失笑。

郭子儀聽到門人的報告，立即讓身邊的姬妾們避到一旁不要露面，他獨自等待。

盧杞走後，姬妾們又回到病榻前問郭子儀：「許多官員都來探望您，您從來不讓我們迴避，為什麼此人前來就讓我們都躲起來呢？」郭子儀微笑著說：「你們有所不知，這個人相貌極為醜陋而內心又十分陰險。你們看到他萬一忍不住失聲發笑，那麼他一定會心存嫉恨，如果此人將來掌權，我們的家族就要遭殃了。」郭子儀對盧杞太瞭解了，在與他打交道時處處小心謹慎。後來，盧杞當了宰相，果然極盡報復之能事，以前稍有得罪於他的人，都被他施法陷害，獨獨對郭子儀另眼相看。

像盧杞這樣一眼就能看出是小人的，倒還算容易對付。那種表面上忠心耿耿，暗地裡卻心狠手辣之輩，才是最易疏於防範的。

曉飛是一家展覽公司的員工。以她的資歷，能那麼快提升到和師姐平級的位置，這在公司裡是史無前例的，所以當師姐向她祝賀時，曉飛由衷地感到高興——她是由師姐舉薦到公司的，她提升，師姐也應該很有面子。誰知……

那天她加班很晚，趕一個客戶的展臺設計，圖樣列印出來後，老闆已經走了，於是曉飛從門縫裡塞進老闆辦公室，就回家了。照例，頭一天加班，第二天早上不用去公司，正在睡懶覺呢，老闆就打來電話，堅持說她前一晚忘了把圖樣給他。

「就算老鼠吃了，也應該留點紙屑。」不會呀！她在電腦裡還有備份，急忙坐計程車回公司又列印一份。

中午昏頭昏腦出去吃飯，保安和曉飛打招呼：「昨天加班到那麼晚，今天還這麼早來，比你師姐還勤勞嘛！」

「她昨天也加班？」因為各自有單獨的設計室，所以曉飛並不知道她前一晚加班的事，不過，曉飛走的時候，師姐那裡確實還有燈光。難道……不可能的，這個念頭立即被她否決了：她是自己的師姐，這怎麼會……絕不可能！

但緊接著出了第二件事。客戶要佈置展臺，因為是曉飛設計的，所以佈置也讓她負責，而工人由師姐找——她的經驗豐富，知道哪類的展臺哪家公司做得好，收費又便宜。留給佈展的時間很短，可是工人老是拖拖拉拉，每天都有幾個人請假。最後曉飛發火了，要求他們就是通宵幹活，也要在最後期限裡把展臺做完。工人聽到最後期限，嚇了一跳：「找我們來的那位小姐沒有說時間這麼緊啊！而且我們也說明了，手頭有幾份其他的活兒要同時幹的，她也同意的呀。」

「不會的，那天和客戶談的時候，她也在場的，難道真的……」曉飛越想越覺得這事情蹊蹺。工人的事，她後來一直沒有向師姐求證，但後來打掃清潔的阿姨拿了張皺巴巴的圖紙問曉飛要不要扔掉——每張圖紙上，都附有設計人員的名字。她拿起來看時，那張正是應該在老闆辦公室裡的圖紙，據說是在師姐設計室的廢紙簍裡找到的。

曉飛在很短時間內提升到和師姐平級的位置，這正對師姐形成了巨大威脅：如果有升職機會，到底要誰上呢？師姐想升職，只能寄希望於曉飛工作中的失誤，於是暗中使絆也就成了再正常不過的事。因此在職場中，一定要提防小人，工作中有怨言，也要學會忍耐、化解。

馬丁和加利同在一起工作。馬丁看起來對人誠懇、踏實。於是加利就把他當朋友，閒聊的時候，什麼話都對他說。

有一次加利由於工作上的失誤，被上司狗血淋頭地臭罵了一頓，心裡很不痛快。下班之後，他就把自己對上司的不滿和自己發現上司跟下屬女職員有曖昧關係之事都向馬丁說了。本來平時他從不私下議論上司的，可是這次由於挨罵以及把馬丁當朋友，便忍不住發洩心中的憤恨。

過了幾天之後，上司把他叫到辦公室，說他造謠生事，影響公司團結，等等，說公司的池子小留不住他這條大魚，要他遞交辭呈，並點明他攻擊上司，指責上司私生活一事。他才知道馬丁出賣了自己，背地裡給上司打小報告。他非常氣憤，但也無可奈何，只好辭職走人。

馬丁把加利的怨言散播出去，讓加利最終失去了上司的信任，這給我們的啟示非常深刻。在辦公室生存，沒有一帆風順的。既有風暴，又有暗礁；有高山，也有平川。我們隨時會面臨打擊和失意，有時候傷害不期而至，防不勝防。我們不能因此而一蹶不振，喪失鬥志，要吃一塹，長一智，在失敗中學到經驗，磨練自己。工作中，被身邊同事出賣、攻擊、暗算的事也時有發生。職場競爭就是如此，金字塔越往上人越少，所以只有擊敗身邊強有力的對手，你才能爬上去。有時候有的人為此不擇手段，所以我們要格外小心。

身在職場，私下議論公司或上司的是非是辦公室大忌。往往很多人由於口不擇言而使別人有了攻擊你的把柄。有的人就是喜歡打小報告，因此成為上司的「心腹」，對這種小人行徑尤其要當心。我們要注意，有許多話是不應當隨便說的。

厚黑秘訣三十一：勿生傲骨

厚黑真經

驕傲自大的人認為自己無所不知、無所不能，往往在失敗之後也無法認識到自己的自不量力。因此，做人一定要有自知之明，謙虛謹慎往往是能讓你笑到最後的秘訣之一。

厚黑妙用

一顆小火焰在溫熱的爐灰裡隱隱地閃出幾絲紅光。它不想在瓦灰色的爐灰中無聲無息地熄滅，就盡量往爐灰的深處鑽，以減少身上能量的釋放。

到了吃飯的時間，人們又把一些乾樹枝和劈柴塞進了漸漸冷卻的爐子裡。火柴一劃，盛著熱湯的生鐵鍋底下的乾柴堆冒出了火焰，快要熄滅的小火焰又復活了。爐子裡一下子又填進這麼多乾柴，火焰這下可高興了。它越燒越旺，把不流動的空氣漸漸地從爐子裡趕出去。頑皮的火焰不停地逗著木柴玩耍，它淘氣地跳上跳下，燃燒得更加起勁了。火舌頑強地穿透劈柴，噴射出許多焰火似的小星星。廚房裡的暗影快活地跳起舞來，不停地在地上轉來轉去。調皮的火焰興高采烈地發出呼呼聲，它努力想穿過爐蓋跑出來。爐子很快就嗚嗚地響起來，忽而活潑地吹幾聲口哨，忽而豪邁地發出一陣呼嘯，歌兒唱得和諧而動聽，使原來幽暗寒冷的廚房一下子變得既明亮又暖和了。

火焰看到劈柴已乖乖地聽從自己的指揮和調度，就得意忘形起來，狂妄自大的念頭漲滿了它的腦子，它不願再待在爐子裡，只覺得這地方太小又太擠了，再也容不下它這個了不起的人物了。

於是，驕傲自大的火焰發出了吱吱的威脅聲，它把刺眼的小火星狠狠地射向爐膛四壁，企圖衝出那討厭的爐膛，到外面去展現一下自己的本事和才能。火焰東衝西撞，好不容易找到了一個縫隙，它興奮異常，趾高氣揚地向外衝去。

結果是可想而知，狂妄自大的火焰化作一縷青煙，消失得無影無蹤了。可憐的火焰至死也不明白，離開了劈柴的幫助，它將一事無成。

有時，我們就像這火焰一樣，取得些許成就便狂妄自大起來，不自量力地認為自己無所不知、無所不能。殊不知，你能有這樣的成就集結了多少人的力量與智慧。離開了他們的幫扶與協助，任你有三頭六臂也斷然是無法成功的。遺憾的是，我們往往在遭受了失敗之後也無法明白這個道理。

遠在一九〇九年，風度優雅的布洛親王就明白交往中的謙卑和讚揚是極有必要的。

布洛親王當時是德國的總理大臣，而傲慢自大的德國皇帝威廉二世說了一些狂言和一些令人難以置信的話，震撼了整個歐洲大陸，引起了全世界各地一連串的風潮。更為糟糕的是，這位德國皇帝竟然公開這些愚蠢自大、荒謬無理的話。他在英國作客時就這麼說，同時不允許倫敦的《每日電訊報》刊登他所說的話。例如，他宣稱他是和英國友好的唯一的德國人；他說，他建立一支海軍對抗日本的威脅；他說，他獨自一人挽救了英國，使英國免於臣服於蘇俄和法國之下；他說，由於他的策劃，使得英國羅伯特爵士得以在南非打敗波爾人，等等。

在一百多年的和平時期，從沒有一位歐洲君主說過如此令人驚異的話。整個歐洲大陸立即憤怒起來，英國尤其憤怒，德國政治家驚恐萬分。在這種狼狽的情況下，德國皇帝自己也慌張了，並向身為帝國總理大臣的布洛親王建議，由他來承擔一切的責難，希望布洛親王宣佈這全是他的責任，是他建議君王說出這些令人難以相信的話。

「但是，陛下，」布洛親王說，「這對我來說幾乎不可能。全德國和英國，沒有人會相信我有能力建議陛下說出這些話。」

布洛話一說出口，就明白犯了大錯。皇帝大為惱火。「你認為我是一個蠢人，」他叫起來，「只會做些你都不會犯的錯事！」

布洛知道他應該先恭維幾句，然後再提出批評；但既然已經太遲了，他只好採取次一步的最佳方法：在批評之後，再予稱讚。這種稱讚經常會產生意想不到的效果。

「我絕沒有這種意思，」他尊敬地回答，「陛下在許多方面皆勝我許多，而且最重要的是自然科學方面。在陛下解釋晴雨計，或是無線電報，或是倫琴射線的時候，我經常是注意傾聽，內心十分佩服，並覺得十分慚愧，自己對自然科學的每一門皆茫然無知，對物理學或化學毫無概念，甚至連解釋最簡單的自然現象的能力也沒有。但是，」布洛親王繼續說，「為了補償這方面的缺點，我學習了某些歷史知識，以及一些可能在政治上，特別是外交上有幫助的學識。」

皇帝臉上露出微笑。布洛親王讚揚他，並使自己顯得謙卑，這已值得皇帝原諒一切。「我不是經常告訴你，」他熱誠地宣稱，「我們兩人互補長短，就可聞名於世嗎？我們應該團結在一起，我們應該如此！」

他和布洛親王握手，並十分激動地握緊雙拳說：「如果任何人對我說布洛親王的壞話，我就一拳頭打在他的鼻子上。」

由此可見，謙虛謹慎不失為做人的上策，而驕傲自大，到處盡顯自己聰明的人，最後只會落得個聰明反被聰明誤的下場。

厚黑秘訣 三十二：見風使舵

厚黑真經

看風向轉發動舵柄，比喻看勢頭或看別人的眼色行事。變化是絕對的，不變是相對的，要行使厚黑必須順應變化，見風使舵，以變應變。

厚黑妙用

有一條河流從遙遠的高山上流下來，經過了很多個村莊與森林，最後到達一片沙漠。它想：「我已經越過了重重障礙，這次應該也可以吧！」當它決定越過這片沙漠的時候，發現河水漸漸消失在泥沙之中，它試了一次又一次，總是徒勞無功，於是，它灰心了，「也許這就是我的命運了，我永遠也到不了傳說中那個浩瀚的大海。」

這時候，四周響起了一陣低沉的聲音：「如果微風可以跨越沙漠，那河流也可以。」原來，這是沙漠發出的聲音。

小河流很不服氣地回答說：「那是因為微風可以飛過沙漠，而我卻不可以。」

「因為你堅持原來的樣子，所以你永遠無法跨越這個沙漠。你必須讓微風帶著你飛過這個沙漠，到達目的地。你只要願意放棄現在的樣子，讓自己蒸發到微風中。」沙漠用它低沉的聲音說。

小河流從來不知道有這樣的事情：「放棄我現在的樣子，然後消失在微風中？不！不！」小河流無法接受這樣的事情，畢竟它從未有這樣的經驗，叫它放棄自己現在的樣子，那麼不等於是自我毀滅了嗎？「我怎麼知道這是真的？」小河流這麼問。

「微風可以把水汽包含在它之中，然後飄過沙漠，等到了適當的地點，它就把這些水汽釋放出來，於是就變成了雨水。然後，這些雨水又會形成河流，繼續向前進。」沙漠很有耐心地回答。

「那我還是原來的河流嗎？」小河流問。

「可以說是，也可以說不是。」沙漠回答，「不管你是一條河流或是看不見的水蒸氣，你內在的本質不會改變。你之所以會堅持自己是一條河流，是因為你從來不知道自己內在的本質。」

此時，小河流的心中隱隱約約地想起了自己在變成河流之前，似乎也是由微風帶著自己，飛到某座高山的半山腰，然後變成雨水落下，才變成今日的河流。於是，它終於鼓起勇氣，投入微風張開的雙臂，消失在微風之中，讓微風帶著它，奔向它生命中（某個階段）的歸宿。環境是不能改變的，但是我們卻可以。我們就像小河流一樣，想要跨越生命中的障礙，達到某種程度的突破，向理想中的目標邁進，就需要有「放下執著」的智慧與勇氣。當環境無法改變的時候，你不妨試著改變自己。只有懂得變通，懂得順應潮流，才能找到一條生存之道。學會轉換思維，靈活地跨越生命中的各種障礙，對一個人的成長是至關重要的。

順治元年（西元一六四四年），清王朝遷都北京以後，攝政王多爾袞便著手進行武力統一全國的戰略部署。當時的軍事形勢是：農民軍李自成部和張獻忠部共有兵力四十餘萬；剛建立起來的南明弘光政權，彙集江淮以南各鎮兵力，也不下五十萬人，並雄踞長江天險；而清軍不過二十萬人。如果在遼闊的中原腹地和諸多對手作戰，清軍兵力明顯不足。況且遷都之初，人心不穩，弄不好會造成顧此失彼的局面。

多爾袞審時度勢，機智靈活地採取了以迂為直的策略，先懷柔南明政權，集中力量打擊農民軍。南明當局果然放鬆了對清的警惕，不但不再抵抗清兵，反而派使臣攜帶大量金銀財物，到北京與清廷談判，向清求和。這樣一來，多爾袞在政治上、軍事上都取得了主動地位。順治元年七月，多爾袞對農民軍的打擊取得了很大進展，後方亦趨穩固。此時，多爾袞認為最後消滅明朝的時機已經到來，於是，發起了對南明的進攻。當清軍在南方的高壓政策和暴行受阻時，多爾袞又施以迂為直之術，派明朝降將、漢人大學士洪承疇招撫江南。順治五年，多爾袞以他的謀略和氣魄，基本上完成了清朝在全國的統治。

「見風使舵」的策略，十分講究迂迴的手段。特別是在與強勁的對手交鋒時，迂迴的手段高明、精到與否，往往是能否在較短的時間內由被動轉為主動的關鍵。

俗話說：「變則通，通則久。」在一些暫時沒有辦法解決的事情面前，我們應該學著變通，「見風使舵」，不能死鑽牛角尖，此路不通就換另一條路。有更好的機會就趕快抓住，不能一條路走到黑。生活不是一成不變的，有時候我們轉過身，就會發現，原來我們身後也藏著機遇，只是當時我們趕路太急，忽略了那些美好的事物。

厚黑秘訣三十三：暗積實力

厚黑真經

只有先蟄伏，暗裡積攢了足夠的實力，你才能有足夠的底氣爆發，不戰而屈人之兵。

厚黑妙用

《莊子．逍遙遊》有這樣一句話：「風之積也不厚，則其負大翼也無力，故九萬里則風斯在下矣。而後乃今培風，背負青天而莫之夭閼者，而後乃今將圖南。」意思是，如果風積聚的不大，那麼它就沒有力量承負巨大的翅膀。所以鵬飛上九萬里的高空，風就在它的下面，然後才能乘風。背負青天，沒有什麼能阻礙它，然後才打算往南飛。

莊子講大鵬鳥要飛到九萬里高空，非要等到大風來了才行，如果風力不厚，牠兩隻翅膀就沒有辦法打開，飛不起來。風力越大，起飛就越容易、快速。莊子透過這段論述，明白地告訴我們，如果要立大功成大業，就需要培養自己的氣度、學問、能力，心胸要像大海一樣深廣才行。

有這樣一個故事：一個屢屢失意的年輕人來到普濟寺，慕名尋到高僧釋圓，沮喪地對他說：「人生總不如意，活著也是苟且，有什麼意思呢？」釋圓大師靜靜地聽完年輕人的嘆息和絮叨，末了吩咐小和尚說：「施主遠道而來，燒一壺溫水送過來。」不一會兒，小和尚送來了一壺溫水，釋圓抓了些茶葉放進杯子，然後用溫水沏了，放在茶几上，微笑著請年輕人喝茶。杯子冒出微微的水汽，茶葉靜靜浮著。年輕人不解地詢問：「寶剎怎麼喝溫茶？」釋圓笑而不語。年輕人喝一口細品，不由搖搖頭：「一點茶香都沒有啊。」釋圓說：「這可是閩地名茶鐵觀音啊。」年輕人又端起杯子品嘗，然後肯定地說：「真的沒有一絲茶香。」

釋圓又吩咐小和尚：「再去燒一壺沸水送過來。」又過了一會兒，小和尚便提著一壺沸水進來。釋圓起身，又取過一個杯子，放茶葉，倒沸水，再放在茶几上。年輕人俯首看去，茶葉在杯子裡上下沉浮，絲絲清香不絕如縷，望而生津。年輕人欲端杯，釋圓作勢擋住，又提起水壺注入一線沸水。茶葉翻騰得更厲害了，一縷更醇厚、更醉人的茶香嫋嫋升騰，在禪房彌漫開來。釋圓這樣注了五次水，杯子終於滿了，那綠綠的一杯茶水，端在手上清香撲鼻，入口沁人心脾。

釋圓笑著問：「施主可知道，同是鐵觀音，為什麼茶味迥異嗎？」年輕人思忖著說：「一杯用溫水，一杯用沸水，沖沏的水不同。」釋圓點頭：「用水不同，則茶葉的沉浮就不一樣。溫水沏茶，茶葉輕浮水上，怎會散發清香？沸水沏茶，反覆幾次，茶葉沉沉浮浮，釋放出四季的風韻：既有春的幽靜和夏的熾熱，又有秋的豐盈和冬的清冽。世間芸芸眾生，和沏茶是同一個道理。沏茶的水溫度不夠，就不可能沏出散發誘人香味的茶水，你自己的能力不足，要想處處得力、事事順心自然很難。要想擺脫失意，最有效的方法就是苦練內功，切不可心生浮躁。」

人生如茶，水溫夠了，時間夠了，茶香自然會飄散出來。無論從事什麼樣的工作，都需要慢慢積澱，當時機成熟，風力充足，有了一定的能力才智作為本錢，定能一飛沖天。一個人想要最終獲得一個圓滿、成功、幸福的人生，一定需要一個成功勢能累積的過程。心浮氣躁，則很難成功。

《臥虎藏龍》讓華裔導演李安名噪一時。有人認為他的成功全靠運氣，其實，李安能有今天的成功，與他的暗積實力密不可分。

一九七八年八月，藝專畢業後，李安申請到美國某大學攻讀戲劇專業。一九八三年順利拿到碩士文憑後，李安花了一年的時間製作自己的畢業作品。作品出來時，除了得到當年最佳作品獎的榮譽外，也吸引了經紀公司的注意，有一家經紀公司不僅與他簽約，還表示要將他推薦到好萊塢。

進入好萊塢電影城發展幾乎是每個年輕人的夢想，李安也不例外。與經紀公司簽約後，李安以為離夢想已經不遠了，但事情並不如想像中的美好。原來所謂的經紀公司，並不是幫他介紹工作，而是等他有了作品後，再代表他把這部作品推銷出去。然而沒有劇本，哪來的電影作品？於是畢業後的李安，轉而專心埋首於劇本創作。

牆上的日曆就像李安筆下的稿紙一樣，撕了一張又一張，整整六年的時間，他都待在家裡寫劇本、等機會。

要進好萊塢，談何容易！於是李安選擇從臺灣出發，果然，電影《推手》一推出，立即受到各界的矚目與好評，李安六年的蟄伏得到了肯定。他說：「六年不是一段短時間，如果沒有相當的耐心，可能早已消沉了。」

六年之中，李安最大的體會就是，身處逆境中千萬不要焦躁不安、驚慌失措及盲目掙扎，「我慶幸自己學會了忍耐，才有今日的成就。」

為什麼累積實力要提倡忍呢？這是由某些事物的具體情況來決定的。有的時候，你處於十分尷尬的境地，無論怎麼努力，成效似乎都不大，被你一直信奉不疑的「一分耕耘，一分收穫」似乎不再有效，這就好比手中拿著一萬塊錢卻想透過自己的精心測算、分析來撼動股市一樣。此時，你所要做的就是不要憑著自己的蠻勁，一味地相信自己的判斷，投入到某些前途極端凶險的股票中；相反，退一步，靜觀一下股市變化，先求其次，待選定時機東山再起，投入到選中的冷門中，這時你才能真正獲得成功。所以說，忍耐的過程是痛苦的，結果卻很甜蜜。

厚黑秘訣三十四：高帽常戴，好話掛嘴

厚黑真經

每一個人都希望別人對自己的成功表示讚揚，達到自己的心理滿足。與人處世時要充分認識到這一點。這種方法不僅不用花費較大的心血和資金，還簡單易行，產生的效果也比較理想。這讓別人知道自己得到了承認，受到了尊重，達到自我實現的滿足感。讚美是獲得他人好感的最有效的方法。

厚黑妙用

著名心理學教授羅蘭．L．迪魯伽研究了一百五十對員工與經理之間的關係。研究結果顯示，從統計學的觀點來看，恭維老闆能使該員工被老闆喜歡和接受的程度增加五％。

讚美詞是一把雙刃利劍，在社交中，它能增進人際關係，也能破壞關係。適當的讚美，就像社交中的潤滑劑；但過分的讚美，就會被對方認為你虛偽和別有用心而受到對方鄙視。

我們常常希望能在初次見面中就大力讚美對方，以此換取他對你的美好印象。事實上，我們無需在對方的人品或性格上下工夫，最要緊的是，對其過去的事蹟、行為或身上的裝飾品等，即成型的具體事物，作適當的讚美。因為當你說「你真是位好人」時，即使發乎至誠，但在初見面的短時間內，你又怎麼知道呢？這樣必然會讓對方感覺你做人比較虛偽。

如果誇讚對方的事蹟或行為，情況就不同了。因為對既成事實的讚美，與交情的深淺無關，對方也容易接受。只要作「間接的恭維」，於初見面時就能收到效果。若對方是女性，她的衣著服飾便是我們「間接恭維」的最好題材。

瞭解了這種「間接恭維」的效用後，與其毫無準備地去面對一個初識的人，倒不如事先準備「間接恭維」的材料。有了這種準備，對方當然更容易接受你的讚美，從而真心實意地與你交朋友了。那麼，如何才能做到有效的讚美呢？

首先，要學會用「間接讚美」調動對方的情緒。初見面時，容易犯的毛病就是一股腦滔滔不絕地談論一些高深的讓人聽不懂的話題和令人不感興趣的話題。尤其是只談論自己較熟悉的事物，當然自己所懂的事物，也就是自己所感興趣的事物。這是因為大家常常容易陷入一種錯覺，認為對方也和我們同樣有這方面的興趣。由此可知，能夠把握住和對方教育相等程度的話題，就不會有對話上的失敗。儘管這樣可能在剛開始的時候，雙方話題比較少，但是卻可以使雙方都能很容易地相互融洽。

一般而言，在文章裡或會話中，人們對於自己不瞭解的事物頻頻出現時，常有拒絕談論的傾向，於是不會想去關注這些話題。這種拒絕和缺乏興趣的傾向，也很容易轉變成對人的拒絕，這或許可以稱之為「恨屋及烏」。

一些作者在撰寫以大眾為對象的文章時，使用到專用術語時，都會事先聲明「大概你已經知道了吧！」事實上就是用來緩衝這種拒絕的傾向。那麼這些能夠使用的範圍，雖然很難完全寫出來，但事先表明話題時，縱然是對方不明白的事物，即刻聲明「大概你已經知道了吧！」也可發揮出相當好的效果來。

如果站在對方的角度來想問題，我們不難想到，對於自己不知道的事物，被人稱說「大概你已知道了吧！」也不是什麼不好的事情吧！因為自己如被人這樣評價，大概都會引以為豪才對。利用這種「間接式恭維」來提高對方的情緒，對於繼續談論自己不懂的話題，就較少有被拒絕的傾向，甚至會讓對方試著聆聽並且關心起這個話題。當你與不明該事物的人談話時，必須清醒地認識到這一點。

其次，讚美並不能因為其所帶來的積極效果就無的放矢。

一位擔任編輯的先生，長得很像一位電影明星。在酒吧裡，首次見到他的女服務員，也都說他與某明星長得很相像，可見他的容貌、氣質的確與某電影明星相似。通常，被認為與名演員相像，大都不會生氣才對。但這位原本不喜開口的老兄，卻因此而愈發沉默了。

女服務員在說這句半奉承、半開玩笑的話時，或許並無特別的含意，所以看到他不高興，一定會感到非常奇怪。對以服務顧客為業的她們來說，這種讚美的方法，實在很不高明。這位編輯深知自己的缺點便是給人一種冷漠的感覺，而那位電影明星又專飾演冷酷反派的人物，因此，別人說他們相像，雖是讚美他，卻也使他認為你是在說他的缺點，從而產生誤會。讚美是門大學問，就像上述的例子，自認是缺點的事，反而受到誇讚，當然令他無法接受。所以，要先引出對方更多的話題，找到對方想被稱讚的地方，然後再朝這一方面下手，一矢中的，也就是要滿足對方的「自我」。因此，在遠未確定對方的喜好前，千萬不要隨意讚美對方，免得弄巧成拙。

假如別人對你的讚美感到舒服時，你就應改變表達方式，再三地讚美同一點。因為僅僅一兩次的讚美，會被認為是一種奉承，而重複的稱讚，可信度會提高。所以，讚美對方時，應隨時注意對方心情的變化，準確地把握是否繼續給予其讚美。

從內心裡發出的敬佩別人的話才有意思，如果對對方不夠瞭解，就不可盲目地恭維。

如果對一個有地位名望的人，則讚美所用的字眼應當另為研究。首先要想到，一個名人之所以能夠成為名人，一定是他在某一項工作上有特殊的貢獻，而在他成名之後，讚美他的工作的人一定很多，積久生厭，你依樣畫葫蘆地用別人所用過的話來恭維他，是不會使他覺得高興的，因為這些話他聽得太多了。

大抵成名了的人，對於他的工作已成了習慣，你的恭維要是不能別出心裁，一定不能打動他的心。對付這種人，最好選擇他工作以外的另一件事情去讚美他。譬如某銀行界鉅子，喜歡在閒時寫寫詩，那麼你與其讚美他調整金融的努力，不如說他的詩寫得好。因為已成名了的工作，無須你再來恭維，而他的詩寫得很好，卻不為人所知，你要是特別提到，一定會給他意外的驚喜。

所以你要記住，讚美一個普通人可以讚美他努力了許久而無人注意的工作，尤其是他足以自豪的工作或本領。但對於一個名人，你卻要欣賞他那些不大為別人所知道的、卻是他自以為得意的事情。

厚黑秘訣三十五：堅持到底

厚黑真經

熬不過嚴冬的摧殘，就不會有春天的復生。處於困境和失敗中的人，不僅要戰勝強大的困境和失敗，而且還要戰勝軟弱的自我，堅持不懈的毅力是成大事者的可貴品質。只有善始善終的人，才最有可能實現自己的夢想。因此，既然你已經厚黑了，那就厚黑到底吧，

厚黑妙用

他曾是一個卑微的科西嘉青年，但憑著卓越的軍事才能，他南征埃及，東戰沙俄，整個歐洲成了他的御花園，他從一個小小的少尉一躍登上了法蘭西帝國的皇帝寶座。他，就是拿破崙。

拿破崙出生於窮困的科西嘉沒落貴族家庭。少年時，拿破崙的父親就送他進了一所貴族軍校。他的同學都很富有，大肆諷刺他的窮苦。拿破崙非常憤怒，卻一籌莫展，屈服在威勢之下。就這樣他忍受了足足五年。但是這五年中的每一次嘲笑、每一次欺侮、每一次輕視，都使他暗暗下定決心，發誓要讓那些人看看他確實是高於他們的。

但是光有決心還不夠，還必須拿出實際行動，並且一直堅持下去。

他來到部隊的時候，看見他的同伴和在學校裡的同學一樣，他們用多餘的時間追求女人和賭

博。在部隊裡，他那不受人喜歡的體格使他沒有資格得到本該得到的職位，同時，他的貧困也使他失掉了後來爭取到的職位。於是，他決定用埋頭苦讀的方法去努力和他們競爭。讀書和呼吸一樣是自由的，因為他可以不花錢在圖書館裡借書讀，這使他得到了很大的收穫。他並不是讀沒有意義的書，也不是專以讀書來消遣自己的煩悶，而是為自己的理想做準備。他下定決心要讓全天下的人知道他的才華。因此，他在選擇書籍種類時，也就是以這種決心來控制範圍。他住在一個既小又悶的房間內，在這裡，他面無血色，孤寂、沉悶，但是他卻不停地讀書。

經過幾年的刻苦攻讀，他從書本上所摘抄下來的記錄，經後來印刷出來的就有四百多頁。他想像自己是一個總司令，將科西嘉島的地圖畫出來，運用數學的方法精確地計算出哪些地方應當佈署防範。這使他第一次有機會展示自己的才華。

他的長官看見拿破崙很有學問，便派他在操練場上從事一些有極強計算能力的工作。他的工作做得很好，於是他獲得了新的機會，拿破崙開始走上有權勢的道路了。

後來，一切的情形都改變了。從前嘲笑他的人，現在都擁到他面前來，想分享一點他得到的獎勵金；從前輕視他的人，現在都希望成為他的朋友；從前說他是一個矮小、無用、死用功的人，現在也都改為尊重他。他們都變成了他的忠心擁戴者。拿破崙的權勢越來越大，最終他憑藉著自己堅持不懈的刻苦努力所換來的才華，開創了一個屬於他的時代。

那些被困難壓倒的人，其失敗的真正原因，不是因為遇到的阻力或障礙多大，而是因為自己過早地放棄或屈服；那些不畏困難而取得勝利的人總是能忍受不幸，進而戰勝不幸，因為他們相信困難是有限的，人的潛力是無限的，只要有堅定的意志，就一定能度過難關，將最初的「不可能」戰勝的困難變成最終的「可能」收穫的成就。

當困難降臨到你的頭上，你是勇敢地迎接挑戰，用堅持不懈的努力對抗它，還是知難而退、落荒逃走呢？你能否像拿破崙一樣，以堅持不懈的恆心來應對呢？對於每個人來說，逆境、苦難是現實存在的「災禍」，不可避免，但是我們也可以將它視作上天賜予我們的「禮物」，因為它豐富了我們的經驗，增強了我們的抗打擊能力，使我們變得更加堅強。歷覽世間成大事者，皆是經歷了一番寒霜苦的結果，沒有人能夠繞過。逆境可以培養浩然正氣，孕育卓越英才，成就輝煌人生。

一個人的可貴之處，就是不輕易被苦難壓倒，不輕易因苦難放棄希望，不輕易讓苦難傷害自己蓬勃向上的心靈。反而使他的心比之前更加堅定，意志更加堅強。

加拿大第一位連任兩屆的總理克雷蒂安小的時候說話口吃，更因疾病導致左臉局部麻痹，嘴角畸形，講話時嘴巴總是向一邊歪，而且還有一隻耳朵失聰。

聽一位有名的醫學專家說，嘴裡含著小石子講話可以矯正口吃，克雷蒂安就整日在嘴裡含著一塊小石子練習講話，以致嘴巴和舌頭都被石子磨爛了。母親看後心疼得直流眼淚，她抱著兒子說：「克雷蒂安，不要練了，媽媽會一輩子陪著你。」克雷蒂安一邊替媽媽擦著眼淚，一邊堅強地說：「媽媽，聽說每一隻漂亮的蝴蝶，都是自己衝破束縛牠的繭之後才變成的。我一定要講好話，做一隻漂亮的蝴蝶。」

後來，克雷蒂安終於能夠流利地講話了。他勤奮並善良，中學畢業時他不僅取得了優異的成績，而且還獲得了極好的人緣。

一九九三年十月，克雷蒂安參加加拿大全國總理大選時，他的對手大力攻擊、嘲笑他的臉部缺陷。對手曾極不道德、帶有人格侮辱地說：「你們要這樣的人來當你們的總理嗎？」然而，對手的這種惡意攻擊卻招致大部分選民的憤怒和譴責。當人們知道克雷蒂安的成長經歷後，都給予他極大的同情和尊敬。在競爭演說中，克雷蒂安誠懇地對選民說：「我要帶領國家和人民成為一隻美麗的蝴蝶。」最後他以極高的票數當選為加拿大總理，並在一九九七年成功地獲得連任，被加拿大人民親切地稱為「蝴蝶總理」。

厚黑秘訣三十六：陰術陽取，剛柔弛張

厚黑真經

從古至今，聖人們治理社會運用千百種手法，其宗旨都在於：陰陽、柔剛、弛張。黑白同時使用，白以蔽黑，黑以輔白，相得益彰——這給我們的啟示就是，與對手競爭，要善於在暗中下工夫。

厚黑妙用

春秋戰國時代，社會上曾產生了一批士人。於是，一些有頭腦的政治家們便收買士人，為自己賣命。他們收買士人的手段不外乎兩種，一種是給吃給喝，滿足其物質要求；一種是卑躬下意，滿足其虛榮心。其中，孟嘗君收買馮諼、信陵君收買侯嬴的故事最有代表性。

「戰國四公子」中最負盛名者為齊國公子孟嘗君，他足智多謀，襲父親田嬰之職而任齊國的國相，勢焰熏天，炙手可熱，寄養其門下之士人號稱有三千之多。

有一智辯之士名馮諼，貧乏不能自存自立，於是託人投在孟嘗君門下。因言無特長，又無權術，所以被列為下等食客，只能吃粗劣的飯菜。過了幾天，馮諼有意敲著自己的長劍唱道：「長劍啊，咱們還是回家吧！吃飯時連魚肉也沒有！」孟嘗君聽到此歌，滿足了他的要求，讓他和中等門客一樣吃魚吃肉。

過了幾天，又聽到這位士人敲著他的長劍唱道：「長劍啊，咱們還是回家去吧！出門連個車也沒有！」孟嘗君聽到了，讓他和上等門客一樣出門有專門的馬車。又過了幾天，這位馮諼又敲著長劍唱道：「長劍啊，咱們還是回家去吧！在這兒沒有辦法養家活口！」左右的人都認為他貪得無厭，十分討厭他。孟嘗君還是滿足了他的要求。

孟嘗君就這樣屈尊下意地收買了這位自言「無能」的士人，從而使他盡心竭力地為自己賣命。其後，馮諼運用自己的才智為孟嘗君造下了「狡兔三窟」，而使孟嘗君在被齊王罷相後有了去處。

這樣的例子在中國歷史上屢見不鮮：

信陵君名無忌，魏昭王之子。信陵君聽說侯贏是一位賢者，便前去與之交往。一天，信陵君在府中擺下盛宴，邀請眾位賓客坐定，空出上座，親自帶著馬車去城門處請侯贏來赴宴。侯贏穿著舊衣衫，戴著破帽子，來到車上，就坐在上座。信陵君親自為他趕馬車，表現得恭恭敬敬。侯贏又說：「我有個屠夫朋友，我想先見他一面，你趕車繞道去一下。」信陵君滿口答應。到了宴會上，又請侯贏坐在上座，自己坐在下座。於是，他在秦軍圍趙邯鄲、「魏公子信陵君竊符救趙」中為信陵君出謀劃策，並最終自刎為信陵君送行。

順人之意，迎合別人的心願去提前做下「手腳」，為自己留條後路，是智謀權術士們常用的伎倆。

明武帝正德年間，寧王朱宸濠謀反，很快就被王守仁擒獲。武宗本欲親自征伐，以顯示武功，所以對王守仁此舉並不高興。再加上武宗寵臣江彬、張忠等人對王守仁心懷成見，不時進幾句讒言，故王守仁十分擔憂。事後不久，武宗有兩名心腹太監到王守仁駐地，王守仁在有名的鎮海樓設宴款待兩位太監。酒至半酣，王守仁屏退左右，讓手下人撤去上下樓的樓梯，然後取出兩箱子書信給兩位太監看。太監們一翻，原來是繳獲的宮中太監包括他們兩人與朱宸濠的往來信件。兩位太監見後大驚，心想：這次非掉腦袋不可，王守仁把這些呈給皇上，我們還有命嗎？於是臉色蠟黃，乾瞪著王守仁。王守仁卻哈哈大笑，把兩箱子書信全送給了兩位太監。兩位太監當然感激不盡，從此回宮後，明裡暗裡給王守仁說好話。後來，王守仁終能逃脫政敵的陷害和武宗的猜忌，全靠這兩位太監從中斡旋。

與競爭對手相處，要在暗中做手腳。看到這人喜歡什麼，我們就順從他喜歡的話去說，順著他喜歡的事去做；看到這人厭惡什麼、忌諱什麼，我們就避開他忌諱的不說，避開他厭惡的事不去做。這樣，你的對手會把你視為知己，碰上事情就會替你出力。這就是所謂的陰術陽取術。

第三篇　厚話黑說

第一章 假話蒙著說：讓不相信變成相信

厚話黑說一：睜著眼說瞎話

厚黑真經

人們往往認為誠實是一種類似真理般放之四海而皆準的品質，從而忽略了誠實的本質。其實，只要把握住一點，真誠的核心和靈魂是利他人，也就是與人為善，我們就能夠放下對於「完全誠實」的固執。如果對別人來說，「瞎話」更適宜和容易接受，又不會傷害任何人的利益，那麼我們不妨說一些。

厚黑妙用

英國人文主義者阿斯卡姆說：「在適當的地方說適當的謊言，比傷害人的真話要好得多。」可見，說謊也是人類生活中不可避免的現象，是一種自我保護的生存計策。

一個滿嘴謊言的人肯定不會得到別人的喜歡，但是，一句謊言都不會說的人也不會得到別人的喜歡。道理很簡單，「水至清則無魚，人至察則無徒」，一個人不說一句謊話，任何場合都說實話，實際效果並不一定好。

有時在工作中，就有必要說說謊話，如果實話實說會害己害人，那實話實說並不代表真誠，只代表著上司給你的一道好菜——炒魷魚！既然連工作都沒有了，還談什麼成功呢？

李立在一家商貿公司上班。一天下班後，他和同事鄭爽走在一起。鄭爽這些天心裡很鬱悶，和上司的關係十分緊張。兩人邊走邊聊，鄭爽控制不住自己的情緒，說了上司對他的種種不公平，還把上司的無知、淺薄及一些醜事統統信口說了出來。最後，怒猶未盡，忍不住又大罵了一通。

過了些日子，上司在李立面前也談起了鄭爽，言語之間非常不客氣，怒斥鄭爽的不顧大局、平庸無能、不思進取、不善開拓等諸多缺點。最後，上司問李立，可曾聽見鄭爽在他面前說過自己什麼壞話。

李立是一個誠實的人，此時，他該怎麼辦呢？

無疑，李立面臨兩種選擇：一種選擇是不把鄭爽的話告訴上司，另一種選擇是十分誠實地把鄭爽的話原原本本地告訴上司。

如果李立選擇前者，上司的氣會慢慢地消下來。有一天當他冷靜下來後，會比較公正、合理地處理好這種關係的。

但如果李立選擇後者，上司會對鄭爽記恨在心，一定會找個機會報復。

如果上司是個非常精明的人，他會進一步設想，你李立在我面前講你同事的壞話，肯定也會在其他人面前講我的壞話。因此，對你這種人也不能信任，至少要留一手。

上面的這件事，使用謊言，能使三方面都得到好處；而講實話，卻會讓每個人都受到損害。可見，謊言在適當的時候會產生很大的作用。

然而，真正能說好假話並不比說真話容易，首先我們應消除對假話的偏見和犯罪感。只有這樣，才能把假話說好。說假話有以下三條規則：

一．真實

假話終究是假的，我們可以選擇一種模糊不清的語言來表達其真實。

例如，一位女友穿著新買的時裝，問我們是否漂亮，而我們覺得實在難看時，便說了謊話，故意說：「還好。」「還好」是一個什麼概念？是不太好或是還可以？這就是假話中的真實，它區別於違心而發的奉承和諂媚。

二．合情合理

這是假話得以存在的重要前提，許多假話明顯是與事實不符的，但因為它合乎情理，因而也同樣能體現說謊者的善良、愛心和美好。

經常有這樣的問題：妻子患了不治之症，不久就要離開人世，此時丈夫心裡很矛盾，他應該讓妻子知道病情嗎？

大多數專家認為：丈夫不應該把事情的真相告訴她，也不應該向她流露痛苦的表情，以增加她的負擔，應該讓妻子在生命的最後時刻盡可能快樂。當一位丈夫忍受著即將到來的永別時，他那與實情不符的安慰反而會帶給妻子許多感動，因為在這假話中包含了丈夫對妻子無限的愛。

三·必需，是指許多假話非說不可

這種必需有時候是出於禮儀。例如，當我們應邀去參加慶祝活動前遇到不愉快的事情時，我們必須把悲傷和惱怒掩蓋起來，帶著笑意投入歡樂的場合。這種掩蓋是為了禮儀需要，有時候我們說假話是為了擺脫令人不快的困境。

例如，美國官員曾經就一項新法案徵求意見，有關人員詢問羅斯：「你贊成那個新法案嗎？」

羅斯說：「我的朋友中，有的贊成，有的反對。」

工作人員追問羅斯：「我問的是你。」

羅斯說：「我贊成我的朋友們。」

當我們按照上述三條規則去說假話，肯定它同樣會給我們帶來魅力。只要我們心存真實，把假話僅作為交際的一種策略，這是美麗的假話。它是在善意基礎上交際的必要策略。這和醜惡的假話、以不可告人的目的編造的假話相比，有著本質上的不同。

有這樣一個故事，也許會對我們有所啟示：

從前，有一個愛說大實話的人，什麼事情他都照實說，所以，不管到哪兒，他總是被人趕走。最後，他來到一座修道院，希望能被收容，修道院院長見過他，問明了原因以後，認為應該尊重那些「熱愛真理，說實話」的人。於是，讓他在修道院裡安頓了下來。

修道院裡有幾頭牲畜，已經不中用了，修道院長想把牠們賣掉，可是他不敢派手下的人到集市去，怕他們把賣牲口的錢私呑。於是，他就叫這個愛說實話的人把兩頭驢和一頭騾子牽到集市上去賣。

這個人在買主面前只講實話，說：「尾巴斷了的這頭驢很懶，喜歡躺在稀泥裡，有一次，長工們想把牠從泥裡拽起來，一用勁，拽斷了尾巴；這頭禿驢特別倔，一步路也不想走，他們就抽牠，因為抽得太多，毛都禿了；這頭騾子呢，又老又瘸，如果還幹得了活兒，修道院長幹嘛嗎要把牠們賣掉啊？」

結果買主們聽了這些話後都走了。這些話在集市上一傳開，誰也不來買這些牲口了。於是，到了晚上這人又把牠們趕回了修道院。

院長問是怎麼回事，這個人將他在集市上的話說了一遍。修道院長發著火對這個人說：「朋友，那些把你趕走的人是對的。不應該留你這樣的人！我雖然喜歡實話，可是，我卻不喜歡那些跟我的腰包作對的實話！所以，老兄，你滾開吧！你愛上哪兒就上哪兒去吧！」

就這樣，這個人又被修道院趕了出來。

其實，故事中的「誠實人」在現實生活中也有很多。

人無論處在何種地位，也無論是在哪種情況下，都喜歡聽好話，喜歡受到別人的讚揚。的確，工作很辛苦，能力雖然有大有小，畢竟是盡了自己的一份力量，每個人都希望自己的努力得到他人和社會的認同，這也是人之常情。會為人處世的人，即使覺得別人做得不好，也不會直言相對。生性油滑、善於見風使舵的人，則會阿諛奉承，拍馬屁。那些忠直的人，此時也許要實話實說，這就讓人覺得你太過莽直。

怎麼做才能既表達出我們的真實感受，又不傷害別人呢？正確的思路是：

一・要學會「順情說好話」

俗話說：「順情說好話，耿直討人嫌。」著名相聲演員牛群曾說過一段相聲，強調「生活中有時需要謊話」，博得了觀眾的認可。

其實，現實生活中經常見到「說謊」的人，大人物也不例外，比如，從內心反感開會的人常說：「非常高興有機會參加這次會議……」對相貌平平者說：「你非常漂亮！」在忙得不可開交的時候，接到自己不喜歡的朋友的電話，而且他講了五分鐘還沒有放下話筒的意思，於是只好來一招：「對不起，我馬上就要開會了！」明示對方結束話題……儘管言不由衷，但於人於己都無害，別人也容易接受。

二・盡量以幽默的言語表達

一次，著名的德國作曲家布拉姆斯參加一個晚會。不料，晚會上他遭到一群厚臉皮女人的包圍，他邊禮貌地應付，邊想解脫的辦法，忽然他心生一計，點燃了一支粗大的雪茄。沒多久，他與那群女人便被一團團淡紫色的煙霧包圍了，很快，有幾個女人忍不住咳嗽起來，布拉姆斯照樣泰然自若地抽他的雪茄。

有人終於忍不住了，對布拉姆斯說：「先生，你不該在女人面前抽菸啊！」

「不，我想，有天使的地方不該沒有祥雲！」布拉姆斯微笑著回答。布拉姆斯用幽默的語言，使自己從無奈的糾纏中解脫了出來。

三・要把握一定原則

講謊話一定要注意原則，切不可從私利出發，顛倒黑白、混淆是非，否則會遭受別人的唾棄。任何時候都不能為了個人利益放棄誠實。那些經常為私利而不誠實的人是不會獲得成功的。如果一個人想要就他一生中所處的地位、達到目的的前景，以及他的不足之處等問題欺騙人們並且一直欺騙下去，是絕對不可能的。

在生活中要做一個真誠的人不容易，因為它由不得半點虛假和功利，需要實實在在的付出、奉獻。真誠待人、克己為人的人，也許偶爾會被欺詐，但他們才是真正受人歡迎的人。

厚話黑說二：假的比真的像

厚黑真經

說假話會不會「穿幫」，首先取決於本身設計得是否周嚴。漏洞百出的「假話」，還是不說為好，以免弄巧成拙。因此，要想將假話說圓，必須要在適當的時候有技巧地說，說得比真話更

「像」真的，讓人分辨不出。

厚黑妙用

王永和他的妻子感情出現了危機，兩人打著鬧著要離婚。本來親密無間的伴侶，怎麼突然之間要離婚呢？原來只是因為王永不經意間說出了一句直來直往的真實話。

一天晚飯後，兩人靠在沙發上欣賞正在熱播的青春偶像劇，影片裡男女主角正愛得如火如荼，女主角深情地問對方：「你到底愛不愛我？」男主角隨即說道：「我當然愛你，因為你是我身體的一部分。」王永聽了這句話後，自言自語道：「好！這是個精妙絕倫的回答，簡直堪稱經典。」王永的妻子聽他這麼一說，將他仔細打量一番，便開始不停地質問王永：「你是不是也把我當成你身體的一部分呢？」王永被問煩了，只好敷衍回答：「你當然是我身體的一部分了。」王永以為這樣回答就可以交差了，誰料他的妻子聽完之後卻並不滿足，而是繼續質問他：「那麼，我到底是你身體的哪一個部分？」妻子本來是想聽幾句甜言蜜語的，可是，王永卻無奈地笑了笑，想盡量迴避這個問題，妻子步步逼近，再三追問，無奈之中只好將真實的答案脫口而出，他誠懇地對妻子說道：「你是我的盲腸！」妻子聽了他這句話，失望至極，氣呼呼地提出要和他解除婚姻關係。

一句不經意隨口而出的話給王永帶來了偌大的麻煩，這就是直言直語惹的禍。其實，當你面對妻子打破砂鍋問到底的時候，千萬別在情急之中就將心中那個「正確的答案」脫口而出，因為這個「正確答案」可能會讓你吃足苦頭。

生活裡沒有絕對的真實，世間萬物本來就不是完美的，你又何必老老實實地把自己完全地暴露在別人面前呢？

有些不太聰明的男人，在遇到某些與前女友扯上關係的事情時，會情不自禁想起她的壞，同時還直言不諱地講給「現任」聽，這無疑會給「現任」造成心理陰影。

他說舊戀人的好，則「現任」的心理反應是：「為什麼你又愛我？」隨著這種心理的逐漸發展，此男人將會碰到許多的麻煩，日後也不會安寧。

過去的戀情不應該告訴你的戀人，屬於過去戀情的痕跡也不應該出現在你現在的戀人的眼前。該隱瞞的時候就要隱瞞。

不管對於戀人信任到怎麼可靠的程度，有好些事情，如果沒有說的必要，最好讓它永遠成為秘密。

有必要的時候，我們不僅要隱瞞，更要為愛情而編織謊言，將謊言說得比真的還像，這往往能收到很好的效果。戀愛中的男女之間，謊言的作用更是好比潤滑劑一般。

「每次和你約會時，總是在衣櫃裡翻半天，老覺得每件衣服都不好看，真覺得自己有點發神經了……」這種謊言，是一種俏皮、可愛的謊言，更深遠的意思，已經在無言中流露出來了，對方必定會為你所動。

有的女性會為自己的男友著想，擔心對方的經濟能力不夠，因此，在約會的時候說：「不知道怎麼回事，我對計程車有畏懼感。」或「每次坐在高級餐廳或咖啡廳時，我總覺得渾身不自在，似乎那種地方太過於莊嚴，不適合我這個土包子。說起來，我還是喜歡坐在陽臺上欣賞夜色，吃自己煮的麵，這樣比較沒有拘束感。」若對方真的沒有充裕的經濟能力，聽到這些話，一定會為女方的溫存體貼而感動。

和戀人在一起談話時，為了給對方留下好印象，應想辦法修飾自己。例如，在討論學術方面，談到了某先生的書，事實上你只有讀過他寫的兩本書，可是知道這位先生出了五本書，這時，你不妨說：「我曾看過他寫的五本書，每本都寫得很精彩。」那你在對方心目中的地位，無形中就提高了。不過，要注意的一點是，在你講過這句話之後，應儘快利用時間，到書店將其他三本書買回去，仔細閱讀。如此，才不會露出馬腳，同時也可以增加知識。

有時候，謊言的效用還不僅僅是那麼簡單。如果出現危急時刻，它還能幫你化解一場紛爭，同時還能添情增意。

一次，小吳與公司幾位同事去北京旅遊，觀名勝，賞古跡，尋奇涉險，盡情而遊，竟把當初答應妻子替她在王府井購物的事忘得乾乾淨淨。直到乘車返回家時，才猛地想起。不得已，他只有在本市的一家商場裡買了一條裙子。回家以後，對妻子不敢如實相告，而以謊言哄之：「平日裡，你提籃買菜，洗碗刷鍋，相夫教子，毫無怨言，真得好好感謝你。這次去北京，為了買這條裙子，我幾乎跑遍了各大商場，才選中了它，也不知道你喜歡不喜歡，來，試試看！」

妻子笑逐顏開，欣然試裝。

試想，如果小吳如實相告，豈不大煞風景，甚至會引起一場小小的「內戰」。

愛人之間理應真誠相待，來不得虛偽和欺騙，但如果每件事都得實言相告，每一句話都不得摻半點假，則不僅不能為愛情增添歡樂，反而還會使原本和睦溫馨的關係出現裂痕。因而，在不涉及大局，無關「宏旨」的一些瑣事上，有時不妨以「謊言」來潤潤色，將「謊言」說圓，營造一種溫情脈脈的氛圍。

厚話黑說三：信不信不由你

厚黑真經

「牛皮是吹出來的，謊話是說出來的。」同樣的假話在有的人嘴裡說出來就成了真理，而有的人說不了三句話，就露了底，其關鍵就在於對厚話黑說手段的掌握——謊言重複千遍就成了真理。

厚黑妙用

戰國時，魏國與趙國結成了聯盟。按照盟約，魏王要把太子送到趙國當人質，他想讓龐蔥陪同太子前往。

龐蔥是魏將龐涓的兒子，與他小心眼的父親相反，頗具遠見卓識。龐蔥心想：太子和自己在國內固然受到大王的信賴，但嫉妒怨恨我們的人一定不少，我們離開魏國後，一定會有人在魏王面前說三道四，而魏王平時耳根子就有點軟，一旦聽信讒言，對太子和自己都極為不利。

於是在臨行前，龐蔥對魏王說：「如果有人向您稟報，街道上有一隻老虎在遊蕩，大王相信嗎？」

魏王十分肯定地說：「哪會有這等事情？寡人不相信！」

龐蔥緊接著又問：「如果有第二個人來向您稟報呢？」

魏王開始不能自信地說：「如果真有這第二個人，寡人可能會感到疑惑了。」

龐蔥再一次問魏王：「如果這時有第三個人去向您報告呢？」

魏王於是完全迷惑了，答道：「那寡人可能相信此事是真的了。」

龐蔥這才具體分析說：「街上明明不可能出現老虎，然而三個人都說有老虎，於是大王就相信真有老虎了。現在臣陪太子到趙國去，要陷害臣和太子的人肯定不止三個，況且邯鄲距咱們魏都大梁，比起街市距離王宮要遠得多，街市上的謠傳就能左右大王的信心，更何況國外輾轉傳來的謠言呢？臣希望大王明察。」

魏王聽後，似有所悟地說：「我明白你的意思，你就放心地去吧。」

於是，太子和龐蔥辭行前往趙國。但人還沒到趙國，誹謗的流言就傳到魏王的耳中，起初他想起了龐蔥的話，尚能自制。可是時間久了，謠言愈演愈烈，他便開始懷疑太子和龐蔥的忠心了。

最後，他竟然確信兩人對自己不忠。當太子和龐蔥回國後，就都失寵了。

上面這個故事就是成語「三人成虎」的由來。在成語詞典中，還可以找到像「眾口鑠金」、「積毀銷骨」這樣的成語，揭示的都是同一個道理。

詭譎的是，在歐洲有過一句異曲同工的話，這就是臭名昭著的「謊言重複千遍就成了真理」。一次世界大戰後戰勝國對戰敗的德國懲罰嚴苛，在割走德國大片土地，只允許保留十萬陸軍用於國防的同時還要求天文數字的賠款。此外，法國等還一度霸占了德國經濟命脈魯爾工業區。這一系列策略的施行，造成了德國物價狂漲，人民生活非常艱難。在這種社會條件下，納粹黨提出「用德國的劍為德國的犁取得土地」的口號，贏得了民心，在二十世紀三〇年代初上臺執政。納粹全力開動了宣傳機器，從人性、理論，甚至「科學」角度製造了大量謊言，不斷地透過各種媒介傳播出去。如何讓人民相信這些謊言呢？納粹宣傳部長戈培爾說：「謊言重複千遍就成了真理。」正是依靠這種卑劣手段，納粹欺騙了廣大人民，把整個德國民族綁上了他們的戰車。

如果說中國的三個成語揭示這一道理還有些掩蓋，不那麼露骨的話，「謊言重複千遍就成了真理」則赤裸裸地闡明了它的意義。作為利用人性弱點的一個潛智慧，它的作用是絕不可小視的。如果靜下來想想，我們許多人都有證明它的鮮活經歷。

從前曾子住在費城時，費城有個和他同名同姓的人殺了人。有人跑來對他的母親說：「曾參殺了人。」他的母親肯定地說：「我的兒子不會殺人。」仍然在那裡織她的布。過了一會兒，又有一個人告訴他的母親說：「曾參殺了人。」他的母親仍然不相信，繼續織布。又過了一會兒，又有一個人來說：「曾參殺了人。」他的母親感到害怕了，於是扔掉梭子，越牆逃跑了。像曾參這樣賢德的兒子，他的母親對他是深信不疑的。可是，當第三個人跑來告訴她同樣的訊息時，就使她產生疑惑而不得不懷疑起自己的兒子來。雖說「曾參殺人」本身不是謊言，但此曾參非彼曾參，因此對這位母親來說，這其實是一句謊言了。可見「謊言千遍」的力量是多麼可怕。

「謊言重複千遍就成立了真理」，這句話看起來無恥之極，其實它本身並沒有什麼好壞，關鍵是我們的「謊言」有好壞之別。如果為了一個好的目的，比如說老師教導學生「只要你們好好學習，就會……」，是這樣嗎？當然不一定，可以說這樣的話本身就是「謊言」，但含著好的目的，加上成千上萬為師者一遍遍重複，成了我們較為普遍接受的一個「真理」。

所以說，本節內容絕不是讓讀者無恥地、損人利己地去說謊，而是讓我們知道這樣一個合目的性的特殊手段。

厚話黑說 四：拚命捂住蓋子

厚黑真經

世上沒有不透風的牆，也就是說，任何事情都有洩露的一天。那麼，如何瞞天過海，造就不透風的牆來做好保護工作，就是一個重要的問題。

厚黑妙用

單純的保密，不如讓對手替自己保密。想辦法讓對手不再對己方的某些資訊敏感，那麼，只要在對手不敏感的地方做好偽裝工作，就可以瞞天過海，達到自己的目的了。

《三十六計》裡面有這樣一句話：「備周則意怠，常見則不疑。」說的就是讓對方對己方的行為不敏感，然後把其他資訊偽裝成此類資訊迷惑敵軍，造成單方面瞭解全部資訊而對手毫不知情的效果。

戰國時期孫臏就曾成功地使用過「添兵減灶」的謀略。

有一次，魏國和趙國聯合攻打韓國，韓國向齊國告急。齊王派田忌率領軍隊前去救援，徑直進軍大梁。魏將龐涓聽到這個消息，率師撤離韓國回魏，而齊軍已經越過邊界向西挺進了。當時齊國的軍師孫臏對田忌說：「那魏軍向來兇悍勇猛，看不起齊兵，齊兵被稱作膽小怯懦。善於指揮作戰的將領，就要順應著這樣的趨勢而加以引導。兵法上說：『用急行軍走百里和敵人爭利的，有可能折損上將軍；用急行軍走五十里和敵人爭利的，可能有一半士兵掉隊。』命令軍隊進入魏境先砌十萬人做飯的灶，第二天砌五萬人做飯的灶，第三天砌三萬人做飯的灶。」

龐涓行軍三日，看到齊國軍隊中的灶越來越少，就特別高興地說：「我本來就知道齊軍膽小怯懦，進入我國境才三天，開小差的就超過了半數啊！」於是放棄了他的步兵，只和他輕裝精銳的部隊日夜兼程地追擊齊軍。孫臏估計他的行程當晚可以趕到馬陵。馬陵的道路狹窄，兩旁又多是峻隘險阻，適合埋伏軍隊，孫臏就叫人砍去樹皮，露出白木，寫上：「龐涓死於此樹之下。」然後又命令一萬名善於射箭的齊兵隱伏在馬陵道兩邊，約定晚上看見樹下火光亮起，就萬箭齊發。龐涓當晚果然趕到砍去樹皮的大樹下，看見白木上寫著字，就點火照樹幹上的字，上邊的字還沒讀完，齊軍伏兵就萬箭齊發，魏軍大亂，互不接應。龐涓自知無計可施，敗局已定，只得拔劍自刎。齊軍乘勝追擊，把魏軍徹底擊潰，俘虜了魏國太子申，孫臏也因此名揚天下。

孫臏就是利用魏國人中「齊國軍隊膽小怯懦」的常識做文章，一邊減少軍營中的灶，一邊增加軍隊數量，讓己方的軍事實力超過對方，然後進行伏擊。而魏國的將軍龐涓之所以失敗，就在於他過於相信自己所知道的常識，最終的結果也正是孫臏技高一籌，把魏國軍隊殺得片甲不留。

這種蒙蔽對手的做法，也可以用於防守和撤退。在《三國演義》中，就有一個諸葛亮減兵添灶的故事。

當時，諸葛亮得勝收兵，回到祁山時，永安城李嚴遣都尉苟安解送糧米至軍中交割。苟安好酒，路上延誤了時間，超過限期十日。諸葛亮按照軍法，對他杖責八十。苟安受刑之後心中懷恨，連夜引親隨五六騎逕奔魏寨投降。司馬懿吩咐他回成都散布流言，說諸葛亮有怨上之意，早晚欲稱帝，好讓後主劉禪召回諸葛亮。苟安按照司馬懿的計策，回成都見了宦官，散布流言，說諸葛亮自倚大功，早晚必將篡國。宦官聞知後馬上奏稟給後主，後主下詔宣諸葛亮班師回朝。使者星夜召諸葛亮回師，諸葛亮當時知道這是敵軍所用的離間計策，仰天長嘆：「主上年幼，必有佞臣在側！吾正欲建功，何故取回？我如不回，是欺主矣。若奉命而退，日後再難得此機會也。」於是只能安排撤軍事宜。

《三國演義》裡面對諸葛亮安排撤軍的計策進行了詳細記述：姜維問曰：「若大軍退，司馬懿乘勢掩殺，當復如何？」孔明曰：「吾今退軍，可分五路而退。今日先退此營，假如營內一千兵，卻掘二千灶，明日掘三千灶，後日掘四千灶……每日退軍，添灶而行。」楊儀曰：「昔孫臏擒龐涓，用添兵減灶之法而取勝；今丞相退兵，何故增灶？」孔明曰：「司馬懿善能用兵，知吾兵退，必然追趕；心中疑吾有伏兵，定於舊營內數灶；見每日增灶，兵又不知退與不退，則疑而不敢追。吾徐徐而退，自無損兵之患。」遂傳令退軍。

司馬懿只待蜀兵退時，一齊掩殺。正躊躇間，忽報蜀寨空虛，人馬皆去。懿因孔明多謀，不敢輕追，自引百餘騎前來蜀營內察看，教軍士數灶，仍回本寨；次日，又教軍士趕到那個營內，查點灶數。回報說：「這營內之灶，比前又增一分。」司馬懿謂諸將曰：「吾料孔明多謀，今果添兵增灶，吾若追之，必中其計；不如且退，再作良圖。」於是回軍不追。孔明不折一人，望成都而去。次後，川口的土著居民來報司馬懿，說孔明退兵之時，未見添兵，只見增灶。懿仰天長嘆曰：「孔明效虞詡之法，瞞過吾也！其謀略吾不如之！」遂引大軍還洛陽。

在這裡，諸葛亮使用相反的方式，用減兵添灶之法，騙過司馬懿，得以全軍退回到漢中，使「蜀兵不曾折了一人」。他知道司馬懿平生十分多疑，故布疑陣，讓司馬懿畏首畏尾，錯失了戰機，而他卻能從容地調動軍隊順利撤回。

《圍爐夜話》中指出：「為人循矩度，而不見精神，則登場之傀儡也；做事守章程，而不知權變，則依樣之葫蘆也。」精通謀略的人，總是能夠積極動腦，瞞天過海，善用「欺騙」之舉，無往而不利。

厚話黑說 五：不給人留把柄

厚黑真經

假話最怕被核實，只要來一個三司會審、當堂對質，什麼樣的假話都會被揭穿。因此，絕不能給人提供核實的機會，在這點上絕不能疏忽大意。

厚黑妙用

明時一位皇帝要解縉在他的一把外國進貢的扇子上題字。解縉寫下了王之渙的《涼州詞》：「黃河遠上白雲間，一片孤城萬仞山，羌笛何須怨楊柳，春風不度玉門關。」

可是他一時疏忽，把詩中的「間」字漏了。他的對頭發現後，向皇帝奏道：「解縉自恃其才，目無君主，竟敢乘寫題之機，有意扔字欺主，如此狂妄之徒，今不殺之，後必釀成大患！」

皇帝一看，果然如此，便要殺解縉。這時，解縉接過扇子一看，說：「聖上請息怒，聽為臣的慢慢講來。這是我作的一首《涼州詞》，雖和唐代詩人王之渙的《涼州詞》僅有一字之別，但卻不一樣。」

皇帝認為他是在狡辯，但也想給他一個機會，就說：「既然如此，你就當著文武百官的面讀讀你的《涼州詞》，只要大家聽了，都認為是你的作品，朕不但不問罪，而且還重重有賞，如其不然，立即斬首！」

解縉當眾念道：「黃河遠上，白雲一片，孤城萬仞山。羌笛何須怨，楊柳春風，不度玉門關。」

解縉巧用停頓「斷章取義」，將一首詩改成了詞，而且讀得有聲有色，使大家耳目為之一新，君臣讚不絕口。

厚黑學告訴我們，當自己的假話，別人不相信，提出質疑，有時採用一些諸如斷章取義、語意雙關等文字遊戲，同樣可以使對方的證據失效。當然，除此之外，還有利用諧音的方法，為自己說走嘴的話辯解，或者將一句話做前後倒置，同樣也可以獲得較好的效果。

曾國藩鎮壓太平軍，連連失敗。他打算請求皇上增援軍隊，於是就草擬了奏章，作為面奏時的「腹稿」，其中講到戰績時，不得不承認「屢戰屢敗」。一位師爺看了這個提法後，馬上提醒他，前段時間，一員大將面奏時，也曾講到「屢戰屢敗」，因觸怒龍顏而被貶謫。曾國藩不禁嚇出了一身冷汗。但是，對皇上又不能謊報軍情。於是他在苦思良久，突然靈機一動，將「戰」與

「敗」兩字調換一下位置，這樣「屢戰屢敗」變成「屢敗屢戰」，從而使這句話的意思發生了質的變化。「屢戰屢敗」是一種無能的表現，而「屢敗屢戰」卻是一種英勇無畏的表現。皇上接到曾國藩奏章，說到「臣屢敗屢戰」一語後，果然龍顏大悅，認為他在失敗面前鬥志不滅、百折不撓，從此曾國藩開始官運亨通。

曾國藩這裡明明是在為自己開脫罪責進行辯護，就是透過改變詞序來達到目的的。要揭露這種詭辯，絕非易事，厚黑之士不妨一用，

又如，古時候，有一個公子哥兒因馬術未精而傷人致死，於是被控下獄。他的父親在訟師的夥同下，賄賂了縣署代書訴狀的小吏，將狀詞中的「馳馬傷人」改為「馬馳傷人」。

馳馬傷人，是指人乘馬飛馳傷人，罪在人；馬馳傷人則是指馬脫韁而傷人，這屬意外事故，這位公子哥並不構成犯罪。

還有一個故事，蘇東坡幼年時，天資非常聰明，由於讀書特別多，書上的字沒有不認識的，再加上文章寫得好，因而受到人們的尊敬和讚揚。於是，他有點飄飄然了，竟然在自己書房門前書上一聯：「讀盡人間書，識遍天下字。」

有一位長者專程來到蘇家，向蘇東坡「求教」，請蘇東坡認一認他拿來的書。書上寫的全是周朝史籀（籀ㄓㄡˋ）刨制的字體，蘇東坡一個也不認識，羞得面紅耳赤。長者也沒有說什麼就走了。蘇東坡這才感到自己門前的對聯名不副實，馬上將對聯各填一字，上聯是：讀盡人間書好，下聯是：識遍天下字難。這樣一改，先前的尷尬就一掃而光！

透過篡改來說假話的，最典型的事例就是《三國演義》裡的孔明智激周瑜一節。

諸葛亮為了聯合抗曹，在勸說周瑜時，虛擬出「曹操征戰江南，是為了得到二喬」之說，為了使周瑜深信不疑，還故意將曹植的《銅雀臺賦》的「連二橋於東西兮，如長空之蝃蝀（蝃ㄓㄨㄛˊ蝀ㄉㄨㄥ）。」改為「攬二喬於東南兮，樂朝夕之與共」。巧妙地將二喬即周瑜與孫策的夫人攬入其內，一下子就激起周瑜的大怒，所以才在諸葛亮佯裝惶恐之狀後，堅定破曹信心。

可見，文字遊戲之法，既是一種巧妙的說假話的方法，也是一種維護自己的假話不被揭穿的方法，如果運用得當，能發揮事半功倍的效果。

厚話黑說六：接招順勢反擊

厚黑真經

接招順勢反擊的最大優勢在於進攻，而不在於防禦。跟人交談的時候，不要以討論不同意見作為開始，而要以強調而且不斷強調雙方所共識的事情作為開始。即使對方已經拒絕了你，也應該盡量順著這個思路說。要盡可能在開始的時候說「是的，是的」，盡可能避免他說「不」。一位知名教授曾在他的書中談道：「一個『否定』的反應是最不容易突破的障礙，當一個人說

『不』時，他所有的人格尊嚴，都要求他堅持到底。也許事後他覺得自己的『不』說錯了，然而，他必須考慮到寶貴的自尊！既然說出了口，他就得堅持下去。」

厚黑妙用

一位日本政客正在演講時，遭到當地一個婦女組織代表的指責：「你作為一個政客，應該考慮到國家的形象，可是聽說你竟和兩個女人發生了關係，這到底是怎麼回事呢？」

頓時，所有在場的群眾都屏聲斂氣，等著聽這位政客的桃色新聞。

政客並沒有感到窘迫難堪，而是十分輕鬆地說道：「不止兩個女人，現在我還和五個女人發生關係。」

這種直言不諱的回答，使代表和群眾如墜霧裡雲中，迷惑不解。

然後，政客繼續說：「這五位女士，在年輕時曾照顧我，現在她們都已老態龍鍾，我當然在經濟上照顧她們，精神上安慰她們。」

結果，那位代表無言以對，而觀眾席中則掌聲如雷。

這位政客起初不僅沒有反駁那位代表，甚至承認自己的「壞事」。但隨後一番言語，實際上卻是反駁了那位代表。這種從順著對方的話開始，最終卻成為一個否定意思的說話方法，既給了對方面子，又達到了自身目的，十分巧妙。

一個五六歲的孩子因為父母吵架，就撐著一把雨傘蹲在牆角，父母又求又哄，孩子都不理不睬。兩天過去了，孩子體力極度衰竭。最後，他們請來著名的心理治療大師狄克森先生。狄克森也要了一把雨傘在孩子的跟前蹲下了，他面對孩子，注視著孩子的雙眼，向孩子投去關切的目光。終於，孩子從恍惚中震了一下，像沉睡中被閃電驚醒的人，狄克森繼續與孩子對視。

孩子突然問：「你是什麼？」

狄克森反問：「你是什麼？」

孩子：「蘑菇好，颳風下雨聽不到。」

狄克森：「是的，蘑菇好，蘑菇聽不到爸爸、媽媽的吵鬧聲。」這時，孩子流淚了。

狄克森：「做蘑菇好是好，但是蹲久了又餓又累，我要吃巧克力。」他掏出塊巧克力，送到孩子鼻子前讓他聞一聞，然後放進自己嘴裡大嚼起來。

孩子：「我也要吃巧克力。」狄克森給了孩子一塊巧克力，孩子吃了一半。

狄克森：「吃了巧克力太渴，我要去喝水。」說著，他丟掉了雨傘，站了起來，孩子也跟著站了起來。

就這樣，狄克森順勢說服了孩子。我們再來看看蕭伯納對接招順勢反擊策略的妙用。

英國著名劇作家蕭伯納的戲劇《武器與人》首演時，獲得了極大的成功。他應觀眾的要求來到臺前謝幕。這時，有一個人在樓座裡高喊：「這部戲簡直糟透了！」

對於這種失禮的話，蕭伯納沒有怒氣沖沖，他微笑著對那個人鞠躬，彬彬有禮地說道：「我的朋友，我完全同意你的意見。」

他聳了聳肩，又指著正在熱烈喝采的觀眾說道：「但是，我們倆反對這麼多觀眾有什麼用呢？」

觀眾中爆發出更為熱烈的掌聲。

蕭伯納面對失禮的話，情緒平和，舉止文雅，語言機智。他先順著對方的話，同意其看法，然後，話鋒一轉，利用現場氣氛，指出就算本人同意你的看法，也改變不了事實。巧妙地回擊了對方又不失水準。

「你們的產品太貴了！」

在推銷時經常遇到這樣的難題，該怎麼辦呢？「我們的產品品質高，當然貴。」「不，我們的產品不是最貴的，還有比我們更貴的……」顯然都會引起客戶的反感，會產生對抗，如果說：「是的，我們的產品確實貴。」這樣，顯然也不好。那麼如何正確運用反問，「您認為我們的價格比別家的高，是嗎？」因為顧客必定會回答「是」，而你又用了「您認為」，說明這是他的看法。

接下來可以問：「那麼，讓我們來比較以下幾樣同類產品的性價比，好嗎？」多數客戶會答：「好吧」，由此就可以逐步扭轉他的觀點，展示產品的價值和利益點，變價格推銷為價值推銷。

一開始就對對方的意見持絕對否定觀點，意味著彼此就要陷入爭論之中。善於說話的人懂得先順著對方的話說，一開始就抵消一些敵意，讓對方放鬆下來，對你接下來的意見也會更寬容一些。

第二章 好話捧著說：讓不滿足變成滿足

厚話黑說七：多揀好聽的說

厚黑真經

常言道：「美言一句三冬暖，惡語傷人六月寒。」世事紛擾，人生不易，誰都難免有不順心之際。這時候，一句恰當的恭維，一聲適時的讚許，在對方心中都會產生「核裂變」。

厚黑妙用

戴高帽的做法常被人恥笑，主要是因為：一來做高帽子的確很不費力，可以日產萬頂；二是人人喜歡，趨之若鶩；三則是因為品味低俗、令人生厭的偽劣「馬屁」隨處都是。

其實恭維分有三六九等不同質地的類別。上等品被稱為「讚美」、「讚揚」、「讚許」、「稱頌」等，下等品則被貶為「討好」、「阿諛奉承」、「溜鬚拍馬」、「獻媚邀寵」。

上等的恭維有幾個主要規範：一・無論真假卻令人樂於信服；二・不著痕跡，不動聲色，使人渾然不覺；三・氣味芬芳怡人，遠離點頭哈腰；四・富有新意，而非陳詞濫調；五・尺寸恰當，分量適中，正中下懷。

可見，戴高帽看似簡單，其實最難。上下之分在於品味，奧妙之處存乎於心，不一而足。要想脫開令人生厭的廉價低俗，又不能過於提高成本，沒有好的生產技術是無法完成的。所以當小心謹慎、全力對待，否則非常容易弄巧成拙。

恭維別人並不是輕而易舉的事，所謂的「拍馬屁」、「阿諛」、「諂媚」，都是技藝拙劣的高帽工廠加工的偽劣產品，因為它們不符合讚美和恭維的標準。高帽儘管好，可尺寸也得合乎規格才行。濫做過重的高帽是不明智的。讚揚招致榮譽心，榮譽心產生滿足感，但人們發現你言過其實時，常常因此感到他們受到了愚弄。所以寧肯不去恭維，也不宜誇大無邊。

過分粗淺的溢美之詞同時會毀壞了你的名聲和品味。不論用傳統交際的眼光看，還是用現代交際的眼光看，阿諛諂媚都是一種卑鄙的行為。正人君子鄙棄它，小人之輩也不便明火執仗應用它，即使被人號稱的「拍馬行家」或「馬屁精」，也會對這種行為嗤之以鼻。孔老夫子有話：「巧言令色鮮矣仁。」

在現實的交往中，大凡向別人敬獻諂媚之詞的人，總是抱著一定的投機心理，他們自信不足而自卑有餘，無法透過名正言順的方式博取對方的賞識，表現自己的能力，達到自己的目標，只好採取一種不花力氣又有效益的途徑——諂媚。那麼，如何戴好「高帽」呢？

一・恭維話要坦誠得體，必須說中對方的長處人總是喜歡奉承的。即使明知對方講的是奉承話，心中還是免不了會沾沾自喜，這是人性的弱點。換句話說，一個人受到別人的誇讚，絕不會覺得厭惡，除非對方說得太離譜了。

奉承別人首要的條件，是要有一份誠摯的心意及認真的態度。言詞會反映一個人的心理，因而輕率的說話態度，很容易被對方識破，而產生不快的感覺。

二・背後稱頌效果更好

羅斯福的一位副官，名叫布德，他對頌揚和恭維，曾有過出色而有益的見解：背後頌揚別人的優點，比當面恭維更為有效。

這是一種至高的技巧，在人背後稱揚人，在各種恭維的方法中，要算是最使人高興的，也最有效果的了。

如果有人告訴我們：某某人在我們背後說了許多關於我們的好話，我們會不高興嗎？這種讚語，如果當著我們的面說給我們聽，或許反而會使我們感到虛假，或者疑心他不是誠心的，為什麼間接聽來的便覺得悅耳呢？

在背後說別人的好話，會被人認為是發自內心，不帶私人動機的，其好處除了能給更多的人榜樣的激勵外，還能使被說者在聽到別人「傳播」過來的好話後，感到這種讚揚的真實和誠意，從而在榮譽感得到滿足的同時，增強了上進心和對說好話者的信任感。

如《紅樓夢》中有這麼一段：

史湘雲、薛寶釵勸賈寶玉做官為宦，賈寶玉大為反感，對著史湘雲和薛寶釵讚美林黛玉說：

「林姑娘從來沒有說過這些混帳話！要是她說這些混帳話，我早和她生分了。」

湊巧這時黛玉正來到窗外，無意中聽見賈寶玉說自己的好話，不覺又驚又喜，又悲又是嘆。結果寶黛兩人互訴肺腑，感情大增。

因為在林黛玉看來，寶玉在湘雲、寶釵、自己三人中只讚美自己，而且不知道自己會聽到，這種好話不但是難得的，而且是真心的。倘若寶玉當著黛玉的面說這番話，好猜疑、小性子的林黛玉怕還會說寶玉打趣她或想討好她吧。

你的很多同事都有自己的出色表現和引以為傲的東西，只是這些東西有時不能夠為上司或其他同事發現，此時如果你充當一個發現者的角色，在背後讚美他，同事會非常感激你的。

表面的讚美有時會令人很尷尬，但背後的讚美會收到奇效。不要擔心別人不知道你為他做了些什麼，世上沒有不透風的牆。

當面說和背後說是不同的，效果也會不一樣。在背後說同事的好話，能極大地表現你的「胸懷」和「誠實」，有事半功倍的效果。多在第三人面前讚美同事，被讚美的同事必然認為那是真的讚美，毫不虛偽，於是真誠地接受，並對你感激不盡。

三·別像一個暴發戶花錢那樣，大手大腳地把高帽扔得到處都是

對於不瞭解的人，最好先不要深談。要等你找出他喜歡的是哪一種讚揚，才可進一步交談。最重要的是，不要隨便恭維別人，有的人不吃這一套。

高帽就是美麗的謊言，首先要讓人樂於相信和接受，便不能把傻孩子說是天才一樣的離譜；

其次是美麗高雅，不能俗不可耐、低三下四，糟蹋自己也讓別人倒胃口；再者便是不可過白過濫，毫無特點，不動腦子。

厚話黑說 八：開口先看臉色

厚黑真經

察言觀色是一切人情往來中操縱自如的基本技術。不會察言觀色，等於不知風向便去轉動舵柄，很容易在小風浪中翻了船。直覺雖然敏感卻容易受人蒙蔽，懂得如何推理和判斷才是察言觀色所追求的頂級技藝。言辭能透露一個人的品格，表情眼神能讓我們窺測他人內心，衣著、坐姿、手勢也會在毫無知覺之中出賣它們的主人。

厚黑妙用

如果說觀色猶如察看天氣，那麼看一個人的臉色應如「看雲識天氣」般，有很深的學問，因為不是所有人所有時間和場合都能喜怒形於色，相反是「笑在臉上，哭在心裡」。「眼色」是「臉色」中最應關注的重點。它最能不由自主地告訴我們真相，人的坐姿和服裝同樣有助於我們現人於微，進而識別他人整體，對其內心意圖洞若觀火。

一個舉人經過三科，又參加候選，得了一個山東某縣縣令的職位。第一次去拜見上司，想不出該說什麼話。沉默了一會，忽然問道：「大人尊姓？」這位上司很吃驚，勉強說了姓某。縣令低頭想了很久，說：「大人的姓，百家姓中所沒有。」上司更加驚異，說：「我是旗人?貴縣不知道嗎？」縣令又站起來，說：「大人在哪一旗？」上司說：「正紅旗。」縣令說：「正黃旗最好，大人怎麼不在正黃旗呢？」上司勃然大怒，問：「貴縣是哪一省的人？」縣令說：「廣西。」上司說：「廣東最好，你為什麼不在廣東？」縣令吃了一驚，這才發現上司滿臉怒氣，趕快走了出去。第二天，上司令他回去，任學校教職。究其原因，便是不會察言觀色。

我們如能真的在交際中察言觀色，隨機應變，也是一種本領。例如在訪問中我們常常會遇見一些意想不到的情況，訪問者應全神貫注地與主人交談，與此同時，也應對一些意料之外的資訊敏銳地感知，恰當地處理。

主人一面跟你說話，一面眼往別處看，同時有人在小聲講話，這表明剛才你的來訪打斷了什麼重要的事，主人心裡惦記著這件事，雖然他在接待你，卻是心不在焉。這時你最明智的方法是打住，丟下一個最重要的請求告辭：「您一定很忙。我就不打擾了，過一兩天我再來聽回音吧！」你走了，主人心裡對你既有感激，也有內疚：「因為自己的事，沒好好接待人家。」這樣，他會努力完成你的託付，以此來補報。

在交談過程中突然響起門鈴、電話鈴，這時你應該主動中止交談，請主人接待來人，接聽電話，不能聽而不聞滔滔不絕地說下去，使主人左右為難。

當你再次訪問希望聽到所託之事已經辦妥的好消息時，卻發現主人受託之後儘管費心不少但並沒圓滿完成甚至進度很慢。這時難免發急，可是你應該將到了嘴邊的催促化為感謝，充分肯定主人為你做的努力，然後再告之以目前的處境，以求得理解和同情。這時，主人就會意識到雖然費時費心卻還沒有真正解決問題，產生了好人做到底的決心，進一步為你奔走。

不知你有沒有注意過，算命先生在算命之前，常常裝模作樣地猜測算命人的現狀。這些準確的「猜測」，也常常博得算命人的信任。

其實，算命先生沒有什麼先知先覺的能力，他依靠的恰恰正是一套察言觀色的本領。所有的「真相」都是算命人自己「告訴」他的。這一點對銷售人員有很大的啟發。

銷售人員在銷售工作中可以學習算命先生，善於對目標客戶「察言觀色」，獲得客戶的信賴，為做成生意打下堅實的基礎。

一．觀察目標客戶的外表

算命先生在接觸到前來算命的人後會說出「你最近身體不好、事業不太順利、很操勞」等對於現狀的猜測。實際上，這都是算命先生在觀察算命人的外表後得出的結論。得出這些結論的基礎很簡單，就是擺在眼前的事實：來者倦容滿面、衣著不整、氣色不佳。

對於銷售人員而言，目標客戶的外表首先是客戶公司網站上對自己的介紹，如公司簡介、組織架構、業務結構、產品情況、公司目標及任務等。銷售人員應從中判斷出自己該從哪裡入手，該努力爭取與哪些人面談的機會。

同時，銷售人員也要關注該公司的各種報告，比如財務報告、業務報告，分析這個公司是處在發展、維持還是縮減的階段，並根據公司的發展階段和運作風格判斷他們容易接受什麼樣的觀點。

有些公司的報告還會分析自己在競爭中所處的位置、公司各部門的狀況、公司經營可能遭遇的風險、產業發展方向。這些資訊都能幫助銷售人員在銷售工作中加強與客戶的溝通，使客戶產生好感與信賴。

二·分析目標客戶說話內容

算命先生對算命人的現狀猜測完畢之後，算命人必然會回應算命先生的猜測，或者向他詢問新的問題。算命先生就會抓住算命人說話的內容進行再次的分析猜測。比如，算命人說，我最近工作確實不太順利。算命先生就會說，你工作量大壓力大，上司不賞識下屬不支持。其實，這種結論世人皆知，工作之中遇到的無非就是這些問題。

銷售人員在銷售工作中，還應該比算命先生做得更好，那就是：與目標客戶會面之前，就要分析客戶的「說話」內容。當然這些話不是客戶直接對你說的，而是銷售人員從各種管道瞭解到的，如媒體報導的該公司領導者的發言，這個發言會涉及他們的競爭對手、未來產品策略及銷售區域、今後重點發展領域等。這些說話內容還包括該公司網站上發佈的資訊，如他們將進行轉型或業務拓展。

銷售人員在瞭解目標客戶公司的這些情況後，再與客戶進行溝通就易如反掌了，有時借用該公司領導者的某句話，就能提出建設性意見。這確實會令客戶信任感大增，接下來的產品推銷就很輕鬆了。

三·關注目標客戶的行動

算命先生還會根據算命人不經意間表現出的各種小動作進行分析推測：會對行走速度快的人說，你壓力大；會對抽菸的人說，你身體不好特別是肺不好等等。

相應地，銷售人員在銷售工作中，可以從目標客戶公司的各種動向來推測該公司的趨勢，增加與客戶溝通的談資。這些動向可以是該公司的新品發佈，人事變動，特別是高層人事變動，新業務的展開，併購或合併事件。

總之，人際交往中，對他人的言語、表情、手勢、動作以及看似不經意的行為必須有較為敏銳細緻的觀察，這是掌握對方意圖的先決條件，只有測出了風向才能使舵。

厚話黑說 九：禮貌取悅人心

中國傳統文化認為，禮是人與動物相區別的標誌：《禮記．冠義》有「凡人之所以為人者，禮儀也。」禮是治國安邦的根本：《左傳．隱公十五年》有「禮，經國家，定社稷，序民人，剩後嗣者也。」禮同時又是立身之本和區分人格高低的標準：《詩經》有「人而無禮，胡不遄死？」《論語．季氏》中也有「不學禮，無以立。」

厚黑妙用

如果有人問你：「會說話嗎？」你一定覺得很可笑。而實際生活中，確實有不會說話的人。當然，這裡指的不是聾啞人，聾啞人還可以用手語來「說話」。我說的是說出話來讓人不受聽的人。

人與人接觸、聯繫、交往，離不開語言。列寧說過，語言是一種極其重要的人類交際手段。語言在大多數情況下能調節人們的行為，激發美的情緒。

而語言的應用更多的是說話。常言道：「美言一句三冬暖，惡語傷人六月寒。」可見，讓人受聽的話能起多麼大的作用了。

怎樣說話才讓人受聽呢？不管要說什麼，首先，說出來的話都要文明、合乎情理和禮儀。

我國古代有一個「以禮問路」的故事，說的是有位從開封到蘇州去做生意的人，在去蘇州的路上迷失了方向，在三岔路口上猶豫不定。忽然，他看見附近水塘旁邊有一位放牛的老人，就急忙跑過去問路：「喂，老頭！從這裡到蘇州走哪一條路對呀？還有多少路程呀？」老人抬頭見問路的是一位三十多歲的人，因為他沒有禮貌，心裡頭很反感，就說：「走中間的那條路對，到蘇州大約還有六七千丈遠的路程。」那人聽了奇怪地問：「哎！老頭，你們這個地方走路怎麼論丈而不論里呀？」老人說：「這地方一向都是講禮（里）的，自從這裡來了不講禮（里）的人以後，就不再講禮（里）了！」這個故事是對不講禮貌的人的嘲諷，也說明中華民族具有講文明禮貌的傳統美德。

這個故事足以使當今社會中那些說話不合禮儀的人臉紅的。

再說一個例子，有個班級要到一家商店參加社會實踐活動。先派了個同學去聯繫，遭到商店的拒絕；又派了個同學去聯繫，人家表示歡迎。這是怎麼回事？原來，先去的那個同學說話不禮貌，開口閉口學校說，你們應該接待我們。後去的那個同學，在經理辦公室外面等經理辦完了事，才輕輕敲門，得到允許後進到屋裡，拿出介紹信，懇求說：「叔叔，我們有件事想麻煩您和商店裡的叔叔阿姨……請您大力支持……謝謝您啦。」一番話說得經理心裡暖呼呼的，他當然欣然同意了。

文明的話、合乎情理和禮儀的話之所以讓人愛聽，是因為它使聽者受到了尊重，感覺到自己存在的價值，從而也對對方產生信任感。讀者們是否有這樣的體會：一個人對自己所擁有的感情，大部分是來自別人對自己所抱的感情延伸而來的。如果你聽到別人對你說的話盡是不禮貌的、刺耳的，甚至是嫌棄你的話，你心裡不會好受的，對自己也會喪失信心。

中國自古就是一個極為重視禮儀的文明古國，中國人歷來就以禮儀作為為人處世的道德準則。禮貌是文明禮儀的一個方面，獲得別人的尊重、肯定和讚賞，是每一個人潛意識裡都十分渴求的願望。

有這麼一個小故事，在一個高雅場所裡，某地開一個文化方面的會議，進會議室時，一個走在後面的先生給一位陌生同行拉開門請人家先走，那陌生同行昂首闊步過去，一聲未吭。那位先生不悅，突然想開個玩笑，叫住那位陌生同行，說：「您剛才說什麼來著？」陌生同行回頭，愕然。那人說：「我還以為你說『謝謝』呢。」陌生同行木然！

有人說，禮貌不過是一種裝飾物，其實不然。葉聖陶先生在《誠於中而形於外》一文裡談到禮貌語言時說：「我們天天要說話，都要培養自己正確、敏銳的語感。為自己著想，也為聽你說話的對方著想，應該能夠敏銳地覺察自己說的話是否合乎禮貌。不這樣注意語感，往往在不知不覺中使對方覺得不愉快，或者得罪了人，自己還不知道。」

古人云：「文如其人」，其實一個人的「言」和「形體動作」，也無不「如其人」。根據一個人說話的用詞、語調口氣及其行為作風，我們就可以推斷出他的品性教養和精神境界。

禮貌，應該是日常的思想行為。人們只要「誠於中」，不但說話時會有這種敏感，做事時也會自然而然有這樣的敏感。而「誠於中」，一方面需要文明環境的培育，另一方面則需要個人長久的修練。如上述文化會議室門前令人尷尬的一幕，和一些號稱「作家」的文人雅客，隨口而出的污穢言詞，都說明不管是「知書達禮」的文化人還是普通人，都需要對禮貌經過一番嚴謹的修練。

禮貌說到底是一種品格。對於個人，是人格；對於國，是國格。高貴的品格是以尊嚴和自信為基礎的。一個有尊嚴的人，無論富有還是貧窮，在待人接物上都會從容自如，彬彬有禮。一個充滿自信的人，絕不會覺得對人的禮讓是一種怯弱。相反，我們常常見到的倒是自卑者狂妄，內荏者色厲，動輒火冒三丈，惡語相向，其實掩蓋的往往是虛弱，沒有底氣。

禮貌好比做一個氣墊。好像裡面什麼東西都沒有，但它卻能夠很好地減緩壓力和產生神奇的魅力。德國有一句諺語：「你怎樣對著森林叫嚷，森林就會給你怎樣的回聲。」它說明，我們如何對待別人，別人就會怎樣對待我們自己。記住了這個「回聲原則」，我們在說話時就應盡可能對別人有禮貌，這樣我們也會得到更多禮貌的回報。

厚話黑說 十：好哪口來哪口

厚黑真經

俗話說：「到什麼山唱什麼歌，見什麼人說什麼話。」不看對象就胡吹亂捧，是達不到「好話捧著說」的目的的。

厚黑妙用

理髮師傅帶了個徒弟。徒弟學藝三個月後，這天正式上崗，他給第一位顧客理完髮，顧客照照鏡子說：「頭髮還是太長。」徒弟不語。師傅在一旁笑著解釋：「頭髮長，使您顯得含蓄，這叫藏而不露，很符合您的身分。」顧客聽罷，高興而去。

徒弟給第二位顧客理完髮，顧客照照鏡子說：「頭髮剪得太短。」徒弟無語。師傅笑著解釋：「頭髮短，使您顯得精神、樸實、厚道，讓人感到親切。」顧客聽了，欣喜而去。

徒弟給第三位顧客理完髮，顧客一邊交錢一邊笑道：「花的時間挺長的。」徒弟無言。師傅笑著解釋：「為『首腦』多花點時間很有必要，您沒聽說：進門蒼頭秀士，出門白面書生？」顧客聽罷，大笑而去。

徒弟給第四位顧客理完髮，顧客一邊付款一邊笑道：「動作挺利索，二十分鐘就解決問題。」徒弟不知所措，沉默不語。師傅笑著搶答：「如今，時間就是金錢，『頂上功夫』速戰速決，為您贏得了時間和金錢，您何樂而不為？」顧客聽了，歡笑告辭。

晚上打烊。徒弟怯怯地問師傅：「您為什麼處處替我說話？反過來，我沒一次做對過。」師傅寬厚地笑道：「不錯，每一件事都包含著兩重性，有對有錯，有利有弊。我之所以在顧客面前鼓勵你，作用有二：對顧客來說，是討人家歡喜，因為誰都愛聽吉言；對你而言，既是鼓勵又是鞭策，因為萬事開頭難，我希望你以後把工作做得更加漂亮。」

徒弟很受感動，從此，他越發刻苦學藝。日復一日，徒弟的技藝日益精湛。

事情不僅要會做，也要會說，我們在日常生活中做一件極普通的小事，由於說話水準不同，所獲得的效果和回報也大相逕庭，而世界上再沒有什麼比讚美的語言更能打動人心了。

詩人布萊克曾經說過：「讚美使人輕鬆。」讚美是一種精明、隱秘和巧妙的奉承，它從不同的方面滿足給予讚美和得到讚美的人們，當我們讚美別人的時候，就是把自己和別人放在同一條水平線上了。值得注意的是，在讚美別人時，一定要注意對象，見什麼人說什麼話。一般而言，讚美的話對於男女是有區別的。

一位勞模售票員在談自己的工作體驗時，有一個特點，她常常無意識地點明是男乘客還是女乘客，其實細究下來這個做法不是偶然的。請看以下例子：

一次，一位乘客帶著一個已經超高的小孩子上車，售票員說：「您的孩子夠高了，該買票了。」乘客不解地說：「這孩子還沒上學呢，就買票呀？」售票員當時用幽默的語言對他說：「您的孩子還沒上學就長這麼高，發育這麼好，您不高興嗎？」售票員這麼一說，乘客便高興地又買了一張票。

還有一次，售票員在車上講完讓座的宣傳用語後，坐在座位上的一位女乘客站起來把座位讓給了抱孩子的男乘客，這人一坐下來就忙著哄孩子，連聲謝謝都沒有說，讓座的女乘客臉上頓時有點不高興，斜著眼看著他。看到這場面，售票員連忙對著小孩說道：「小朋友，快謝謝阿姨，人這麼多，阿姨這麼累還讓座給你，你說阿姨多好啊，快說阿姨好！」抱小孩的男乘客這時才猛然一驚，似乎明白了什麼，忙對讓座的女乘客說：「謝謝您，實在對不起，孩子一哭，我真不知怎麼好了，真太感謝您了。」女乘客臉上有了笑容，忙說：「不客氣。」

帶孩子的乘客無論男女，都會有相同反應，這是共同心理，無須指明性別；而讓座事件中是指明性別的，而且性別互換後事情就無法成立：女乘客一般不會忘了致謝，而男性則一般不會因為對方不致謝而生氣。

單就與讚美密切相關的虛榮心來講，男女是有一定差異的。男人要面子好虛榮，多表現在追逐功名、顯示能力、展示個性以顯瀟灑和能人之形象方面，而女人則表現在對容貌、衣著的刻意追求或身邊伴個白馬王子以示魅力方面；男人要面子，好虛榮毫不遮掩，有時甚至坦率得令人吃驚，而女子則總是遮遮掩掩、羞羞答答，「猶抱琵琶半遮面」；女性對於面子、虛榮還有幾分保留，而男子則是全力以赴去追求面子，好似他的人生目的就是面子一般；男人為了面子可以大動干戈，有權力的甚至可以輕輒殺一儆百，重則發動戰爭，女人為了面子則會大喊大叫罵街或者在家裡鬼哭狼嚎幾聲。需要強調的是，男人的面子千萬不要去傷害、破壞，否則便萬事皆休一切都了——友誼中斷，戀愛告吹，生意不成，升官無望，職稱泡湯。因此，稱讚異性，絕對要講究技巧，否則稍有不慎便會招致不必要的誤解。如果是初次見面，你的讚美還可能被理解成過於露骨的奉承或給人留下低俗厭惡的印象，無法將自己要表達的意思正確地傳遞給對方。

初次與異性會面，使用含糊的讚美之詞是一種好辦法。因為對於含意模糊的詞句，人們多半會往好的方面理解。對女性還應該注意下面的情形：

一．加班時，如果對女職員說「你可以回去了」，不但沒有討好，反而容易使對方認為你輕視她。

某汽車廠的營業科長經常發牢騷：「女孩子真是難以捉摸，罵就哭，誇獎其中一個卻得罪其他女孩子，再這樣下去真會生病。」一天下班後，他輕聲告訴兩個不必留下來加班的女職員：「你們可以回去了。」想不到對方卻不高興地說：「別人都留下來，我們為什麼回去。」看來他的一番好意似乎被她們當作輕視的話。

越是認真工作的女性越痛恨被歧視。這種情形，不要只說：「你們可以回去了。」最好用安慰的口吻說：「你們每天很辛苦，今天可以早一點回去。」如有這樣的機靈，那麼對方也會感謝你的一番好意，高高興興回家了。

二・千萬不要在女性面前稱讚其他女性

有人說：「女人的敵人就是女人自己。」對女性而言，其他女性全都是永遠的敵人。

市內某女中，據說有位男老師在課堂上總是以相同的速度走動，倘若中途不經意停下來，那麼全班便認為老師對旁邊的女孩子有意思，也許有人會覺得很荒謬，但實際上卻有男老師因不堪其擾而辭去教職。

「男人也會嫉妒。」也許女性如此反駁，老師站在身旁認為「老師對我有興趣」，這是女性特有的自我中心式的觀念。女性在男女關係中沒有所謂灑脫的狀態，亦即沒有所謂中立狀態。

例如情侶相偕上街，男的看著迎面而過的漂亮小姐，說道：「哇！好漂亮的女孩。」大致上，女伴會生氣不再理他。

三・女性有關家庭或孩子的牢騷，不要以為同聲附和能討歡心

女性跟人談話時，話題很容易談到自己的孩子、家庭，而這些話大多以發牢騷的方式說出來。例如：「我兒子好玩，真叫人擔心。」如果你不小心附和說：「是啊！那孩子的確如此。」對方必定大為光火，其理甚明。

女性的牢騷，細加推敲，不難發現帶有這樣的期待：「我兒子只是好玩，如果這一點改過來，無論成績什麼，都會有長足的進步。」甚至可能是在炫耀：「我兒子聰明、乖巧，只是好玩而已。」

至於有關先生的牢騷，可說完全是在炫耀。「每星期打高爾夫球，連星期天也不在家，他實在應該稍微為孩子想一想。」換言之，她想炫耀：「我先生忙著應酬，陪客人打高爾夫球，這是事業成功的現象。」只是不好意思直接炫耀，所以才採用牢騷的方式說出來。不要附和這種牢騷，應該加以否定說沒有的事而使她心曠神怡才是機靈。

總之，掌握了「見什麼人說什麼話」這一原則，跟人說話時「好哪口來哪口」，一定會使你的談話效果更上一層樓。

厚話黑說十一：多下面子工夫

厚黑真經

俗話說：「大人有大臉，小人有小臉，老母豬還有個長瓜臉。」由此可見世人對面子的重視。你說話時給足對方面子，就是最大的「捧場」，反之就是「拆臺」。有「心機」的人懂得恰當地保住別人的面子就是給自己加分。

厚黑妙用

小王這幾天對自己的部長很不滿意，到處發牢騷。原來別的部門要從小王所在的部門調一個人過去，小王很想換一個部門嘗試一下，而且那個部門是做技術的，小王正好有這方面的特長。於是在部長向員工徵詢意見的時候，小王就主動地向部長表示自己願意過去。但是部長好像根本就沒有注意到她，最後反而讓別人去了。更讓小王鬱悶的是，過去的人對於技術根本一竅不通。

小王為什麼沒有能夠如願以償呢？仔細分析起來，是她與上司交流的方式有問題。作為一名下屬，這樣迫不及待地直接向上司要求去另外一個部門，作為上司會感到很沒有面子，「難道你就這麼不願意待在我上司的部門裡嗎？」他自然就不會順順利利地讓小王去了，就算換了別人，估計也不會讓小王就這麼去別的部門工作。

上司作為一個部門的領導者，有一定的權威和尊嚴。所以，在和上司講話的時候要注意給上司留面子，維護其領導者的尊嚴，這樣才能夠和上司更好地溝通。如果小王能夠換個方式，找個沒有旁人在場的時候和上司好好談談，向他表示：我很不願意離開這個部門，我很想繼續被您領導。但是我覺得自己對於這個工作是一個比較合適的人選，如果讓我過去試試，我一定很感謝您對我的栽培。相信這樣上司會很樂意讓小王過去的，這樣也不會傷和氣。部長得面子，你得實惠，雙方皆大歡喜。

所以，在和上司交流時給上司留面子是很必要的。和小王比起來，宋先生做得就很好。

宋先生在一家十分知名的企業擔任總經理助理，他的頂頭上司賀總是技術出身。由於長期在研究開發領域工作，賀總對於企業管理是一知半解，知之甚少。出於對技術的鍾情與依戀，賀總總是喜歡直接插手技術部門的事，把管理的層級體系搞得亂七八糟，屬下表面上不說什麼，但私下裡無不怨聲載道，讓宋先生感到與其他部門溝通協調倍感吃力。

經過思考，宋先生決定向賀總提出意見。他對賀總說：「真正意義上的上司權威包含著技術權威和管理權威兩個層面，賀總您的技術權威已經牢固樹立起來了，但是管理權威則有些薄弱，還需要加強。」賀總聽後，若有所思。

宋先生巧妙地規勸了自己的頂頭上司，結果獲得了成功。後來，賀總果然越來越多地把時間用在人事、行銷、財務的管理上，企業的不穩定因素得到有效控制，公司營運進入了高速發展的態勢，宋先生的各項工作也順風順水，漸入佳境。

給上司留面子，的確是給上司提意見的上等策略。首先，它沒有排斥上司的觀點，而是站在上司的立場上，最終是為了維護上司的權威，出發點是善意的、良性的。其次，這種策略是一種溫和的方式，能夠充分顧全上司的自尊，易於被上司所接受，成功率較高；另外，它需要很強的綜合能力，以及很高的社會修養，並非輕易能夠針對不同情況，不斷提出有效的兼併上司立場的意見，久而久之，自身的領導能力亦會迎風而長，甚至來一個跳躍式的提升。

那麼，在和上司交流的時候，怎樣才能給足面子，從而取得良好的效果呢？

一．要選擇適當的時機

這裡主要顧全你上司的心情。請記住他也是個普通人，當公務纏身、諸事繁雜時，他未必有很好的耐心隨時傾聽你的建議——儘管你的建議極具建設性。

二．積極關注對方，舉例要恰當

談話時應密切注意對方的反應，透過他的表情及肢體語言所傳遞出的資訊，迅速判斷他是否接受了你的觀點，並需要適當地舉例說明，以增強說服力。

三．態度要誠懇，說話要有分寸

注意說話的態度和敬語的運用，恰到好處地表達出你的意思，由於你的坦率和誠意，即使對方不完全贊同你的觀點，也不會影響到他對你個人的看法。

四．說話要簡短，學會長話短說

上司一般來說都對下屬提出的過長的意見感到不耐煩。如果你能在一分鐘內說完你的意見，他就會覺得很愉快，而且如果覺得你說的有理，也比較容易接受。反之，倘若上司不贊同你的意見，你也不會因此而浪費他太多的時間，他反而會為此欣賞你。

上司總要保持一定的尊嚴，所以在面對上司時，要注意保持上司的尊嚴，注意給上司留面子，這樣才能夠和上司很好地交流。否則的話，如果不給上司留面子，上司也肯定不會聽從你的意見——即使你的意見是正確的。

厚話黑說十二：溜鬚溜到點上

厚黑真經

讚美是一門藝術——說話討人喜歡者的讚美，從來不跟在別人後面，人云亦云，而是竭力去挖掘別人一些不為人知的優點，表現其讚美的獨特性，讓人得到一些新的刺激，這樣效果反而更好。

厚黑妙用

小杜是學校裡出了名的「歌星」，每次晚會或其他娛樂活動都少不了他的歌聲。

在一次元旦晚會上，他又成功地演唱了一首歌，表演完後，臺下一片喝采聲。回到觀眾席，大家對他的歌聲還在讚不絕口。這時一個師弟對他說：「師兄，你的舞也和你的歌一樣棒啊！剛才看你在臺上的舞姿，覺得你跳舞肯定也很厲害！」

聽慣了別人稱讚自己會唱歌的小杜頭一回聽人如此關注並稱讚他的舞蹈，自然非常開心，就故作謙虛地說自己不太會跳舞，長項還是唱歌。這時，師弟馬上接上他的話：「對呀，師兄的歌喉真是沒話說。有空教教我吧。」小杜在愉快的心情中欣然應允。

瞧，這位師弟沒有把小杜被公認的唱歌水準拿來讚美，而是誇他舞一定也跳得很好，讓他心裡十分舒服，很爽快地答應了師弟的要求。

當一個人處在眾口一詞的讚美中時，往往不再把這種同一內容的讚美當回事，這時，如果你能找到別人都忽視了的優點來讚美，就必然能引起這個人的注意。因為人總是希望別人盡可能多的發現自己的優點。

為了突出與眾不同，給人留下深刻的印象，說話討人喜歡的人的讚美往往是獨特的。比如對一個健美冠軍，他不會去讚美其長得真健壯、真美，因為可能電視、廣播、報紙都已介紹過了，而且電臺、廣播、報紙的讚美不比我們的讚美更讓人激動嗎？此時，他會挖掘對方的不明顯的優點去加以讚美，比如讚美其烹調手藝等。愛因斯坦就這樣說過，別人讚美他思維能力強，有創新精神，他一點都不激動，他作為大科學家，聽這類話都已聽膩了，但如果誰讚美他小提琴拉得真棒，他一定就會興高采烈。

學會尋找和發現別人與眾不同的成績和長處，你的讚美也要巧妙地與眾不同；經常既恰到好處又實事求是地讚美別人，別人就會喜歡你，你就容易得人心，同時也是你對自己的認可。真正會說話的人的讚美表現為獨具慧眼。獨具慧眼的讚美者善於發現被讚美者別人發現不到的優點、長處。比如，面對一幅油畫作品，幾乎所有的人都異口同聲地嘆道：「真是太絕了！」「我再練十年恐怕也趕不上！」油畫家對這樣的恭維早就習以為常了。獨有一位慢慢地說道：「常言道，畫如其人。您的畫運筆沉穩，是和您剛正不阿的秉性、對人生與社會的深刻思考密不可分的。這是您跟一般畫家最大的不同點，也是最大的優點。」談畫論人，在行在理，獨闢蹊徑，巧妙換了個新角度，令人耳目一新。他的讚美與眾不同，技高一籌，非常討畫家喜歡。

那麼，對於初次見面的人，哪一種讚美最有效呢？這時候，最好避免以對方的人品或性格為對象，而稱讚他過去的成就、行為或所屬物等看得見的具體事物。如果讚美對方「你真是個好人」，即使是由衷之言，對方也容易產生「才第一次見面，你怎麼知道我是好人」的疑念及戒備心。

如果讚美過去的成就或行為，情況就不同了。讚美這種既成的事實與交情的深淺無關，對方也比較容易接受。也就是說，不是直接稱讚對方，而是稱讚與對方有關的事情，這種間接奉承在初次見面時十分有效。如果對方是女性，則她的服裝和裝飾品將是間接奉承的最佳對象。

要恰如其分地讚美別人是件很不容易的事。如果稱讚不得法，反而會遭到排斥。為了讓對方坦然說出心裡話，必須儘早發現對方引以為豪、喜歡被人稱讚的地方，然後對此大加讚美，也就是要讚美對方引為自豪的地方。在尚未確定對方最引以為豪之處前，最好不要胡亂稱讚，以免自討沒趣。試想，一位原本已經為身材消瘦而苦惱的女性，聽到別人讚美她苗條、纖細，又怎麼會感到由衷的高興呢？

有一位編輯，長得很像一位著名演員。每當他和朋友一起到餐館去，初次見到他的服務小姐們，都會對他說：「嗨！你長得真像某某電影明星！」的確，無論是他的容貌還是氣質都與那位演員非常相似。一般而言，說某人很像名演員，是一種恭維之詞，被稱讚的人通常不會不高興，但我這位朋友的反應卻不同，聽了服務小姐的奉承後，原本不喜歡開口的他，變得更加沉默了。

服務小姐可能是半真心半奉承地說出那些話，但是，對方不予理會，她們也只有流露出詫異的表情。然而，這位朋友的反應一點也不奇怪，因為服務小姐的讚美根本不得法。他瞭解自己的缺點，就是容易給人冷漠的印象。而那位電影明星在銀幕上所扮演的正是冷酷無情的角色。所以，如果說他酷似那位電影明星，這哪裡是在讚美，分明是指出了他的缺點。

另外，從第三者口中得到的情報有時在初次見到對方時能產生重要的作用。因此，利用所得到的情報當面誇獎對方，當然也是為了自己主動。但是，如果你將這些情報、傳言直接轉述給對方，恐怕只會遭到輕蔑。因為滿街飛舞的有關他的傳言就是人們對他公認的名聲。對此他已經聽膩了，甚至麻木了，如果你舊事重提，對方表面上也許付之一笑，內心卻十分厭煩，甚至會說：「看！又來了！老一套！」而將你打入他以前認識的很多平庸者的行列。

有關對方的傳言，對你來說即使十分新鮮，也應避開這些陳舊的讚美之詞，而大大讚美他較不為人所知的一面。正如出現在著名作家三島由紀夫的著作《不道德教育演講》中的將軍，一聽到別人稱讚他美麗的鬍鬚便大為高興，但對於有關他作戰方式的讚譽卻不放在心上。這種心理是每個人都有的。大概不少人讚美過這位將軍的英勇善戰及富於謀略的軍事才幹，但是他作為一個軍人，不論在這方面怎樣讚美他，也只是讚歌中的同一支曲子，不會使他產生自我擴大感。然而，如果你對他軍事才能以外的地方加以讚賞，等於在讚詞中增加了新的條目，他便會感到無比的滿足。

所以請記住，膚淺的讚美讓人感到乏味與空洞，受到你讚美的人也絲毫引不起一種榮耀，並會因為你的言語而產生一種不安與困惑；而獨具慧眼的讚美讓人覺得你看到了被讚美對象的實質，你確確實實對被讚美者產生了認同感，而被讚美者也對你的一雙慧眼報以信賴，產生了與你積極溝通與交流的願望。

第三章 軟話哄著說：讓不同意變成同意

厚話黑說 十三：發動情感攻勢

厚黑真經

當我們有求於人時，如果別人用一般理由來搪塞拒絕，我們往往會發現對方其實沒有經過深思熟慮，只是因為一些細小的原因而做出了拒絕的決定。如果我們能幫助對方分析現狀，用真情打動對方，對方一般會欣然相助。

厚黑妙用

八〇年代初，引灤入津工程正在加緊進行。擔負隧洞施工任務的部隊因炸藥供應不上，面臨停工和延誤工期。部隊領導心急如焚，派李連長帶車到東北某化工廠求援。李連長晝夜兼程千餘里趕到該廠供銷科，可是得到的答覆只有一句話：「現在沒貨！」他找廠長，廠長很忙，沒時間聽他陳述，他就跟進跟出，有機會就講幾句，但廠長不為所動，冷冷地說：「眼下沒貨，我也無能為力。」廠長給他倒了杯茶水勸他另想辦法。李連長並不死心，他喝了口茶，說：「這水真甜啊！天津人可是苦啊，喝的是從海河槽裡、各窪澱中集的苦水，不用放茶就是黃的。」他瞥見廠長戴的是天津產的手錶，就接著說：「您也是戴的天津錶！聽說現在全國每十只錶中就有一只是天津的，每十台拖拉機中就有一台是天津的，每四個人裡就有一個人用的是天津的鹽。您是辦工業的行家，最懂得水與工業的關係。造一輛自行車要用一噸水，造一噸鹽要一百六十噸水，造一噸紙要兩百噸水……引灤入津，解燃眉之急啊！沒有炸藥，工程就得延期……」廠長一聽，心中受到觸動，就問：「你是天津人？」「不，我是河南人，也許通水時，我也喝不上那灤河水！」廠長徹底折服了。他抓起電話下達命令：「全廠加班三天！」三天後，李連長帶著一卡車炸藥返程了。

在求人辦事的時候，能跳出自己的狹小圈子，而從對方內心深處的角度去說話，才更容易引起對方的共鳴，從而答應你的請求。

在美國經濟大蕭條時期，有一位十七歲的女孩好不容易才找到一份在高級珠寶店當售貨員的工作。在耶誕節的前一天，店裡來了一位三十歲左右的貧民顧客，他衣衫襤褸，一臉的悲哀、憤怒，他用一種不可企及的目光盯著那些高級首飾。

女孩要去接電話，一不小心，把一個碟子碰翻，六枚精美絕倫的金戒指落到地上，她慌忙撿起其中的五枚，但第六枚怎麼也找不著。這時，她看到那個三十歲左右的男子正向門口走去，頓時，她知道了戒指在哪兒。

當男子的手將要觸及門柄時，女孩柔聲叫道：「對不起，先生！」

那男子轉過身來，兩人相視無言，足足有一分鐘。

「什麼事？」

他問，臉上的肌肉在抽搐。

女孩一時竟不知說些什麼。

「什麼事？」他再次問道。

「先生，這是我第一份工作，現在找個工作很難，是不是？」

女孩神色黯然地說。

男子長久地審視著她，終於，一絲柔和的微笑浮現在他臉上。

「是的，的確如此。」他回答，「但是我能肯定，你在這裡會做得不錯。」

停了一下，他向前一步，把手伸給她：

「我可以為您祝福嗎？」

他轉過身，慢慢走向門口。

女孩目送著他的身影消失在門外，轉身走向櫃檯，把手中握著的第六枚金戒指放回了原處。

這位女孩成功地要回年輕男子偷拾的第六枚金戒指的關鍵是，在尊重諒解對方的前提下，以「同是天涯淪落人」淒苦的言語博得對方的真切同情。對方雖是流浪漢，但此時握有打破她飯碗的金戒指，極有可能使她也淪為「流浪漢」。因此，「這是我第一份工作，現在找個工作做很難」，這句真誠樸實的表白，卻飽含著懼怕失去工作的痛苦之情，也飽含著懇請對方憐憫的求助之意，終於感動了對方。對方也巧妙地交還了戒指。試想，如果女孩怒罵，甚至叫來員警，也可能找回戒指，但女孩的「飯碗」還保得住嗎？

在今天的社會，求人幫忙是越來越難了，別人首先想到的是有沒有物質上的好處。但人總有一個特點，就是可以被感動，在求人幫助時能動之以情，就會容易許多。下面我們再來看看如何求上司辦事。

人都有惻隱之心，上司當然也有。求上司辦事能否獲得應允，有時恰恰是這種同情心發揮了作用。下屬之所以找上司幫助，是因為在生活中出現了困難，比如，經濟困難、住房困難、子女就業困難等等。找上司辦事，說到底也就是想讓他們幫助解決這些困難。要想把事情辦成，最好的方法就是把這些苦衷原原本本、不卑不亢地向你的上司傾吐出來，讓他對你的境遇產生同情心，從而幫助你把問題解決掉。

引起上司同情，就需要把自己所面臨的困難說得在情在理，令人同情不已。所以，越是給自己帶來遺憾和痛苦的地方，則越應該大加渲染。這樣，上司才願意以拯救苦難的姿態向你伸出援助之手，讓你終生對他感恩戴德。

要引起上司同情，還必須瞭解上司的個人喜好。他讚揚什麼，批評什麼，又憤慨什麼，瞭解他的情感傾向和對事物善惡的評判標準。瞭解了這些，你就可以圍繞著上司的喜好來喚起他的同情心。當引起對方感情的共鳴時，就一定會收到奇特的效果。

某市房地產開發公司新竣工了一幢職工宿舍，按照劉某的級別和年資，他是分不到新房子的，但他確實有許多具體困難：自己和妻子、小孩擠在一間三坪多大的房裡，倒也還湊合，可他鄉下的父親來了，就不方便了。於是劉某只好去找上司，一開口就對上司說：「主任，如果您單位有人把年老體弱的父母丟在一邊不管，您認為該不該？」

「當然不該！是誰這樣做？這還是人養的嗎？」上司一臉的義憤。

「主任，這個人就是我。」劉某垂著頭，無可奈何地說。

「你為什麼這樣做？平時我是怎麼教育你們的？要你們尊老愛幼，你竟……」

劉某耐心地聽愛囉唆的上司數落完，才緩緩開口說道：「常言說養兒防老，我父母就我姐弟倆。姐姐出嫁了，條件也不好，況且，在我們鄉下，有兒子的父母，沒有理由要女兒女婿養老送終，這是會被人恥笑的，除非他的兒子是個白痴。可我不是白痴，我是大學生，又分在這樣一個響噹噹的單位，在您這位能幹、有威信的上司手下工作。一輩子含辛茹苦的農村父母，培養一個大學生多不容易呀，鄉親們都說我父母有福分，今後有享不盡的福。可是我現在，一家三口住一間平房，父母親來了，連個睡覺的地方都沒有。想把父母接到城裡來，自己又沒有條件；不接來，把兩個年老體弱的老人丟棄在鄉下，我心裡時常像刀割般難受。我這心裡，一想起我可憐的父母……」

劉某說到這裡，落下了傷心的淚水。

「小劉，可你的條件不夠……」主任猶豫著說。

「我知道我條件不夠，我也不好強求主任分給我房子。如果主任體恤我那年老多病的父母，分給我一間半間的，我父母來了，有個遮風避雨的地方就行了。如果主任實在為難，我也不勉強，我明天就回鄉下，把父母送到養老院去。」

主任沉默不語。

劉某知道主任在動搖，於是又趁熱打鐵地說道：「我把父母送養老院，在鄉人眼裡必將落下不孝的罪名，只是，我擔心有人會說您的閒話，說您不體恤下情，說您上司的單位，職工連父母都養不活。你是市人民代表，那些閒話有損您的威信的……」

「小劉，你不要說了，我盡量給你想辦法。」

幾天後，劉某拿到了一間兩房一廳宿舍的鑰匙。

由此可見，求上司辦事可以在「情」上激發他。從上司曾經切身感受過的事情入手，在人之常情上下工夫，把自己所面臨的困難說得在情在理，令人疼惜惋惜。

上司的同情心有時是誘出來的，有時是被激出來的。如果上司對某個下屬有成見，認為他水準很差，那麼這個下屬若要博得上司的同情，可能就是一件相當困難的事情了。人只有在沒有成見的時候，才能產生同情心。

厚話黑說 十四：哄騙你沒商量

厚黑真經

軟話哄著說的目的，就是使對方或者心存感激，或者自己解除心理武裝，誘導對方最終改變自己的想法，不得不說「是」。

厚黑妙用

日本有個聰明絕頂的小和尚，他的名字可謂家喻戶曉：一休。有一次，大將軍足利義滿把自己最喜愛的一只龍目茶碗暫時寄放在安國寺，沒想到被一休不小心打碎了。就在這時，足利義滿派人來取龍目茶碗。

大家頓時大驚失色，不知所措，茶碗已被一休打碎，拿什麼去還呢？

一休道：「不必擔心，我去見大將軍，讓我來應付他吧！」

一休對將軍說：「有生命的東西到最後一定會死，對不對？」

足利義滿回答：「是。」

一休又說道：「世界上一切有形的東西，最後都會破碎消失，是不是？」

足利義滿回答：「是。」

一休接著說：「這種破碎消失，誰也無法阻止是不是？」

足利義滿還是回答：「是。」

一休和尚聽了足利義滿的回答，露出一副很無辜的神情接著說：「義滿大人，您最心愛的龍目茶碗破碎了，我們無法阻止，請您原諒。」足利義滿已經連著回答了幾個「是」，所以他也知道此事不宜再嚴加追究了，一休和尚和外鑑法師便這樣安然地度過了這一難關。

在說服中，可以先巧設陷阱，在對方沒有防備的情況下，誘其說「是」。讓對方多說「是」的好處就是使對方在不知不覺中一步步墜入圈套，這時候你便牽住了他的「牛鼻子」，對方於是不得不就範。

促使對方說「是」的方法很多，最簡單的方法就是以雙方都同意的事開始談話，這樣就可以讓對方多說「是」，少說或不說「不」。

一個人的思維是有慣性的，當你朝某一個方向思考問題時，你就會傾向於一直考慮下去，這就是為什麼有些人一旦沉醉於某些消極的想法之後，就一直難以自拔的道理。在人際交往中我們應懂得並善於運用這一原理。與人討論某一問題時，不要一開始就將雙方的分歧亮出來，而應先討論一些你們具有共識的東西，讓對方不斷說「是」，漸漸地，你開始提出你們存在的分歧，這時對方也會習慣性地說「是」，一旦他發現之後，可能已經太遲了，只好繼續說「是」。

詹姆斯．艾伯森是格林尼治儲蓄銀行的一名出納，他就是採取了誘導對方不得不說「是」的辦法挽回了一位差點失去的顧客。

「有個年輕人走進來要開個戶頭，」艾伯森先生說道，「我遞給他幾份表格讓他填寫，但他斷然拒絕填寫有些方面的資料。」

「在我沒有學習人際關係課程以前，我一定會告訴這個客戶，假如他拒絕向銀行提供一份完整的個人資料，我們是很難給他開戶的。但今天早上，我突然想，最好不要談及銀行需要什麼，而是顧客需要什麼，所以我決定一開始就先誘使他回答『是，是的』。於是，我先同意他的觀點，告訴他，那些他所拒絕回答的資料，其實並不是非寫不可。但是，假定你碰到意外，是不是願意銀行把錢轉給你所指定的親人？

「『是的，當然願意。』他回答。

「那麼，你是不是認為應該把這位親人的名字告訴我們，以便我們屆時可以依照你的意思處理，而不致出錯或拖延？

「『是的。』他再度回答。

「年輕人的態度已經緩和下來，知道這些資料並非僅為銀行而留，而是為了他個人的利益。所以，最後他不僅填寫了所有資料，而且在我的建議下，開了一個信託帳戶，指定他母親為法定受益人。當然，他也回答了所有與他母親有關的資料。

「由於一開始就讓他回答『是，是的』，這樣反而使他忘了原本存在的問題，而高高興興地去做我建議的所有事情。」

很多人先在內心製造出否定的情況，卻又要求對方說「好」、表現出肯定的態度，這樣做是不可能讓對方點頭的。假如你要使對方說「好」，最好的方法是製造出他可以說「好」的氣氛，然後慢慢誘導他，讓他相信你的話，他就會像是被催眠般地說出「好」。

換句話說，你不要製造出他可以表示否定態度的機會，一定要創造出他會說「好」的肯定氣氛。

下面介紹一些迫使對方點頭稱「是」的妙方：

一．以雙方都同意的事情開始談話，這樣就可讓對方多說「是」。

二．製造出一種可以說「是」的氛圍，然後慢慢誘導他。

三．在你向對方發問，而對方還沒有回答前，你要先點頭稱「是」。

另外，還有在問句中誘導對方說「是」有三種妙方：

一．連續不斷追問。

二．在問題中暗示你要的答案。

三．當你發問之前先向他點頭。

厚話黑說 十五：勾起心底欲望

厚黑真經

人活在這個世界上，滿足自己所追求的欲望是很重要的一件事，有人甚至會為此超越理性常規的束縛，做出違法亂紀的事來。欲望的強弱，是決定行動積極與否的最大因素。所以，在勸說中竭盡全力滿足對方的欲望，是提高成功率的切實方法之一。

厚黑妙用

傑里斯有天下班回家的時候，看見最小的兒子提姆躺在客廳地板上又哭又鬧。原來提姆第二天就要上幼稚園，而他說什麼也不願意去。傑里斯的本能反應是把孩子趕到房裡，警告他最好乖乖上學去，別無選擇。但是，當晚他想到，這並不是叫兒子喜歡上學的方法。

傑里斯想：「假如我是提姆，什麼會吸引我到學校去呢？」於是他和太太列出許多提姆會喜歡做的事，如畫畫、唱歌、結交新朋友等，然後付諸行動。「於是我們都到廚房的大桌上畫畫——我太太、另一個孩子鮑伯和我，大家畫得興高采烈。果然沒多久，提姆走過來看熱鬧了，並且要求加入行列。『啊，不可以，你得先到幼稚園去學怎麼畫才行啊！』為了激起他更大的興趣，我把剛才列在紙上的項目，逐一用他能夠瞭解的話表達出來去打動他——當然最後告訴他，這些東西幼稚園裡都有。第二天，我起了個大早，一下樓發現提姆坐在客廳椅子上。『你在這裡做什麼？』我問。『我等著上學去啊！我不希望遲到。』全家人的努力，終於激起了提姆上學的欲望。」

另一位父親一直為自己的小兒子操心。他的小男孩體重過輕，而且不肯好好吃東西。這對父母親用的是大家最常用的方法——責備和嘮叨。「媽媽要你吃這個和那個。」「爸爸要你以後長得高大強壯。」

這個小男孩怎麼也聽不進去。

這位父親後來也發現了錯誤，便問自己：「我的兒子想要什麼？我如何能把自己的需要和他的需要聯繫起來？」

小男孩有一部三輪車，他最喜歡在自家門口附近騎著到處跑。街的另一頭住了一個喜歡欺負弱小的大男孩，常常把小男孩從車上拉下來，然後把車子騎走。

自然，小男孩會哭叫著跑回家去，然後媽媽便會跑出來，先把大男孩從三輪車上趕走，再讓小男孩騎著車子回家。這事幾乎每天發生。

所以小男孩想要什麼，這並不需要名偵探福爾摩斯來回答。小男孩的自尊、憤怒和渴望都促使他要採取報復行動，最好能一拳把那大男孩的鼻子打扁。這時，這位父親就趁機向小男孩解釋，假如他能把媽媽所給的食物吃下去，終有一天能足夠強壯得把大男孩痛揍一頓。此法果然奏效，小男孩從此不再有飲食方面的問題。他肯吃菠菜、牛肉——凡是可以讓他快快長大的食物都吃。因為他實在太渴望早日把那個大男孩狠揍一頓，好一解長久以來所受的怨氣。

哈利．歐佛垂在極具啟發性的《影響人類行為》一書中寫道：「行為乃發自我們的基本欲望……不論在商場、家庭、學校或政治上。對那些自認為是『說客』的人，有句話可以算是最好的箴言：要首先激起別人的欲望。凡能這麼做的人，世人必與他在一起，這種人永不寂寞。」

人類究竟有多少欲望？有些欲望若有似無、含糊不清，但它的確是存在的。因此，在努力成為說服高手之前，必須清楚瞭解對方有什麼樣的欲望，在從事具體的勸說行為前，鎖定他心中強烈的欲望，再對症下藥，進行勸說。

蜚聲世界的英國披頭四樂團在其早期久久打不開局面，除在利物浦地區有點影響外，他們的唱片一直擠不進全國暢銷唱片的排行榜，人們養成已久的欣賞習慣頑固地排斥著這種反傳統的新玩意兒。

樂團的經紀人艾潑斯坦獨具慧眼，看到了該團的潛力，決意改變這種蕭條的狀況。他把一批代理人派往各個編制唱片排行榜的城市。這些人到了各個城市之後，在規定的同一時間裡到處購買披頭四樂團的唱片，並故意到已售缺的商店三番五次地催問下一批唱片的到貨時間，同時還向電視臺詢問購買該唱片郵購商店的地址。大量從各地收購來的唱片，又經艾潑斯坦自己的唱片商店再轉手批發和零售出去，從而偽造出披頭四樂團唱片十分走俏的「繁榮」假象，經過這樣幾個月的來回折騰，披頭四樂團的聲望轟地一下子上去了，這種音樂變成了英國的流行樂。不僅如此，披頭四效應還越出英國國界，漂洋過海，迅速傳到了許多國家，成了一種世界性的流行音樂，影響了一代人，甚至使英國在數年之內能藉此平衡國際財政收支。

流行是大眾的趨向性思維和行為。思維可以是不自覺形成的，也可以是人為有意製造的，甚至可以是蓄意偽造出來的。披頭四樂團開始的名聲大噪就是偽造的結果。在商業活動中，流行尤其重要，流行商品就意味著大批量的生產，廣闊的市場和高額利潤，因此，為了廣開銷路，在產品的流行上作些文章是值得的。

只要讓人們的胃口感覺到餓，他們的欲望便會被勾起來，爭先恐後地到處找吃的。這種「吊胃口」的技巧，關鍵在於不讓對方感到滿足，使其欲罷不能。切記下鉤要慢，收鉤要緩，魚餌更不能讓魚兒吃夠吞飽。

這一心理規則能夠給人以下啟示：要想達到自己的目標，就必須刺激起對方的欲望，暗示只要能辦成事，好事就在後頭，並不時地給些甜頭，讓他相信你所說的並非是一句空口大話，於是在不斷的刺激下，他的欲望也就被挑了起來，這時就是你牽著他鼻子走的時候了。

拿談判作例，真正的談判高手必須具備以下「三要領」方可成功：

一．反應敏捷，把握時機

談判的時候，要隨時保持警覺性，認識各種不同的時機：該認真或冷淡的時候，該坦白或神秘的時候，該說話或保持靜默的時候，該讓步或堅定的時候，該細心觀察和態度和緩的時候，該給予或索取的時候，也就是說我們必須注意到各種稍縱即逝的時機。

二．像獵人般地深藏不露

面對談判的對手時，切不可直率地表露出自己的願望或動機。談判者要保持著若即若離的態度，讓對方感到焦慮不安，不知道交易能否順利完成。

三・像懸念老手般的善於吊胃口

人們總是珍惜難於得到的東西。買主不會欣賞容易得到的成功，所以假如你真的想讓對方快樂，就讓他們去努力爭取每樣能得到的東西。除了不要太快便讓步以外，也不要太快便提供給對方額外的服務——允諾快速的送貨、由乙方負責運費、遵照對方的規格要求提供有利的條件或者降低價格。即使要做這些讓步，也不能做得太快。千萬不要輕易讓步而令對方從容取勝。

明天，你也許就有機會要去求某人做某件事，記住，在你開口之前，一定要先停一下問你自己：「我怎麼樣才能讓這個人想去做這件事？」

厚話黑說 十六：乘熱乎做買賣

厚黑真經

常言道：「機不可失，失不再來。」改變自己的意志和想法，往往是非常艱難的。必須在對方猶豫不決時，抓住機會，促成思想轉變，否則就會前功盡棄。

厚黑妙用

從事推銷的人常會遇到這種情況，就是儘管自己說得天花亂墜，演示得淋漓盡致，顧客也對此產生了興趣，但卻冷不防來一句「讓我考慮考慮」、「我們再研究研究」、「等我考慮好了再打電話給你」等等。這些都是推託拒絕的藉口，即所謂遁詞。我們如稍不注意或意志薄弱，就會前功盡棄。因此，使顧客「下定決心，付諸行動」也就成了推銷過程中很重要的一步。

一．巧妙應付顧客的「好好考慮」

在推銷過程中，顧客常常都會用「我先好好考慮考慮」這類的託詞。這恐怕是特殊產品或家庭用品的銷售員最害怕的問題。

對於顧客這樣的問題，最好的處理方法就是對對方說：「當然，我很瞭解您的想法，但我想，如果您還想再考慮，一定因為還有一些疑點您不夠確定，我說得對不對？」

大部分人應該都會回答：「是的，在我做出決定前，還有一些問題我需要再想想。」

接下來，你可以這樣回答：「好的，那麼我們不妨現在一起將這些問題列出來討論一下。」然後拿出一張白紙，在紙上寫下1到10的數字。

「現在，先生，您最不放心的是哪一點？」

不管顧客說什麼，你只要將這一點寫在數字一的那一行，然後再繼續問，再把下一個問題列為第二點。客戶頂多會列出三四點，當客戶不再提出問題時，你可以說：「還有沒有我們沒想到的嗎？」

如果顧客說：「沒有了！」你便說：「先生，如果你提出的問題我都能一一給您滿意的答覆，我不敢說一定做得到，但如果我能，您會不會購買？」

如果顧客回答是肯定的，你就提前締結這個銷售。接下來，你要針對問題為客戶一一作出解釋和保證。如果他認為自己還不能馬上購買，專業的推銷員會說：「您一定還有不滿意的地方。請把新想到的考慮再列出來，我們一起來處理。」

當你逐一回答這些問題時，一定要清楚而明確，在解釋清問題後，要先問客戶：「您對這點滿意嗎？」或「我們是不是已完全談到每一個細節？」或「您是不是對這點還有疑惑？」等等，然後再開始解釋下一點，直到客戶沒有問題為止。

二·幫助顧客下定決心

任何人在心裡面臨一個決定時，都會發生猶豫，更何況是決定掏出自己腰包的時候。

要知道，推銷員要促成一筆交易，不但是我們的任務，也是我們對顧客的一種責任。事實證明，每逢這個關頭，交易能否成功，在相當大的程度上都取決於推銷員如何對客戶進行誘導。因此，我們須抓住這一關鍵的時刻。

一般說來，關鍵的時刻都會產生一個客觀的指標，即購買訊息。它會透過顧客的言談舉止表現出來。一旦發現了這個訊息，就要馬上誘導，一般都能獲得成功。這些訊息包括：

當顧客問起使用方法和售後服務的時候；

當顧客問道：「報紙上的廣告，就是這種東西嗎」時；

當顧客將推銷員已說過的重點再問一次時；

當顧客問到支付方式時；

當顧客問到送貨的時間、手續時；

當顧客用其他公司的產品與我們的產品相比較時；

當顧客問及市面上對我們某種產品批評或消費者的感想時。

出現這些情況，都是顧客有意無意表示出來的成交訊息，我們不能放過這個大好機會。

值得注意的是，顧客的購買訊息往往都用反面形式表現出來，即拒絕的方式。這大概是因為人的自尊心所致。很多人覺得，如果讓推銷員如此輕鬆地將自己說服，不是顯得自己很無能嗎？所以，即使真想買，也要「刁難」一下推銷員，先進行一番激烈的批評或拒絕。這時，就需要推銷員有銳利的眼光和聰敏的頭腦，用恰到好處的語言安撫對方的自尊，順利促成交易。

三・顧客說「沒帶錢」時怎麼辦

錢確實是好東西，沒錢就不能買所需要的任何東西，所以許多推銷員在「沒錢」面前退下陣來，其實他們放過了許多成功的機會。要記住，客戶嘴上說「沒錢」其實是極富彈性的，很可能是一種藉口。

實際上，錢變不出來但能湊出來，關鍵在於客戶是否真決定買。正因為錢在買賣當中起著關鍵作用，所以客戶想拒絕時，「沒錢」便成了最好的擋箭牌。但這對有經驗的推銷員來說並不能起多大作用，他照樣能讓客戶掏腰包。

針對一些「沒錢，買不起」之類的反對意見，你可以這樣應對：「所以我才勸您用這種商品來賺錢」，或者「所以我才推薦您用這種產品來省錢」等等。

當然，對方也可能真的沒帶錢，這時怎麼辦呢？

一天，一位先生夾著公事包在車行裡轉悠，左看看右看看，一會兒說這輛車車價太高，一會兒說那輛車款式不漂亮。最後，這位先生看中了一輛雪佛蘭弗萊汽車。當推銷員與他洽談時，他卻說：「我今天只是隨便看看，沒帶現金。」這時推銷員說：「先生，沒有問題，我和您一樣，有很多次都忘了帶錢。」然後稍稍停頓一會兒，觀察到顧客有種脫離困境、如釋重負的感覺，他帶了錢！推銷員接著說：「事實上，您不需要帶一分錢，因為您的承諾比世界上所有的錢都能說明問題。」

接下來，推銷員抓起顧客的手說：「就在這兒簽名，行嗎？」

等他簽完名，推銷員又強調一下說：「我這個人往往能給別人留下不錯的第一印象，我知道，他們不會讓我失望的。」

實際上，當你說這些話時，也確實很少有人令你失望。因為當你信任好人時，好人也會向你證明他們的確是值得信賴的。

厚話黑說十七：步步引入圈套

厚黑真經

孫子認為，勝利的關鍵在於「致人而不致於人」。在厚話黑說中，你牽著對方鼻子走就是「致人」，而對方牽著你的鼻子走就是「致於人」。

厚黑妙用

在談判的時候，談判雙方都想爭取最大利益，這也正是談判之所以產生的主要原因。但是如何為自己爭取最大利益呢？如果一下子就把自己的終極要求提出來，對方一看你胃口如此之大，肯定非常生氣，也會對你這個談判對象產生不信任。其實想要盡量得到自身最大利益又不得罪對方，有一個很好的方法，這就是用「切香腸」的方式一點一點地提出你的要求，步步引入圈套，誘敵深入。

一位高明的談判者在談判之初並不提出自己全部的、真正的要求，而是隨著談判的不斷深入，採取擠牙膏的方法，順順當當地使對方做出一個又一個的承諾，直到滿足自己的所有欲求為止。就好像蠶吃桑葉一樣，一點一點、一片一片地統統吃光。這就是傳統的蠶食談判策略，又被稱為「切香腸」策略。該策略的具體內容是：意欲取其尺利，則每次謀取毫釐，就像切香腸一樣，一片一片地把最大利益切到手。「切香腸」談判策略出自這樣一個典故：在義大利，一個乞討者想得到某人手中的一根香腸，但對方不給，這位乞討者乞求對方可憐他，給他切一薄片，對方認為這個要求可以，於是答應了。第二天，乞討者又去乞求切一片，第三天又是如此，最後這個香腸全被乞討者得到了。

一般來說，人們對對方比較小的要求容易給予滿足，而對較高的要求就會感到比較困難。因此，有經驗的談判者絕不會一開始就提出自己的所有要求，而是在談判的過程中把自己所需要的條件一點一點地提出，這樣累計起來，就得到了比較優惠的條件。該策略在商務談判中運用得十分廣泛。談判桌上常常聽到「不就是一角錢嗎？」「不就多運一站路嗎？」「不就是耽誤一天嗎？」等等，遇到這種情況，應當警覺，也許對方正在使用「蠶食計」。特別是當談判經過雙方的討價還價階段之後，有的談判者總是試探著前進，不斷地鞏固陣地，不動聲色地推行自己的方案，讓人難以覺察，最終產生得寸進尺的效果。

如果你在談判中想要得到更多，那就不要一下子提出所有要求，應該像切香腸一樣，把自己的要求切成小片，切得越薄越好，而且提出一點點要求，都要給對方相應的「回報」。這種辦法給人以虛假的印象，好像是很「謙虛」，讓對方感到高興，其實你在無形中已經占了他很大的便宜。

房屋抵押貸款保險的服務對象為向銀行申請分期貸款購買住宅的客戶。客戶一旦參加了這種保險，當遇到不可抗拒的因素而導致貸款人死亡，或者遭遇不測不能償還銀行的分期貸款時，保險公司則代為繳納，以分擔銀行和貸款人雙方的風險。一家剛剛成立的保險公司想要開展這方面的業務，但又比其他同行慢了一步。於是，他們決定採用新戰術打開門路，以便在這一市場上占有一席之地。經過一番周密的策劃，公司派出業務員與銀行洽談：「我們公司正計畫一種嶄新的服務辦法，我們絕不像貴銀行所指定的那家保險公司那樣向客戶叩頭拜託，也不像現在的做法那樣，客戶一到銀行辦完貸款手續就馬上登門推銷。我們的辦法完全兩樣，我們要用郵寄廣告的方式來擴展業務，所以請貴銀行把尚未加入保險的客戶名單抄一份給我們。如果你們的貸款由我們的保險來做加信保障的話，你們也可以放心了。」對於這家保險公司的這種要求，銀行方面沒有理由拒絕接受，加之郵寄宣傳的配合，經過一番努力之後，新的服務方式獲得了極大的成功，占據了房屋抵押貸款保險業八十%的份額。第一步取得了成功之後，這家保險公司又派出代表到各大銀行遊說：「目前我們公司已經爭取到了整個市場八十%的份額，你看我們該不該爭取一百%？」就這樣，該公司成為當地唯一被銀行指定的保險公司。

在這裡，保險公司成功地運用了「切香腸」策略，取得了與銀行談判的成功。在蠶食的過程中，首先從銀行那裡得到尚未參加保險的客戶名單，用新的服務方式招徠越來越多的客戶投保。其次，以初步的成功再向銀行提出新的要求，進而爭取到一百%的當地市場。最後，以取得的成功為基礎，採取同樣的策略向全國出擊，最終在同行業中遙遙領先，從而實現了自己的最高目標。

「切香腸」策略給我們的啟示是：在談判中，與其自己的目光總是盯著最高目標，倒不如從容易實現的物質條件開始，一點一滴地去爭取。談判中採用此種策略時必須注意要有耐心，要小心謹慎，否則就不會獲得成功。因為最常見、最有效的策略，也往往是最易被人識破的策略。因此，僅僅懂得策略還是很不夠的，須知策略運用的技巧比策略本身更重要。

厚話黑說十八：萬事抬不過理

厚黑真經

在厚話黑說中，感情打動、威逼利誘只能掃清「周邊」，只有以理服人，用理性的「利劍」才能直透「核心」，使對方俯首稱臣。人們常說「事實勝於雄辯」，在具體的事實面前，即使再蠻橫、再能狡辯的人，也不能置事實於不顧，睜著眼睛說瞎話。

厚黑妙用

一次手工課，愛因斯坦把自己「製造」的一張很不像樣的「板凳」交給了老師。

老師看後很生氣，舉著「板凳」問孩子們：「你們見過比這更糟糕的凳子嗎？」

小朋友們都一個勁地搖頭表示「沒見過」。但愛因斯坦卻從課桌裡拿出了另外兩張「板凳」說：「比這更糟糕的凳子還是有的。」他指著拿出來的那兩張「板凳」說：「這是我第一次和第二次製作的。剛才交給老師的已是第三張板凳了，雖然它做得並不好，但比這兩張好多了。」

結果，老師被說得啞口無言。

這就是擺事實最直接的辦法——示物助說。

一次，史特勞斯結束他在維也納國家音樂廳舉行的「個人鋼琴演奏會」後，回到下榻處，就有一名俄國軍官帶著隨從一臉怒氣地衝了進來。那俄國軍官氣沖沖地遞上一份「決鬥書」，吼道：「你是我的情敵，我要和你決鬥，一分高低，請吧！」說完，甩開大氅，抽出長劍，亮開了架勢。

史特勞斯莫名其妙，不知自己怎麼就成了「情敵」？「請你把原因講清楚再決鬥也不遲！」他冷靜地說。

俄國軍官忿忿地陳述道：「你每次演出，我的妻子都要送鮮花給你。鮮花代表著愛情，既然她送鮮花給你，那你倆一定私通！你破壞了我的家庭，你就是我的情敵！這還有什麼可說的？」

史特勞斯聽罷，對這荒唐的推理哭笑不得，本想好好地回敬幾句，但稍一思忖後，他改變了主意，說：「軍官先生，我帶你看些東西。」

說完，他把軍官和隨從帶到了一處寬大的花房，指著裡面放著的無數束鮮花說：「請把尊夫人送給我的鮮花挑出來吧，讓它作證，我們好決鬥啊！」

那軍官和隨從看著數不清的花束，目瞪口呆，面面相覷：「原來有這麼多的人送花啊！」至此，俄國軍官自己也覺得太魯莽，便主動向史特勞斯賠禮道歉。

一場一觸即發的「決鬥」被史特勞斯運用的示物助說化解了。

所謂示物助說，就是在適當的時機當場拿出具體的實物來進一步證明自己的觀點。其特點是語言與動作糅合為一體或同時並舉，具體而直觀，富有真實感。

然而作為一個成熟的辯手，挖掘例證來源的能力應該是非常強的。大凡好的例證更能感化別人。而好的例證的來源之一就在辯論的現場。就看你的想像能力如何，具備想像能力者，在辯論現場直接取證來論證自己的觀點，其效果一定極佳。

在辯論中，雄辯者及時抓住現場的某些事物用作論據反擊敵論，這種辯論技巧，就是就地取證戰術。由於這些事物都是辯論者在現場的所見所聞所感，是大家有目共睹的，生動具體，直觀性好，一點就明，一說就透，因而具有很強的雄辯力量。

在一次「大學生可不可以下海經商」的論辯比賽中，正方的一辯是這樣開始他的發言的：「朋友們，在我們這個『有錢非萬能，無錢萬不能』的時代裡，錢這個身外之物一定令在座的各位男女同學苦苦追求過。也許哪位女同學為缺少一元錢而買不到自己喜愛的洗髮精傷透了腦筋；也許哪位男同學因缺少五角錢而不能吃上一鍋紅燒肉只能吃盤白菜而搓痛了腦袋；也許哪位同學因為缺錢而買不起牙膏刷牙以致口臭，買不起郵票寄信以致難向遠方親人傾吐親情……也許，無數的也許。看來只有錢才能有風采，才能有魅力，才能讓人生存。錢可以給我們帶來巨大的物質、精神享受。而下海經商首先做到的是可以開拓生財之道。這樣說來，何樂而不為呢？這是其一。其二……」

這位論辯者抓住現場觀眾感興趣、聯繫深的日常瑣事臨場切入，就地取證，講出了大家的心裡話，深得觀眾認同。

王陽明是我國明代著名的「心學」思想家。他主張心外無物，受到很多人的崇拜，也受到一些人的質疑。有意思的是，他還被自己的主張絆倒過一次。

那一天，王陽明和朋友登山觀賞風景，一路上滔滔不絕地談論他的哲學思想。他說：「凡是人們心中沒有想到的東西都是不存在的，就說這些大樹吧，它們之所以存在，就是因為我們看到了它們，心中想到了它們，否則就不存在了！」他正談得興致勃勃的時候，不料被一塊石頭絆了一跤，帽子滾到山下去了，於是掃興地說：「沒想到被石頭絆了一跤。」他的朋友便問他：「你沒想到的東西怎麼會存在呢?可見還是心外有物呀！」王陽明無言以對。

王陽明一開始說心外無物，可沒想到後來會被石頭絆一跤，他朋友抓住了這一現場證據反問他，使他啞口無言。可見，就地取證能使自己的觀點更具戰鬥力，具有很好的辯論效果。就地取證，顧名思義，就是現場找例證現炒現賣。需要注意的是，運用就地取證術時要做到思維敏捷，語言陳述情真意切，證物要有典型性和代表性，以理服人。在用此法時要弄清的是，從現場找來的例證是否有說服力，如果缺乏說服力，就會適得其反。

第四章　直話巧妙說：讓不合作變成合作

厚話黑說　十九：巧試探知深淺

厚黑真經

軍事上有種說法叫「不打無準備之仗，不打無把握之仗」。只有透過巧妙地「探」，知道了對方心裡想的是什麼，才能確定下面要說什麼，要不要說。

厚黑妙用

西安事變前夕，張學良和楊虎城頻繁晤面，都有心對蔣發難。可對於這樣一個關係到身家性命和國家前途的大事，在對方亮明態度之前，誰也不敢輕易開門。眼看時間越來越近，雙方都是欲說還休。

楊虎城手下有個著名的共產黨員叫王炳南，張學良也認識。在又一次的晤面中，楊虎城便託他之口說道：「王炳南是個激進分子，他主張扣留蔣介石！」張學良及時插嘴道：「我看這也不失為一個辦法。」於是兩個聰明的將軍開始商談行動計畫。

當時，張學良的實力比楊虎城大得多，且又是蔣的拜把兄弟。楊虎城如果直接把自己的觀點擺在張的面前，而張又不贊同，後果實在堪憂。於是便借了並不在場的第三者之口傳出心聲，即使不成也可全身而退，另謀他策。這種兼有拉「擋箭牌」的自保功用，妙不可言。

還有一種巧妙試探的方法為實話虛說，藉機抒情。十九世紀俄國著名作家杜斯妥也夫斯基便是以此奇術摸清了小秘書的芳心，「逼」她供出了底牌。

一八六六年，對杜斯妥也夫斯基是具有重要意義的一年。妻子瑪麗亞和他的哥哥相繼病逝。為了還債，他為出版商趕寫小說《賭徒》，請了速記員，她叫安娜．格利戈里耶夫娜，一個年僅二十歲，性情異常善良和聰明活潑的少女。

安娜非常崇拜杜斯妥也夫斯基，工作認真，一絲不苟。書稿《賭徒》完成後，作家已經愛上了他的速記員，但不知道安娜是否願意做他的妻子，便把安娜請到他的工作室，對安娜說：「我又在構思一部小說。」「是一部有趣的小說嗎？」她問。

「是的。只是小說的結尾部分還沒有安排好，一個年輕女孩的心理活動我把握不住，現在只有求助於你了。」他見安娜在諦聽，繼續說，「小說的主人公是個藝術家，已經不年輕了……」

主人公的經歷就是作家自己，安娜聽出來了，她忍不住打斷他的話：「你為什麼折磨你的主人公呢？」

「看來你好像同情他？」作家問安娜。

「我非常同情，他有一顆善良的心，充滿愛的心。他遭受不幸，依然渴望愛情，熱切期望獲得幸福。」安娜有些激動。杜斯妥也夫斯基接著說，「用作者的話說，主人公遇到的女孩，溫柔、聰明、善良，通達人情，算不上美人，但也相當不錯。我很喜歡她。」

「但很難結合，因為兩人性格、年齡懸殊。年輕的女孩會愛上藝術家嗎？這是不是心理上的失真？我請你幫忙，聽聽你的意見。」作家徵求安娜的意見。

「怎麼不可能！如果兩人情投意合，她為什麼不能愛藝術家？難道只有相貌和財富才值得去愛嗎？只要她真正愛他，她就是幸福的人，而且永遠不會後悔。」

「你真的相信，她會愛他？而且愛一輩子？」作家有些激動，又有點猶豫不決，聲音顫抖著，顯得窘迫和痛苦。

安娜怔住了，終於明白他們不僅僅是在談文學，而且在構思一個愛情絕唱的序曲。安娜小姐的真實心理正如她自己所言，她非常同情主人公，即作家杜斯妥也夫斯基的遭遇，且從內心裡愛慕這位偉大的作家，如果模稜兩可地回答作家的話，對他的自尊和高傲將是可怕的打擊。於是安娜激動地告訴作家：「我將回答，我愛你，並且會愛一輩子。」

後來，作家和安娜結為伉儷，在安娜的幫助下，杜斯妥也夫斯基還清了壓在身上的全部債務，並在短短的後半生寫出了許多不朽之作。

杜斯妥也夫斯基向安娜求愛的妙計，歷來被世人當作愛情佳話，廣為傳誦。

由此可見，若能將巧妙的試探運用好，可收到的效果是顯著的。比較常見的試探方法有：

一．自我否定法

就是自己對所提問題拿不準時，如果直截了當提出來恐怕失言，造成尷尬。這時，就可以使用既提出問題，同時又自我否定的方式進行試探。這樣在自我否定的意見中，就隱含了兩種可能供對方選擇，而對方的任何選擇都不會使你感到不安和尷尬。

二．投石問路法

並不直接提出自己的問題和方法，而是先提一個與自己本意相關的問題，請對方回答，如果從其答案，自己已經得出否定性的判斷，那就不要再提出自己原定的想法，這樣可以避免尷尬。

三．觸類旁通法

當你想提一個要求時，還可以先提出一個與此同屬一類的問題，試探對方的態度。如果得到肯定的資訊時，便可以進一步提出自己的要求；如果對方的態度是明確的否定，那就免開尊口以免碰釘子。

四．順便提出法

有時提出問題，並不用鄭重其事的方式。因為這種方式顯得過分重視，至關重要，一旦被否定，自己會感到下不了臺。而如果在執行某一交際任務過程中，利用適當時機，順便提出自己的問題，給人的印象是並未把此事看得很重，即使不滿足也沒有什麼感覺。

五．開玩笑法

有時還可以把本來應鄭重其事提出的問題用開玩笑的口氣說出來，如果對方給予否定，便可把這個問題歸結為開玩笑，這樣既可達到試探的目的，又可在一笑之中化解尷尬，維護自己的尊嚴。

六．打電話法

打電話提出自己的要求與面對面提出有所不同，由於彼此只能聽到聲音而不見面，即使被對方所否定，其刺激性也較小，比當面被否定更易接受些。

總之，待人處世中，在沒有把握的時候應該先巧妙試探，多繞幾個圈子，這樣才能保證你在求人辦事中得到最大的實惠，少碰些釘子。

厚話黑說二十：欲抑之先褒之

厚黑真經

從孩子的天性，我們可以發現一點：當我們稱讚誇獎他們時，他們是何等的高興滿足。其實，他們並不一定具有我們所稱讚的優點，而只是我們期望他們做到這點而已。這就是一種典型的「增高鞋」之例。現實生活中，我們不妨巧用此法「欲取之先予之」，在說服之前先抬高對方。

厚黑妙用

自從塞德默斯來到奇異電器公司任主任管理員後，他管理的部門越來越糟。但老闆並不責難他，因為他們瞭解塞德默斯並非庸才，而是一個很有能力、思維十分敏銳的人。他們很有技巧地對他使用了一點機智術。

他們在無形中使塞德默斯享有兩個頭銜，一個是職務上的，一個是非職務上的。職務上的頭銜是正式的，那就是奇異電器公司的顧問工程師，這是公司內外人人皆知的；非職務上的頭銜是非正式的，稱他作「最高法庭」，這是促使他的屬下稱呼他的尊號，表示他是公司生死成敗的最高決策者。

果然，沒過多久，塞德默斯連續創造出許多電器史上的奇蹟，隨之，公司的面貌也煥然一新。這個巧妙而有成效的謀略，不是別的，正是賞給頭銜的「欲取先予」之法。

一次，達爾文去赴宴，席間，與一個年輕美貌、衣著時髦的女郎坐在一起。這位美女帶點玩笑的口吻向科學家提出問題：「達爾文先生，聽說您斷言，人類是由猴子變來的。我也屬於您的論斷之列嗎？」

如果達爾文先生嚴格按科學的原理，大講物競天擇、適者生存的進化論，恐怕這位漂亮的女士會溜之大吉的。但達爾文與眾不同之處在於他的冷靜和機敏善辯，並揣測年輕女子愛漂亮的心理，巧妙地來了一句：「是的。人類是由猴子變來的。不過，小姐您不是由普通猴子變來的，而是由長得非常迷人的猴子變來的。」說這話的時候，他顯得彬彬有禮，煞有介事。

達爾文深知「說服前先抬高別人」的妙用，巧用了「增高鞋」的方法，將「欲取先予」的說話藝術發揮得淋漓盡致。

一般而言，利用「增高鞋」法能產生的巨大作用有：

一．可以抬高對方高度，達到促其向上的目的。

二．能使難辦的事情變得順利起來。

三．能拉近和對方的關係。

在我們與人交往時，何不也效仿這一做法呢？因為不管是大人還是小孩子，他們都喜歡別人給自己一個美名，如果他們沒有做到這一點，內心裡也會朝此目標努力，因為他們知道這樣就可以得到一個美名，站在一個受人讚賞的高度。

假如一個好工人變成粗製濫造的工人，上司會怎麼做？上司可以解雇他，但這並不能解決任何問題；上司也可以責罵那個工人，但這只能引起怨怒。

亨利．漢克是印第安那州洛威市一家卡車經銷商的服務經理，他公司有一個工人，工作每況愈下。但亨利．漢克沒有對他吼叫或威脅他，而是把他叫到辦公室裡來，跟他進行了坦誠的交談。

他說：「希爾，你是個很棒的技工。你在這裡工作也有好幾年了，你修的車子顧客也很滿意，有很多人都讚美你的技術好。可是最近，你完成一件工作所需的時間加長了，而且你的品質也比不上你以前的水準。也許我們可以一起來想個辦法解決這個問題。」

希爾回答說他並不知道他沒有盡他的職責，並且向他的上司保證，他以後一定改進。

他做了嗎？他肯定做了。他曾經是一個優秀的技工，他怎麼會做些不及過去的事呢？

如果你懂得抬高對方，那再難的事情也會變得順利起來。在信用受到普遍懷疑的年代，貸款變得越來越不容易，可是就有人靠一張會說話的嘴換來了巨額款項。

約翰·強生是美國的大企業家。一九六〇年，他決定在芝加哥為他的公司總部興建一座辦公大樓。為此，他出入了無數家銀行，但始終沒貸到一筆款。於是，他決定先上馬後加鞭，他用自己設法籌集的兩百萬美元，聘請了一位承包商，要他放手進行建造，好讓他去籌措所需要的其餘五百萬美元。假如錢用完了，而他仍然拿不到抵押貸款，承包商就得停工待料。建造開始並持續加工，到所剩的錢僅夠再花一個星期的時候，約翰恰好和大都會人壽保險公司的一個主管在紐約市一起吃飯。他拿出經常帶在身邊的一張藍圖，想激起這個主管對興建大廈的投資興趣。他正準備將藍圖放在餐桌上時，主管對約翰說：「在這兒我們不便談，明天到我辦公室來。」

第二天，當主管斷定大都會公司很有希望提供抵押貸款時，約翰說：「好極了，唯一的問題是今天我就需要得到貸款的承諾。」

「你一定在開玩笑，我們從來沒有在一天之內為這樣的貸款進行承諾的先例。」主管回答。

約翰把椅子拉近主管，並說：「你是這個部門的負責人。也許你應該試試看你有無足夠的權力，能把這件事在一天之內辦妥。」

主管滿意地笑著說：「讓我試一試吧。」

事情進行得很順利，約翰在自己的錢花光之前的幾小時拿著到手的貸款回到了芝加哥。這是依靠或者是利用某些男性的權力與尊嚴來巧妙抬高對方。誰也拒絕不了那種突然拔高的感覺，尤其當遇到某些頑固而又愛美的女性，不妨直接在這個方面誇讚一番，這樣她會更加飄飄然，說服她也就不難了。

厚話黑說二十一：響鼓不用重錘敲

厚黑真經

俗話說「心急吃不了熱豆腐」，「緊迫盯人」式勸說會使人更加排斥。善用「響鼓不用重錘敲」的人會故意給雙方留下一個緩衝帶，然後以各種提醒激發對方自身的責任感。

厚黑妙用

宋朝知益州的張詠，聽說寇準當上了宰相，對其部下說：「寇公奇才，惜學術不足爾。」這句話一語中的。張詠與寇準是多年的至交，他很想找個機會勸勸老朋友多讀些書。

恰巧時隔不久，寇準因事來到陝西，剛剛卸任的張詠也從成都來到這裡。老友相會，格外高興。臨分手時，寇準問張詠：「何以教準？」張詠對此早有所考慮，正想趁機勸寇公多讀書。可是又一琢磨，寇準已是堂堂宰相，居一人之下，萬人之上，怎麼好直截了當地說他沒學問呢？張詠略微沉吟了一下，慢條斯理地說了一句：「《霍光傳》不可不讀。」回到相府，寇準趕緊找出《漢書·霍光傳》，從頭仔細閱讀，當他讀到「光不學無術，闇於大理」時，恍然大悟，自言自語地說：「此張公謂我矣！」是啊，當年霍光任過大司馬、大將軍要職，地位相當於宋朝的宰相，他輔佐漢朝立有大功，但是居功自傲，不好學習，不明事理。這與寇準有某些相似之處。因而寇準讀了《霍光傳》，很快明白了張詠的用意。

張詠與寇準過去是至交，但如今寇準位居宰相，直接批評效果不一定好，在這種情況下，張詠的一句贈言「《霍光傳》不可不讀」可以說是絕妙的。別看這僅僅是一句話，其實它能勝過千言萬語。「不學無術」，這是常人難以接受的批評，更何況是當朝宰相，而張詠透過教讀《霍光傳》這個委婉的方式，使寇準愉快地接受了自己的建議。正所謂：「響鼓不用重錘敲。」寇準是聰明人，也是知錯能改的自覺人，因此只需輕輕點撥即可。

有的批評者明白這一道理，更是採取一種十分高明暗示手段，效果非同一般，這就是請教式批評。

有個人在一處禁捕的水庫內網魚。遠處走來一位員警，捕魚者心想這下糟了。員警走近後，出乎意料，不僅沒有大聲訓斥，反而和氣地說：「先生，您在此洗網，下游的河水豈不被污染？」這情景令捕魚者十分感動，連忙誠懇地道歉。

若是員警當即責罵他，那效果就不一樣了。最為高明的手段是根本不提「批評」二字，而是逐漸「敲醒」聽者，啟發他自己做自我批評。

據某單位幾位老同事反應，晚上住在機關宿舍樓上的年輕同事不注意保持安靜，老同事在樓下睡不好。上司和這些年輕人閒談時，講了一則笑話進行暗示：

有個老頭神經衰弱，稍有響動，就很難入睡。恰好樓上住了一個經常上晚班的小夥子。小夥子每天下班回家，雙腳一甩，將鞋子「噔噔」踢下，重重地落在地板上，每次都將好不容易才入睡的老頭驚醒。老頭提了意見。當晚小夥子下班回來，習慣地把腳一甩，突然記起老頭的話，於是輕輕脫下第二隻鞋。第二天一早，老頭埋怨小夥子說：「你一次將兩隻鞋甩下，我還可以重新入睡，你留下一隻不甩，害得我等你甩第二隻鞋等了一夜。」

笑話說完，小夥子們哄堂大笑之後，悟出了笑話所指，以後就注意這件事了。

另有一則例子很好地說明了「響鼓不用重錘敲」這一道理。一八八七年三月八日，美國最偉大的牧師及演說家亨利．華德．畢奇爾逝世。就在那個星期天，萊曼．阿伯特應邀向那些因畢奇爾的去世而哀傷不已的牧師們演說。他急於做最佳表現，因此把他的講道詞寫了又改，改了又寫，並像大作家福樓拜那樣謹慎地加以潤飾，然後讀給他妻子聽。

實際上，他寫得很不好，就像大部分他以前寫的演說一樣。如果他的妻子不懂得批評的技巧，她也許就會說：「萊曼，寫得真是糟糕，念起來就像一部百科全書似的，你會使所有聽眾都睡著的。你已經傳道這麼多年了，應該有更好的認識才是，看在上帝的分上，你為什麼不像普通人那般說話？你為什麼不表現得自然一點？如果你念出這樣的一篇東西，只會自取其辱。」她「也許」

會這麼說，而且如果她真的那麼說了，其後果是可想而知的。

但是，她只是說，這篇講稿若登在《北美評論》雜誌上，將是一篇極佳的文章。換句話說，她稱讚了這篇講稿，但同時很巧妙地暗示，如果用這篇講稿來演說，將不會有好效果。萊曼·阿伯特知道她的意思，於是把他細心準備的原稿撕碎，後來講道時甚至不用筆記。

有些話並不適合隨口就說出來的，我們必須思考應該以什麼樣的方式把它說出來而不會讓對方難堪。對於那些有自知之明的人，最好採用暗示的方式，因為這樣做就可以達到勸說的目的了，無須再把話挑明，多加一層傷害。

「響鼓不用重錘」法不僅可用在委婉批評中，也可用於說服別人。當你想改變一個人做某一件事的方法，將新方法推薦給他時，他不一定願意採用你的新方法，他會感覺還是老方法好。即使你是上司，也要記得，說服總比強迫好。響鼓不用重錘敲，用說服的方法會使你得到更大的好處，更長遠的好處。

你的目的不外是讓他拋棄他的舊思想，接受你的新思想，但是除非他完全相信你的新方法好於他的舊方法，而且還能給他帶來更大的好處，他才可能放棄他的舊思想，接受你的新思想。為了使別人更順暢地接受你的思想，要引導他客觀地、實事求是地檢查他自己的情況，以便於你指出並暴露他的弱點。

當你發現了對方弱點的時候，你就可以用這個弱點說服他接受你的觀點。當他明白那確實是他的弱點的時候，他就會敞開胸懷接受你的建議。當你想說服某人接受你的觀點時，最好是先讓他開口說話，讓他替他自己的情況辯護。但你心裡清楚你占有優勢，這樣，他說著說著就不可避免地要暴露出自己的弱點，你可以用這些弱點攻破他的防線，但最好還是讓他自己發現自身的弱點。

你怎麼才能讓他透露他的觀點呢？不妨向他提出一些主要的問題。為了幫助你儘快掌握這種方法。讓我們聽聽一家大公司的企業關係部主任謝利·貝內特女士是怎麼說的。

「如果我的一個新計畫或者一種新思想遭遇一個雇員的阻力，我總會想方設法聽聽他的意見。」貝內特女士說，「他的意見總能給我一些提示，讓我找到向他發問的門路。因為他在談話中，會多多少少暴露出一些弱點，實際上，他也知道這些弱點，但這些弱點對我都是大有幫助的。我請他把反對理由的要點再考慮幾次，然後透過詢問他還有什麼其他想補充的以發掘更多的情況。

「透過詢問一系列的問題，我能夠得到他認為是重要的各種情況。在宣佈我的主張之前，我要告訴他我對他的觀點很感興趣。一開始我讓他多講話，但絕不能讓他操縱這次對話。我要透過提問來控制形勢，我越問，他的話就會越少，到後來就會張口結舌。這樣，我就完全掌握了主動權。如果你想確保你的思想方法戰勝他的思想方法，你就讓他設身處地發現他自己的弱點，那樣他就會心甘情願地接受你的觀點了。」

你也可以像貝內特女士那樣做，如果你讓說服對象先發表他們的看法，他們就會暴露他們的思想，從而你就會發現他們的弱點。當他們意識到自己在談話中有漏洞的時候，就會更願意接受你的觀點。當然，如果你發現他的舊方法比你的新方法更好，則應保留舊方法而丟棄你的新方法，其結果依然對你有利。

厚話黑說二十二：放長線釣大魚

厚黑真經

筍子在成為竹子之前，是有多層外皮包裹的，剝筍時得一層層剝開，才能剝到所需要的筍心。所謂層層剝筍，就是在說服他人的過程中緊扣主題，從一點切入，由小至大，由遠至近，由淺到深，由輕到重，逐層展開，直至揭示問題的本質，進而達到放長線釣大魚，引誘對方就範的說服方法。「放長線釣大魚」，就是指透過這種時間上的延長和速度上的放慢，實現主動權的轉換，以便在雙方心理較量中取得優勢地位。

厚黑妙用

有一天，孟子覺得齊宣王沒有當好國君，於是對齊宣王說：「假如你有一個臣子把妻子兒女託付給朋友照顧，自己到楚國去了，等他回來時，他的妻子兒女卻在挨餓、受凍，對這樣的朋友該怎麼辦呢？」

齊宣王不知道孟子的用意，於是非常乾脆地回答說：「和他絕交！」

孟子又問：「軍隊的將領不能帶領好軍隊，應該怎麼辦呢？」

齊宣王也覺得問題太簡單，於是以更加堅定的口氣回答：「撤掉他！」

孟子終於問道：「一個國家沒有治理好，那又該怎麼辦呢？」

齊宣王這才明白了孟子的意思——國家治理不好，應該撤換國君。雖然齊宣王不願接受這種觀點，但是在孟子層層剝筍的巧妙言說之下，也只有忍受這種觀點了。

複雜難說的事要由淺入深地論證說明，假如孟子一開始就提出第三個問題，齊王不憤怒是不可能的。我們在勸說上司的時候可以使用這種方法。

戰國時，楚襄王是個昏庸的國君。大夫莊辛直言進諫，楚襄王非但不聽，還訓斥莊辛是「老糊塗」。莊辛只好離開，到了趙國。不久，秦國占領了楚國大片的國土。楚襄王有所醒悟，於是把莊辛找回來商量對策。

莊辛於是變直言進諫為層層剝筍，連設四喻，從小到大，由物及人，層層遞進，步步進逼：「蜻蜓捕食蟲子，自以為很安全，卻不知道小孩子用黏膠捕捉牠，一不留神就會成為螞蟻的食物。黃雀俯啄白米，仰棲高枝，自以為無患，誰知公子王孫將要把牠射下，調成佳餚。天鵝直上雲霄，自以為無患，誰知射手要把牠射下來，把牠做成食物。蔡靈侯南遊高丘，北登巫山，飲茹溪之水，食湘江之魚，左手抱了年輕的美女，右臂挽著寵幸的姬妾，不以國政為事，哪知道子發受了楚王之命要把他殺掉。大王您左邊有個州侯，右邊有個夏侯，御車後跟著鄢陵君和壽陵君，食封地俸祿之米粟，用四方貢獻的金銀，和他們馳騁射獵於雲夢之間，而不以天下國家為事。您不知穰侯正接受了秦王的命令，他們的軍隊要占領我們的國家，把大王驅趕到國外去呢！」

莊辛這一席「層層剝筍」的話，聽得楚襄王「顏色變作，身體戰慄」，到了非納諫不可的境地。

戰國時期，說服秦王破六國合縱從而兼併天下的張儀採用的也是層層剝筍的方法，至此，秦王才有了趁勝統一中國的決心。

張儀認為秦國缺乏遠大的戰略眼光，不能抓住大好戰機，窮追猛打，使山東諸侯得以喘息，捲土重來，合縱攻秦，以致出現六國「當亡不亡」，秦國「當伯（霸）不伯」的局面。為了促進秦國統一中國的大業，張儀向秦昭王獻策說：「我聽說，天下諸侯——趙與北方的燕、南方的魏，聯結楚，拉攏齊，又糾合殘餘的韓，結成了合縱的局面，將要向西來與秦國對抗，我私下裡譏笑它們不自量力。世上有三種導致滅亡的情況，而山東六國都具備了，大概說的就是它們的合縱吧！我聽人說：『混亂的國家去進攻安定的國家，就會滅亡；邪惡的國家去進攻正義的國家，就會滅亡；倒行逆施的國家去進攻順天應人的國家，就會滅亡。』現在六國的財物不足，糧倉空虛，它們即使出動全部的士民，擴大軍隊至幾十萬、上百萬，臨戰之時，前面有敵人雪亮的刀劍，後面是自己一方斬伐逃兵的斧質，可是士卒還是紛紛後退不肯死戰。不是他們的百姓不能死戰，而是六國的君主不能夠使百姓死戰。該獎賞的不給獎賞，說要處罰的不處罰，賞罰都不能兌現，所以百姓不肯拚死作戰。

「現在秦國頒發號令，施行賞罰，有功無功都視其業績而定，沒有偏私。秦人雖說從小生活在父母的懷抱之中，生來是不曾見過敵寇的，但是一旦聽說打仗，便跺腳脫衣，踴躍參戰，冒著敵人的刀劍，踏過地上的火炭，決心拚死，勇往直前的人到處都是。決心拚死和貪生怕死是不同的，秦國士民能做到決心拚死，是因為秦國提倡勇敢。因此，一個可以戰勝十個，十個可以戰勝百個，百人可以戰勝千人，千人可以戰勝萬人，有一萬人就可以戰勝天下諸侯了。現在秦國的土地，截長補短，方圓數千里，威名遠揚的軍隊數百萬，再加上秦國號令賞罰嚴明，地理形勢有利，天下各國沒有哪個比得上。憑藉這些有利條件對付天下諸侯，統一天下是很容易的。由此可知，只要秦軍出戰沒有不獲勝的，進攻沒有不能攻下的，抵擋的敵人沒有不被打敗的。按說一戰就可以開拓國土幾千里，可以建立很大的功勞。可是眼下軍隊疲憊，百姓困苦，積蓄用盡，土地荒蕪，糧倉空空，周圍的諸侯不肯臣服，霸王的名聲沒有成就，這沒有別的原因，是因為謀臣沒有盡忠的緣故。

「而且我聽說，『誠惶誠恐，小心戒懼，就能一天比一天謹慎。』只要做到謹慎地選擇達到目的的途徑，就能夠統一天下。怎麼知道是這樣呢？從前，紂做天子，統率天下百萬將士，向左飲水於淇谷，向右飲水於洹河，淇谷的水喝乾了，洹河的水也不流了，用這樣眾多的軍隊和周武王對抗。武王率領穿著白色盔甲的三千將士，只經過一天的戰鬥，就攻陷了紂的國都，活捉了他本人，占據了他的土地，獲得了他的人民，而天下的人沒有誰為紂哀傷。智伯統率智、韓、魏三家的軍隊，到晉陽去攻打趙襄子，挖開晉水淹晉陽，歷經三年，晉陽將要陷落了。襄子派遣張孟談暗中出城，策動韓、魏毀棄與智伯的盟約，得到兩家軍隊的配合，去攻打智伯的軍隊，捉住智伯本人，成就了襄子的功業。現在秦國的土地截長補短，方圓幾千里，威名遠揚的軍隊幾百萬，再加上秦國號令賞罰嚴明，地理形勢有利，天下各國沒有哪個國家比得上。利用這些有利條件是完全可以統一天下的。

「我冒著犯死罪的危險，向您進獻的方略可以用來一舉拆散諸侯的合縱，攻下趙國，滅亡韓國，使楚、魏稱臣，使齊、燕來親近，使您成就霸王之業，讓四鄰諸侯都來朝拜秦國。假如大王聽了我的主張，一舉而諸侯的合縱不能拆散，趙國不能攻下，韓國不被滅亡，楚、魏不來稱臣，齊、燕不來親近，您霸王之業不能成就，四鄰的諸侯不來朝拜，大王就砍下我的頭在全國示眾，把我看作替大王謀劃而不盡忠的人吧！」

張儀「層層剝筍」的陳詞慷慨灑脫，邏輯嚴謹，秦王因此被說動，為天下的大一統拉開了序幕。

總之，恰當地運用層層剝筍術，可使我們的論證一步比一步深化，增強我們語言的說服力量。需要注意的是，運用層層剝筍法進行說服，需要在說服前，把論證方案設計得環環相扣，天衣無縫。如此一來，對方才有可能在我們的說服逐層展開的過程中「束手就擒」。

厚話黑說二十三：一不做二不休

厚黑真經

要想成功說服別人按你的意思辦事，從正面費盡口舌也不一定有效，關鍵是能「一不做二不休」，創造出一種先聲奪人的態勢，變「要他合作」為「他要合作」或「他不得不合作」。

厚黑妙用

有一次，美國洛杉磯的華裔商人陳東在香港繁榮集團購買了一批景泰藍，言明一半付現金，一半付一個月期票。交易那天，陳東卻不出面，派來兒子陳小東。一個月後，期票到期了，銀行卻退了票，幾經聯繫，陳東一推再推，後來索性不接電話了。繁榮集團這才知道上了圈套。集團老闆陳玉書說：「除非他永遠縮在美國，不在香港做生意，只要他來香港，我一定逼他把錢交出來。」陳玉書廣布眼線，終於有一天，陳東來到了香港。陳玉書馬上派人和他聯繫，並以鳥獸景泰藍優惠售價相誘，將陳東請到公司。陳玉書大腳一踹，房門大開，大喝一聲：「陳東，你上當了！」陳東這時臉色大變，彷彿吳牛喘月，但立在對面。

「你既然來了，就讓我處置你吧。」陳玉書伸出手掌問他：「我的錢呢？」「我沒欠你的錢，是我兒子欠的。」「不是你在電話裡答應，我怎麼會讓你兒子取貨？」「兒子欠債，要老子還錢，這不符合美國法律！」「這裡是香港！你今天要能走出這個門，我就不姓陳！」

「我們這些人是講道理的，對不講理的人我們總有辦法處理。你知道我是什麼人？」不等對方回答，陳玉書大聲說：「我從小在印尼就是流氓！」

俗話說：「軟的怕硬的，硬的怕橫的，橫的怕不要命的。」這時，陳東冷汗直流，用手摸摸胸口，又忙掏藥，看樣子心臟有點不妥。陳玉書對陳東說：「我們是講人道主義的，我今天要的是你還錢，否則你別想走出這個門。」陳東知道抵賴是無用的，詭計也施不上了，只得乖乖地打電話給一個珠寶商人，叫他開支票，讓他把錢匯進戶頭。

陳玉書在恐嚇時先發制人，占據了心理優勢，在對壘中取得先機，因此順利獲勝。俗語說：「先下手為強」，便是此理。

很多人一聽說要與強敵對陣，內心大都會立生恐慌，或者一見面就想臨陣脫逃，其實，這種做法等於是自甘失敗。如果你能先發制人，就可減輕這種心理壓迫。

前世界重級拳王穆罕默德．阿里，每次比賽前都要為自己寫一首讚美詩，宣誓一定要擊倒對方，然後再上場。此舉為他贏得了「吹牛大王」的稱號，其實這正是阿里特有的心理戰略。

透過宣佈自己的比賽目標，在比賽前就在心理上先給對方重重的一擊，使自己占據優勢。

在人際交往中，雖說不是刀槍相見，但存在一種心理優勢由誰取得的問題，下面介紹幾種先聲奪人的具體做法：

一．一開始便宣佈最低目標以壓制對方

對於初次見面的人，如果能給予先發制人的一擊，就可以在心理上壓倒對方。例如，一開始便宣佈此次見面的最低目標，如果你說：「今天你只要記得我的名字就行了」，或者說：「無論如何，請給我五分鐘的時間」，那麼，對方往往會接受你的暗示，感到自己至少有記住你的名字或給你五分鐘講話機會的義務，使以後的話題朝著對你有利的方向發展。

二．爭論中自己先提問題可占先機

在唇槍舌劍中，你不要老等著對手發問後，你再機械地被動應答。而首先就要反問對方，逼著對方按照你的思路去行進，這樣起碼從心理上你就首先贏得了勝利。

三．讓對方先表現禮貌而你可故意忽視禮儀

禮儀是為了那些社會地位方面存在著高低之分的人們能順利進行交流而制定的。例如，從禮節上來說，地位較低的人應該先向地位高的一方打招呼，至於進餐，則由地位較高的人先動筷子等。由此可見，禮儀其實是清楚地反映出了人與人之間的序列關係。因此，如果你來取序列較高者的行動，例如，鞠躬時讓對方先鞠躬，進餐時則要先動筷子，這樣便能占據優勢。有時候，故意忽視禮儀也是一種很重要的心理戰術。

四．比對方提前到達約定地點

當自己比約定的時間晚到時，難免會覺得很不好意思；倘若發現對方還沒到，心情就舒暢，同時也覺得很從容，看見對手的時候，心理上總有一種優越感。

五．不要主動道歉，以免處於劣勢

常常聽人說，在國外遇到車禍時，絕不要先說「對不起」。因為即使責任胡明在對方，歐美人也會認為先道歉的一方有責任。而且，此時先開口致歉的一方肯定會處於劣勢。因為「對不起」這句話會決定心理上的次序。

總之，一旦先聲奪人取得成功，占據了心理優勢，對方便有可能產生恐慌或失意，恐嚇便可大功告成。接下來就是把握住主動權的問題了。

厚話黑說二十四：曲徑方可通幽

厚黑真經

人生有許多地方需要轉彎，不能直來直往，語言表達也是如此。對於人們來說，學會語言的「軟化」藝術，委婉地說話，含蓄地表達，是厚話黑說的真本領。它能有效地避免由於生硬和直率帶來的各種弊端，讓你的人際交往更加順暢。

厚黑妙用

委婉，或稱婉轉、婉曲，是一種修辭手法。它是指在講話時不直陳本意，而用委婉之詞加以烘托或暗示，讓人思而得之，而且越揣摩，含義越深遠，因而也就越具有吸引力和感染力。委婉含蓄是說話的藝術，它體現了說話者駕馭語言的技巧，而且也表現了對聽眾想像力和理解力的信任。生活中有許多事情是「只需意會，不必言傳」的。如果說話者不相信聽眾豐富的想像力，把所有的意思和盤托出，這種詞意淺陋、平淡無味的話語不但會使人不悅，而且會使所說的話失去魅力。

劉勰的《文心雕龍．諧隱》中有一句話：「遁詞以隱意，譎譬以指事。」說話人故意說些與本意相關或相似的事物，來烘托本來要直說的意思。這是語言中的一種「緩衝」方法。儘管這「只是一種治標劑」，但它能使本來也許是困難的交往，變得順利起來，讓聽者（或看者）在比較舒適的氛圍中接受資訊。因此，有人稱「委婉」是公關語言中的「軟化」藝術。

現代文學大師錢鍾書先生，是個自甘寂寞的人。居家耕讀，閉門謝客，最怕被人宣傳，尤其不願在報刊、電視中拋頭露面。他的《圍城》再版以後，又被拍成了電視劇，在國內外引起轟動。不少新聞機構的記者，都想約見採訪他，均被錢老執意謝絕了。一天，一位英國女士，好不容易打通了他家的電話，懇請讓她登門拜見。錢老一再婉言謝絕沒有效果，他就妙語驚人地對英國女士說：「假如你看了《圍城》，像吃了一個雞蛋，覺得不錯，何必要認識那隻下蛋的母雞呢？」英國女士終被說服了。

錢先生的回話，首句語義明確，後續兩句「吃了一個雞蛋，覺得不錯」和「何必要認識那隻下蛋的母雞呢」，雖是借喻，但從語言效果上看，卻達到了「一石三鳥」的奇效：其一，是屬於語義寬泛，富有彈性的模糊語言，給聽話人以思考悟理的伸縮餘地；其二，是與外賓女士交際中，不宜直接明拒，採用寬泛含蓄的語言，尤顯得有禮有節；其三，更反映了錢先生超脫盛名之累、自比「母雞」的這種謙遜淳樸的人格之美。一言既出，不僅無懈可擊，且引人領悟話語中的深意，格外令人敬仰錢老的大家風範。

可見，委婉含蓄主要具有如下三方面的作用：第一，人們有時表露某種心事，提出某種要求時，常有種羞怯、為難心理，而委婉含蓄地表達則能解決這個問題。第二，每個人都有自尊心。在人際交往中，對對方自尊心的維護或傷害，常常是影響人際關係好壞的直接原因；而有些表達，如拒絕對方的要求，表達不同於對方的意見，批評對方等，又極容易傷害對方的自尊心。這時，委婉含蓄的表達常能獲得既完成表達任務，又維護對方自尊心的目的。第三，有時在某種情境中，例如礙於第三者在場，有些話不便說，這時就可用委婉含蓄的語言表達。

這便是說話委婉含蓄的美妙之處。

關於委婉含蓄的表達，大致有如下幾種方法：

一是仔細研究事物之間的內在聯繫，利用同義詞表達自己的思想，達到含蓄效果。

二是由外延邊界不清或在內涵上極其籠統概括的語言來表達自己的思想，達到含蓄的效果。

三是有許多修辭方式，如比喻、借代、雙關、暗示等可以達到含蓄的效果。

四是有些事情，不必直接點明，只需指出一個較大的範圍或方向，讓聽者根據提示去深入思考、尋求答案，可達到含蓄的效果。

五是透過側面回答一些對方的問題，可以達到含蓄的效果。

在有求於人時，委婉地說話更能體現出「曲徑方可通幽」之美。

委婉地向對方求助就是不直接出面，而是繞開對方可能不應允的事情，選一個臨時想出的虛假目的作幌子，讓對方答應，等對方進入圈套以後，你的目的就達到了。現實生活中這樣的例子很多。

美國《紐約日報》總編輯雷特身邊缺少一位精明幹練的助理，後來他把目光瞄準了年輕的約翰．海。而當時約翰剛從西班牙首都馬德里卸任外交官職，正準備回到家鄉伊利諾州從事律師業。

打定主意後，雷特就請約翰到聯盟俱樂部吃飯。飯後，他提議請約翰．海到報社去看看。坐在辦公桌前，雷特從許多電訊中間找到了一條重要消息。那時「恰巧」負責國外新聞的編輯不在，於是他對約翰說：「請坐下來，為明天的報紙寫一段關於這則消息的社論吧。」約翰自然無法拒絕，於是提起筆來就寫。社論寫得很棒，雷特看後大加讚賞，於是請他再幫忙頂缺一個星期、一個月……漸漸地乾脆讓他擔任了這一職務。約翰就這樣在不知不覺中放棄了回家鄉做律師的計畫，而留在紐約做新聞記者了。

由此可以得出一條求人辦事的技巧：委婉地向對方求助。

在運用這一策略的時候，要注意的是：在誘導別人的時候，首先應當引起別人的興趣。當你要誘導別人去做一些很容易的事情時，先得給他一點小勝利；當你要誘導別人做一件重大的事情時，你最好給他一個強烈的刺激，使他對做這件事有一個要求成功的希求。在此情形下，他已經被一種渴望成功的意識刺激了，於是，他就會很主動地為了獲取成功而努力。

總之，要引起別人對你的計畫的熱心參與，必須先誘導他們嘗試一下，可能的話，不妨使他們先從做一點容易的事入手，先讓他嘗到一些成功的喜悅。

假如你一見到對方就貿然地開口求他辦事，有可能會遭到斷然拒絕，陷入尷尬的境地。有些話不能直言，便得拐彎抹角地去講；有些人不易接近，就要逢山開道、遇水搭橋；搞不清對方葫蘆裡賣的什麼藥，就要投石問路、摸清底細……總之，不能直接相求的事情就應委婉地提出。

另外，使用委婉含蓄的話時要注意，委婉含蓄不等於晦澀難懂，它的表現技巧首先是建立在讓人聽懂的基礎上，同時要注意使用範圍。如果說的話晦澀難懂，便無委婉含蓄可言；如果使用委婉含蓄的話不分場合，便會引起不良後果。

第五章 實話虛著說：讓不諒解變成諒解

厚話黑說 二十五：虛情假意動心

厚黑真經

是人總是會心軟的，再冷酷無情的人也有被打動的時候。在求得別人諒解時，如果能在「情理」上找到突破口，「道理」上自然就不成問題了。

厚黑妙用

愛情是美好的，但愛情的小舟向前行駛的過程卻不是一帆風順的。其間，由於雙方性格的不同，一方言行的失當或對對方言談理解上的偏差等因素，彼此間總難免會出現一些感情上的摩擦。那麼，正暢遊在愛河之中的男性，當你心上人的芳容因這樣或那樣的原因而出現「晴轉多雲」時，你該奉送上什麼樣的乖巧話來使「多雲轉晴」呢？

一天傍晚，許琴與韓亮兩個年輕人為一件小事鬧了點彆扭。分手時，韓亮要送一送許琴，她執意不肯。韓亮回家後，雖然對許琴的舉動餘怒未消，可他對許琴怎麼也放心不下。十一點多時，許琴回到家，剛一進門，電話鈴聲就響了。她抓起電話，聽筒裡傳來韓亮的聲音：「是琴嗎？我是亮。」許琴聽出是韓亮，正要放下電話，又聽韓亮說：「琴，我回來後一直擔心你，你沒事吧？你平安到家我就放心了。」聽了韓亮的一番話，許琴只覺得心頭一熱，對韓亮再也氣不起來了，臉上的陰雲也散了。

一天晚上，杜萍萍到男友呂志豪的單身宿舍去玩，兩人一邊看電視，一邊說笑。突然，志豪抓住萍萍的手激動地說：「萍萍，妳真迷人，現在就讓我吻一下吧！」萍萍以前沒見過這陣勢，一下子羞紅了臉，用力推開志豪的手說：「我倆交往時間還不太長，請你別這樣好嗎？」志豪激動地望著萍萍說，「萍萍，我只想吻妳一下，不會有過分舉動。」說著又要拉萍萍的手。萍萍生氣了，臉陰沉得像要下雨，不客氣地說：「你再這樣，我現在就走，以後再也不見你了！」志豪見萍萍真生氣了，便把手縮回來，忙不迭地道歉：「萍萍，對不起，剛才我太衝動了，以後我會尊重妳的意願，不再讓妳為難。」萍萍見志豪態度挺誠懇，手腳也放規矩了，說：「好吧，這次我就原諒妳。」隨之兩人又如先前那般說笑起來。

在戀愛期間，彼此總會向對方提出一些合適或不合適的要求。志豪面對戀人的「最後通牒」，沒有繼續纏磨，而是迅速收起隨心所欲的韁繩，及時勒住強人所難的烈馬，說一些順從對方意願的話，從而讓笑容重新出現在女友臉上。

姜海與戀人穆敏一邊散步一邊聊天。姜海說：「敏，自從咱們交往以來，你沒讓我花多少錢，卻為我花費不少。」穆敏一聽這話，立時把臉扭到一邊，嘴也噘得老高，帶著哭腔地說：「我真行，找了個倒貼的對象。」姜海一見這情形，立即意識到穆敏誤解了自己的意思，便上前解釋說：「敏，別生氣，我真的沒有別的意思。我總覺得你不像別的女孩那樣把我當『搖錢樹』，讓男朋友花好多錢。」還沒等姜海說完，穆敏便破涕為笑了，她說：「噢，原來你是這個意思！你剛才那樣說，我還以為你在輕視我呢。」

戀愛時女孩子的心是很敏感的，常為男友一句不經意的話而浮想聯翩，自己給自己弄出些不快來。面對戀人因敏感而產生的誤解，姜海及時抓住「病因」，追本究源，給對方一個有理有據的「說法」，從而使對方消除了誤會讓感情在可能產生的危機面前峰迴路轉。

寧偉與秀慧看完電影出來，邊走邊聊，兩人都被剛才電影中男女主角充滿浪漫與激情的愛情故事迷住了。秀慧望著寧偉說：「他為了她獻出了自己的生命，你能嗎？」

「我，我……」他倆剛認識不久，寧偉不知如何回答。秀慧有點生氣了，她輕蔑地看了寧偉一眼，就往前走。寧偉和她說話，她也不搭理。她自己去街邊買了一塊哈密瓜，吃了兩口，又拿出一塊糖塞進嘴裡。寧偉問她：「哈密瓜已夠甜的了，妳為什麼還吃糖？」秀慧賭氣地說：「不甜，不甜！」聰明的寧偉聽出她的弦外之音是對自己有點不滿，覺得他們倆的愛情還不夠甜蜜，於是寧偉說：「妳是不是怪我有點自私，不願為妳付出？那妳就錯了。因為我們相處時間還太短，我輕易許諾，妳會覺得我是一個不可靠的人。愛情的果實到底甜不甜，時間長了，妳就會品味出來了。」寧偉的一番推心置腹、坦率真誠的話語把秀慧深深打動了，此時再看她臉上，「愁雲」早已無影無蹤了。

男女兩人在相處的過程中，經常會出現一些感情危機。如果學會恰當地說乖巧話讓愛人芳容開顏，感情也就能得到更好的發展了。

厚話黑說二十六：批評未必傷心

厚黑真經

常言道：「正言難入」，沒有幾個人能在別人指出後立即坦率地承認自己的錯誤。你想規規矩矩對某人提出批評或陳述對某個問題的忠告，其結果往往是不歡而散。

厚黑妙用

在提出批評時，如果能夠按照以下策略將「實話虛著說」，那麼將得到意想不到的效果。

一．先摸清楚對方的性格。

有些人討厭拐彎抹角，有的人則憎惡直言頂撞；有些話比較適合在會議當中提出，有些則適合在酒吧等非正式的場合中說明；有些事情即使是深夜也得立刻處理，有些則大可等到第二天早上再說。許多時候你也可主動地詢問對方的意見如何。

二·在提出批評以前，你應該盡其所能地緩和對方的緊張情緒。首先，你應該注意保持聲調的平穩，不要忽高忽低。等到談話開始之後，你必須先讓對方瞭解問題的嚴重性。然後，你應該讓對方瞭解這次談話的重點、大概需要花費的時間以及你希望得到的結果。緩解對方心理的方法是讓對方將注意力集中在問題的重點上。

三·避免讓對方當眾出醜。

讓對方當眾出醜是惡意攻擊的主要特徵之一。批評者往往將對方的錯誤公之於眾，唯恐有人不知道。從小我們就害怕老師將自己不及格的考卷傳給全班同學「欣賞」。這類做法必然會傷害當事人的自尊心。

四·在批評的過程中應注意將事實和意見分開。

「小張，你真懶惰。」這種評語屬於你個人的意見。「小張，你今天只處理了二十八張表格，按照規定應該是四十八張。」這句話就是事實的陳述。事實和意見有時不是那麼容易區別，尤其是由別人傳話的時候更要格外小心。受到批評的人很少會否認事實，但是他會盡力爭取相反意見的支持。不管是哪種情形，你最好要先確定自己的訊息來源正確無誤。

五·知道批評的動機何在。

在提出批評意見以前，先確定自己已經掌握了全部事實與狀況。如果你沒做好這個工作，得罪人就在所難免了。

「事實」不見得能夠改變事實，也未必能改變他人。當你「說事實」的時候，這個事實通常是主觀的事實，而「說老實話」則很可能是侮辱性言辭的前奏。為了避免一頭栽進去，你最好先再問自己一次批評的動機，看看你到底是否希望維護良好的人際關係，如果回答是肯定的，那就最好不要隨便開口。

六．弄清批評有哪些利弊。

在提出批評以前，先想想看可能有哪些好處。例如，你可以想想對方是否會因此有所改善？與對方的關係是否會更加密切？對方是否會從你的批評當中找到新視角？總而言之，如果你能發現可能帶來的好的結果，在提出批評的時候就會信心百倍，不那麼彆扭。

對有些人而言，任何批評都毫無作用，徒傷了彼此的感情，甚至引起無謂的衝突，也最終毫無結果，因為同樣的批評，他們可能已經聽過幾百遍了。那麼，你是否還有白費時間和精力再說一次的必要？若如此，你不如選擇放棄。

七．採用正激勵。

在你認為有充分的理由提出批評以後，必須問一下自己，用讚美替代批評是否能造成同樣的改變？批評不當的行為固然可能改變對方的看法，讚美適當的行為又何償不能？

八．所謂身正不怕影子歪，你要批評別人的錯誤，必須確定你不會去犯同樣的錯誤。

多數人對誰不喜歡自己都有相當敏銳的感覺。對這樣的人，機會來臨的時候，我們就可以子之矛攻子之盾。

九・在正式提出批評前要在心裡預想如何提出批評。

你必須用點時間思考你的批評內容，決定你的陳述方式，組織你的遣詞用字，必要的時候你還需要練習一下語調，決定提出討論的時間和地點，提醒自己批評的目的不在於傷害別人，而是要幫助對方改善他自己的表現，並不斷強調雙方將從這項改善中獲益。記住：良好的心理準備將讓你信心百倍。

十・選擇適當的批評時機。

在提出批評的時候你要先確定自己和對方都沒有生氣、惱怒或不耐煩的情緒。只有當對方冷靜和自信的時候，你的批評才能發揮最大作用。同樣的，你的情感狀態也會影響成功的機會。如果你在生氣的時候提出批評，對方必然認為你是小題大做。事實上，批評與接受批評都需要平靜的心態作為保證。除了情感因素的考慮之外，時間問題也不可忽視。例如，在下班前批評部屬可以避免對方因為心情惡劣而影響工作。雖然時間不好把握，然而最重要的是當機立斷，向對方提出批評，避免他繼續犯錯。

十一・利用私下場合提出批評。

原則上，我們應該在公共場合讚美別人，在私下場合提出批評。處理不當很容易引起軒然大波。想想看，如果總經理怒氣沖沖地對他的秘書說：「叫某某五分鐘內到我辦公室來，我有話說。」如此，全公司上下必然都竊竊私語，而當眾受辱的人很容易因此而拒絕與總經理的任何溝通。

十二・正面評價別人的貢獻。

批評別人時盡可能做到客觀公正。要做到這點，你必須對正面與負面的情形平衡地加以陳述。關於這點有兩種不同的思考路線，一種是先讚美對方的優點，另一種則是先批評他的缺點。前者的問題出在對方通常無法盡情地沉醉在你的稱許當中，因為他正著急地等待你的批評。後者的缺點則是通常我們一批評別人就很容易沒完沒了，結果即使你回過頭來讚美對方，他可能已經氣得聽不進去。因此，無論你決定採取何種模式，最後都要盡量做到兩全其美，皆大歡喜。

十三・引導他人自我批評。

主動批評別人不是批評的唯一方法，重要的是我們必須學會引導他人自我批評，這是許多老師經常採用的教學方法。例如，在學生預先演練完一篇演說之後，老師經常會問學生以下幾個問題：「你對自己的表現是否滿意，哪些毛病是你事先沒有料想到的？如果還能再來一次，你會做哪些改變？」每當我的同事朋友循著這個模式進行自我批判時，評語總是那麼中肯。通常人們都相信自己的反省，勝過相信別人的批評。

十四・批評的隱蔽性策略。

批評是沒辦法的辦法，因此應盡可能地以解決問題來取代批評。解決問題需要相關人等正面與合作的態度。在批評之前，你應該重申雙方有共同的目標，應該找出替代方案以獲得雙贏的結局。對於任何可能的替代方案，你都應該持成熟開放的態度。

十五・批評別人可以利用求助的方式掩飾你的批評。

這種批評方式最適合於你的上司和同事。在「討論問題」的時候，你可以用委婉的口氣提出你的不滿和批評。

厚話黑說二十七：拒絕卻不寒心

厚黑真經

人際交往不會永遠一帆風順。有時自己提出的要求被人拒絕，有時不得不拒絕一些熟人、朋友、親戚向自己提出的要求。只是由於人情關係、利害關係等，很難說出一個「不」字。聰明人這時會繞個圈子，進行「婉拒」，即委婉地加以拒絕，而讓對方明白意思。它能使你輕鬆地說出「不」字。

厚黑妙用

一七九九年，年輕的拿破崙．波拿巴將軍在義大利戰場取得全勝凱旋。從此，他在巴黎社交界身價倍增。也成為眾多貴婦追逐青睞的對象。

然而，拿破崙對此卻並不熱衷。可是，總有一些人硬是緊追不放，糾纏不休。當時的才女、文學家斯達爾夫人，幾個月一直在寫信給拿破崙，想結識這位風雲人物。

在一次舞會上，斯達爾夫人頭上纏著寬大的包頭布，手上拿著桂枝，穿過人群，迎著拿破崙走來。拿破崙躲避不及。於是，斯達爾夫人把一束桂枝送給拿破崙，拿破崙說道：「應該把桂枝留給繆思。」

然而，斯達爾夫人認為這只是一句俏皮語，並不感到尷尬。她繼續有話沒話地與拿破崙糾纏，拿破崙出於禮貌也不好生硬地中斷談話。

「將軍，您最喜歡的女人是誰呢？」

「是我的妻子。」

「這太簡單了，您最器重的女人是誰呢？」

「是最會料理家務的女人。」

「這我想到了，那麼，您認為誰是女中豪傑呢？」

「是孩子生得最多的女人，夫人。」

他們這樣一問一答，拿破崙也達到了拒絕的目的。斯達爾夫人也知道了拿破崙並不喜歡自己，於是作罷。

小王畢業到一個小公司上班，起初很失意，成天和一幫哥們喝酒、打牌。後來逐漸醒悟過來，開始報名參加公務人員考試。

有一天晚上，他正在埋頭苦讀，突然一通電話打過來叫他去某哥們家集合，一問才知道他們

「三缺一」。小王不好意思講大道理來拒絕他們的要求，也不想再像以前沒日沒夜地玩了，便回答說：「哎呀，哥們，我的酸手藝你們還不清楚啊，你們成心讓我『進貢』嘛，我這個月的薪水都快見底了，這樣吧，一個小時，就打一個小時，你們答應我就去，不答應就算了。」一陣哄笑後，對方也不好食言，後來他們都知道小王已經另有他事，也就不再打擾了。

再如，一九七二年五月二十七日凌晨一點，美蘇關於限制戰略武器的四個協定剛剛簽署，季辛吉就在莫斯科一家旅館裡向隨行的美國記者團說明情況，當他說到「蘇聯每年生產的導彈大約二百五十枚」時，一位記者問：「我們的情況呢？我們有多少潛艇導彈在配置分導式多彈頭？有多少『民兵』導彈在配置分導式多彈頭？」季辛吉回答說：「我不太肯定正在配置分導式多彈頭的『民兵』導彈有多少。至於潛艇，我的苦處是，數目我是知道的，但我不知道是不是該保密的。」一個記者連忙說：「不是保密的。」季辛吉反問道：「不是保密的嗎？那你說是多少呢？」記者們都傻眼了，只好嘿嘿一笑了之。

繞著圈子拒絕別人，是討人喜歡的一種說話方式。但繞圈子必須做到不討人厭，也就是說必須巧妙，三言兩語能夠把拒絕的意見表達出來。如果繞了半天，對方還是一頭霧水，那就弄巧成拙了。那麼，到底怎樣才能既拒絕別人，又不得罪別人，不影響你們之間的關係呢？

一・說「不」之前先傾聽

拒絕對方之前先要認真地傾聽。比較好的做法是：請對方把困難與需要講得更明白一些，自己才知道如何幫他。接著表示你瞭解他的難處，若是你設身處地，也一定會如此。

傾聽有幾個意義：傾聽能讓對方有被尊重的感覺，在你婉轉表明自己拒絕他的立場時，就能夠有效避免中傷他，不會讓人產生你在應付他的感覺。

如果你拒絕對方的原因是自己的工作負荷過重過繁，傾聽可以讓你清楚地界定對方的要求是不是你能承受的。

有時候聽了他的意見，你會發現協助他有助於提升自己的能力並增長經驗。這時候在兼顧目前工作的原則下，犧牲一點自己的休閒時間來幫助對方，對自己的職場生涯肯定有幫助。

二．說「不」的態度要柔和而堅定

傾聽完了，確定自己不能幫助對方時，就要柔和而堅定地說「不」，而不要模糊不清，更不能因為礙於面子而違心地先答應對方。或許你懷有僥倖心理，認為自己可以幫忙，或者你認為他自己能解決，到時候就不會找你麻煩了。這種想法千萬不可有。試想，如果你先答應，但到時不能遵守諾言，而且也耽誤了對方尋找別的途徑，你又如何對得起對方呢？到時候一切已成定局，恐怕你怎麼道歉，也無法挽回什麼，尤其是你們之間的友誼！所以，當你仔細傾聽了朋友的要求，並認為自己應該拒絕的時候，說「不」的態度必須是柔和而堅定的。

三．幽默周旋

羅斯福還沒有當選美國總統時，曾在海軍擔任要職。一天，一位好友由於好奇向羅斯福問起海軍在加勒比海一個小島上建設基地的情況。羅斯福謹慎地向四周看了看，小聲說：「你能保密嗎？」「當然能，誰叫咱們是朋友呢？」朋友挺有誠意地回答。「我也能，親愛的。」羅斯福一邊說，一邊對朋友做鬼臉，兩人頓時相視而笑。

可見，如果以幽默的方式拒絕，氣氛會馬上鬆弛下來，彼此都不會感到不快。

四．替代拒絕

有一位老人問他隔壁的小男孩：「小明，你是願意把梨子給伯伯吃，還是願意把可樂給伯伯喝？」因為小明這時一手拿著雪梨，一手拿著可樂。沒想到不到五歲的孩子竟說：「你快去，伯伯，我媽媽那兒還有！」

有人請你看一場電影而你並不感興趣，你怕直說會掃他的興，你不妨提別的建議來表示你的拒絕：「謝謝，不過今晚的籃球聯賽已進入決賽，我們還是看籃球賽吧，怎麼樣？」

當別人向你提出某種要求時，他們往往透過迂迴婉轉的方式，繞個大彎子再說明自己的本意，如果你在他談到一半時就知道了他的意圖，並清楚自己不能滿足他的要求時，不妨把話題岔開，說些別的。讓他知道這樣做會讓你為難，他也就不會自討沒趣了。

五．反彈拒絕

這種方法是別人以什麼樣的理由向你提出要求，你就用什麼理由進行拒絕，讓對方啞口無言。

在《帕爾斯警長》這部電視劇中，帕爾斯警長的妻子出於對帕爾斯的前程和人身安全著想，企圖說服帕爾斯中止調查一位大人物虐殺自己妻子的案子。最後她說：「帕爾斯，請聽我這個做妻子的一次吧。」他卻回答說：「是的，這話很有道理，尤其是我的妻子這樣勸我，我更應該慎重考慮。可是你不要忘記了這個壞蛋親手殺死了他的妻子！」

六．藉口拒絕

當一個你並不喜歡的人邀請你去看電影時，你可以有禮貌地說：「我老爸要我回家練球呢！」這種說法隱藏了個人想法，而用其他原因作為藉口，從而減輕對方的失望和難堪。

朋友、家人、親戚找你辦事，對於那些自己深感頭痛又無能為力的事情，拒絕他人總是令人難以開口，進而使自己處於左右為難的境地。所以，學會拒絕也是對自己的一種保護。的確，拒絕別人是件容易傷害感情、導致尷尬局面的事情，但在生活中如果注意話語的含蓄和否定的策略，就可以避免這些情況的發生，使生硬的否定也有一副溫柔的面孔，從而在輕鬆愉快的氣氛中完成拒絕任務。

厚話黑說 二十八：道歉要顯誠心

厚黑真經

與人交往，難免不得罪人，有時甚至會給人家帶來精神上的巨大痛苦和經濟上的巨大損失。

如果能及時地糾正錯誤，誠懇地向人家道歉，並主動承擔責任，一般情況下，總是能獲得他人的好感。倘若你發現自己錯了，又不及時向別人道歉，甚至千方百計地找藉口為自己辯解，其結果不但得不到別人的諒解，相反還會受到道德上的譴責和人格、形象上的損害，使你失去朋友、失去友誼。道歉真誠與否不僅是衡量一個人認錯的真實性的標誌，也是一個人獲得尊重、贏得友情的能力的體現。

厚黑妙用

一七五四年，華盛頓競選維吉尼亞議會議員，但一個叫威廉·佩思的人反對他競選。據說，華盛頓與佩思在關於選舉問題的某一點上發生了激烈的爭論，他說了一些冒犯佩思的話。佩思把華盛頓一拳打倒在地。華盛頓的部下馬上趕了過來，準備替他們的長官報仇。華盛頓當場予以阻止，並勸他們返回營地。

第二天一早，華盛頓請他到一家小酒館去談話。佩思如約到來，他是準備來進行決鬥的，但令他感到驚奇的是，他看到的不是手槍而是酒杯。

華盛頓說：「佩思先生，犯錯乃人之常情，糾正錯誤是件光榮的事。我相信昨天我是不對的，你已經在某種程度上得到了滿足。如果你認為到此可以解決的話，那麼請握我的手——讓我們交朋友吧。」

佩思由此成為一個堅決擁護華盛頓的人。

在日常生活中，人難免有做錯事的時候，與人交往也難免會說錯話。如果你的言行因不慎而給他人帶來了精神上的巨大痛苦和經濟上的巨大損失，你就應該及時地向對方承認錯誤，真心道歉，以求得對方的諒解和寬恕。要成功地向人道歉必須把握以下幾個要領：

一．道歉的態度要真誠

美國學者蘇珊．傑考比說：「在我最初的記憶中，母親對我說，在說『對不起』時，眼睛不要看地上，要抬起頭，看著對方的眼睛。這樣人家才會明白你是真誠的。我母親就這樣傳授了良好的道歉藝術：必須直率。你必須不是在假裝做其他的事情。」道歉並非恥辱，而是真摯和誠懇的表現。隋朝時，隋文帝要將辛檀斬首，刑部侍郎趙綽說：「按照法律，辛檀不應斬首，我不敢奉詔！」隋文帝很生氣，對趙綽說：「你愛惜辛檀，就不愛惜自己嗎？」遂命令左僕射高熲將趙綽斬首。趙綽說：「陛下寧可殺臣，不得殺辛檀！」趙綽被押到朝堂，剝去衣服，準備斬首，隋文帝又派人對趙綽說：「你究竟想怎樣？」趙綽回答：「執法一心，不敢惜死！」隋文帝聞後一驚，心有所動，便命令放了趙綽。第二天，隋文帝向趙綽公開道歉，並對他勉勵了一番。

學會道歉，檢討自己，糾正錯誤，是一種美德和值得尊敬的事。因此不必躲躲閃閃，羞羞答答，但也不必誇大其詞，一味往自己臉上抹黑，那樣，別人不僅不會接受你的道歉，反而會覺得你虛偽。

二．道歉一定要及時

即使不能馬上道歉，日後也要找準時機及時表示自己的歉意。被評為「時代的鼓手」的聞一多先生，早年曾是「新月派」詩人，和魯迅作過對。後來，當他發現自己錯了時，魯迅先生已經逝世了。於是他便藉紀念魯迅先生的大會，當眾表示了自己對魯迅先生的深深歉意。他說：「反對魯迅先生的還有一種自命清高的人，就像我自己這樣的一批人。」講到這裡，他忽然轉過頭去，望著牆上掛著的魯迅像，鞠了一躬，然後說：「現在我向魯迅懺悔：魯迅對，我們錯了。當魯迅受苦受難時，我們都正在享福。如果當時我們都有魯迅那樣的硬骨頭精神，哪怕只有一點，中國也不會像現在這樣了。」對於聞一多這種坦誠直率的品德，與會者無一不報之以熱烈的掌聲。可見，及時道歉，在很大程度上可以彌補言行不當所帶來的不良後果。

三·換個場合道歉

當然，如果你覺得道歉的話說不出口，或者是由於某種場合的特殊性不便說出口，不妨用別的辦法來替代一下也可以。比如，送一束鮮花，或者做一個動作，遞一個眼神等。在一次宴會上，邱吉爾先生和他的夫人面對面坐著。這時，人們看見邱吉爾先生的一隻手在桌子上來回移動，兩根手指向著夫人的方向彎曲，便問邱吉爾夫人：「您丈夫為什麼這樣若有所思地看著您？他那彎曲的手指來回移動又是什麼意思呢？」邱吉爾夫人解釋說：「在離家之前，我倆發生過小小的爭吵，現在他正在承認過錯，用彎曲的手指向我道歉呢！」

我們都知道，道歉不是一件容易的事，不是一句簡單的「對不起」。有時候，道歉時不僅你得拋下面子，被道歉的人也會覺得不好意思，不接受吧，好像不給你面子，接受吧，好像他自己也「沒面子」，所以道歉還必須採用一些婉轉的方式來使對方自然地接受。

在道歉的時候，還可以稱讚對方，讓對方獲得一種自我滿足感，知道自己是正確的，別人是錯誤的，這樣能輕而易舉地獲得對方的諒解。

當你惹朋友生氣時，需要真誠道歉，但道歉也要講究時機的選擇。我們很難想像，幾十年以後的「對不起」能對當初的錯誤產生什麼彌補作用。所以，道歉要善於把握適當的時機，最好選在對方心平氣和、心情較好的時候，你在道歉的同時，再加上對對方的真誠問候或祝福，對方一定更容易接受你的道歉，與你握手言歡，而不至於拒絕接受道歉使你感到尷尬。

厚話黑說 二十九：走出困境用心

厚黑真經

面對困境，只有透過巧妙有效的溝通，才能消除誤解、化解抱怨，修復已造成的裂痕。

厚黑妙用

古時候，一個叫彭玉麟的官員，有一次路過一條狹窄的小巷。一個女子正在用竹竿晾曬衣服，一不小心竹竿掉了下來，正好打在彭玉麟的頭上。彭勃然大怒，指著女子破口大罵起來。

那女子一看，認出是當地武將彭玉麟，不禁冷汗直冒。但她猛然間急中生智，便正色道：「你這副腔調，像行伍裡的人，這樣蠻橫無理。你可知彭宮保就在我們此地！他清廉正直，愛民如子，如果我去告訴他老人家，怕要砍了你的腦袋呢！」

彭玉麟一聽這女子誇讚自己，不禁喜氣上升，而且又意識到自己的失態，馬上心平氣和地走了。

曬衣女子失手掉落竹竿，打在彭玉麟頭上，可謂無意卻很湊巧。所幸曬衣女尚能認識他，而且能夠急中生智，採用美譽推崇的方式來把他誇獎一番。她裝作不知道對方是誰反而斥責對方蠻橫無理，並且誇彭玉麟清廉正直，說向彭告狀會治他的罪。這並非「當面」誇獎，卻勝過當面誇獎，說得彭玉麟心裡美滋滋的：自己在民間居然有這麼好的吏治聲譽，絕不應該為這些許小事而損害形象。他幡然醒悟之後，便轉怒為笑，一場眼看要爆發的爭吵就這樣巧妙地化解了。

曬衣女子的這一招的確高明，一頂恰到好處的「高帽」往往能澆滅對方的怒火。因為維護自己在別人心目中的好形象是每個人本能的選擇，在一番恭維話面前，誰還有心情去生氣呢？

人們都希望自己在別人心目中能有好的名聲，又經常不敢相信別人當面的誇讚，害怕這種誇讚是逢場作戲，而在私下裡頗有微詞。這時一種特殊的「拍馬屁」手段就派上用場了，這就是「故作不識誇對方」。像上面例子中的女子，就很好地用了這種方法，讓「父母官」高興的同時，也給自己免了一災。

傳說當年康熙皇帝微服私訪，到了太原地界，找一家客店住了下來。店家起初看他也就是一個財主，讀過一些書，帶著兩個僕人來這裡辦事，也就沒有特別地關照。誰知當天晚上，店家睡覺之前上茅廁，路過這個「財主」的房門時，聽到裡面說道：「把朕的御扇拿來，這裡真是太熱了，沒法比家裡，睡覺還有人打著扇。」

這店家也是讀過幾天書的，他心裡想：朕、御扇，這不是皇帝才能用的嗎？難道這位客官真的是當今皇上？想到這裡，他不禁嚇出了一身冷汗。

第二天康熙很早就起床活動身體了，待到走出屋門一看，見大門大敞著，過了一會兒，店家睡眼惺忪地從他的房裡出來了，見到康熙忙作揖道：「客官，起這麼早啊？」

康熙很納悶：「店家，我還以為你這麼早就出去了呢，原來才起床啊。那你這院門怎麼不關？不怕晚上遭賊麼？」

店家聽了呵呵笑道：「客官，當今皇帝治理國家有聲有色，我們小民有什麼小冤屈，他老人家聽說了都要親自過問呢。尤其派到太原來的知府大人，更是沒得說，沒兩年把這裡治理得夜不閉戶、路不拾遺。我這客店的門現在是愛關不關，就是忘了，讓它大敞著一宿，也不會有事的。」

康熙高興極了，等到回宮之後，馬上傳旨嘉獎山西巡撫和太原知府，還賞了那個店家白銀五千兩。

康熙是我國歷史上少有的賢明皇帝，連他對自己的天下都沒有那麼自信，因此要微服私訪來看看這天下到底是怎麼樣的。店家就是利用了他微服私訪這個特點，假裝不認識他，然後對他治理天下的成就大大讚揚了一把，博得了皇帝的歡喜，也彌補了自己怠慢皇帝的過失。

人們在交際處世中，常常會有不小心說錯話、做錯事的情況，誰都免不了言語失誤。儘管有些是無心引起的失誤，但畢竟影響是不好的。那麼，言語失誤就一定不能補救了嗎？答案是否定的。我們完全可以採取一定的措施來彌補這種不良的影響。當然，這種以白補黑終顯灰，並不是包醫百病的靈方妙藥，看看別人的例子，藉以得到啟迪，對我們走出困境的尷尬來說，或許有所益處吧！

一．巧妙地借題發揮

據說，司馬昭與阮籍有一次同上早朝，忽然有侍者前來報告：「有人殺死了母親！」放蕩不羈的阮籍不假思索便說：「殺父親也就罷了，怎麼能殺母親呢？」此言一出，滿朝文武大譁，認為他「抵觸孝道」。阮籍也意識到自己言語的失誤，忙解釋說：「我的意思是說，禽獸只知其母而不知其父，殺父就如同禽獸一般。殺母呢？就連禽獸也不如了。」一席話，竟使眾人無可辯駁，阮籍避免了殺身之禍。其實，阮籍在失口之後，只是使用了一個比喻，就暗中更換了題旨，然後借題發揮一番，巧妙地平息了眾怒。

可見，以喻說理，確是解脫不慎之言帶來的窘境的有效手段。

二．坦率地承認錯誤

被譽為「小旋風」的流行歌手林志穎，一次有人問及他對「四大天王」的看法和對郭富城的印象，林志穎故作詼諧道：「四大天王我不知道。郭富城嘛，他是我爸爸吧？」一語既出，舉座譁然，人們紛紛指責他不知天高地厚。後來，他為補救失誤，重塑自我形象，在接受採訪時，坦然表示：「說那樣的話我深感遺憾。我願公開向郭富城道歉。」至此，這場所謂「林氏名言」的風波才算平息下去。

善於彌補自己言語失誤，及由此帶來的不良影響，可以使我們在人際交往中減少許多不必要的負面影響，塑造自己的有利形象。

厚話黑說 三十：應對糾纏攻心

厚黑真經

面對十分難纏的人，再有理由的解釋都是不管用的。為了為我所用，要毫無顧忌地使些手腕、耍些技巧，把說服過程變成降服過程。

厚黑妙用

在談判桌上，經常會有一些難纏的談判對手，他們會藉由各種手段，使你同意那些你不應該答應的事。這些人可以被分為幾類，我們可以採取對「人」下藥的方式來對他們逐個擊破。

一．迅速擺脫情緒主宰型的對手

有些談判對手的確刁鑽難纏，一旦和自我相關的問題被觸及（或者是由另一方對手所出），則看不清重要的事物。

這時你要記住：某些有經驗而又有效率的難纏談判對手，知道由情緒主導所致的談判結果，往往不能掌握住要點。他們一察覺自己已經不能清晰地思考，就會暫時離開，直等到他能克制自己的情緒才再回到談判桌，但是其他的難纏人物往往只讓情緒來主導全域。

那些習慣性任由情緒主宰的談判對手，往往會沉不住氣，通常，若你仍能保持客觀和理性，而對手方寸已亂，可以使你處於有利的地位。若你碰到一個機會，可以刺激你的對手，而對方正好是一個自我意識優先、理性其次型的人物，你可能可以贏回在前面談判所輸的部分。

二·迅速擺脫自我驅使型的對手

有些自我驅使型的談判者喜歡炫耀其財富。他們炫耀他們昂貴的服飾、汽車、珠寶，吹噓他們的豪華假期、奢華巨邸、高品味生活。這類人以金錢當作衡量個人價值的尺度。

其中有些人是揮霍無度，有的卻是以談判最終達成的數字來反映他們的人格特質。你可能不得不做一些價格上的讓步，使他們感受到和現金相關的勝利，才能達成協議，結束談判。你可以利用以下方法，使自我驅使，專注金錢的談判對手忽略其他的要點：

（一）很有說服力地去強調對方可能因無法達成協議所造成的收入損失。也就是強調損失的收入和獲利機會。

（二）提供現金的誘因，以使協定能夠達成。理想的狀況是使這些誘因可達成或接近事先所設定的價格目標。

（三）強調因協議拖延一段時日或沒有你的產品或服務，會使成本提高，此即強調現金上的損失或客戶的流失。「各退一步」的方式可能對你不利，尤其是當你面對的談判對手，是需要「現金退讓」以滿足他獲勝的感覺的人時。所以在第一次出價中即保留做出退讓的空間，而當你面對的是一位自我意識驅使，以金錢為焦點型的人物時，你需要保留的退讓空間要比平常更大。

三・迅速擺脫言辭攻擊型的對手

有些人會用以下的手法贏得你的讓步，譬如，直呼你的名字、質疑你的能力，或對你所穿的衣著品頭論足，聽起來他們像是最難纏又傲慢的談判對手，你應該遵循的法則非常簡單。

不管對方做言語上的攻擊是想謀取戰略上的利益，或者只是內心根深蒂固的自傲心理在作祟，這都不重要，而你所要傳遞出的訊息是：「這個嚇唬不了我。」「這不像是你會做的。」這時你要記住，保持冷靜會使傲慢的對方對你印象深刻，因為這類人常想藉此試探你，保持冷靜，可以使你贏得對方的敬意，而且獲得較佳的談判結果。

深呼吸，告訴自己，對方不能使你同意你不想同意的事情，然後告訴他：

「這不像是你的為人。」

「我不瞭解你為什麼說這麼失格的話，讓我們回到原先我們討論的地方。」

「好吧！我還是認為我們能達成合理的協定，我相信你也如此認為。」

「我不期望聽到這些，剛才我們說到哪裡了？」

「你平常不會這樣說的，到底怎麼了？」

另外，你還要牢記以下三個步驟：

一·微笑而不被激怒。

二·重回到原先談判中止的地方。

三·把最強的要點盡可能保留到最後，而表示出你希望雙方受益的態度。

難纏的對手多種多樣，以上介紹的方法只要融會貫通，舉一反三，就能迅速擺脫難纏的對手。

第六章 趣話逗著說：讓不愉快變成愉快

厚話黑說 三十一：詼諧化解尷尬

厚黑真經

在日常生活中，常有人由於不慎而使我們身處窘境，我們也常因為失言而出現一些小紕漏，引起對方嘲笑或不滿。此時，如果我們想從窘境中脫身而出，不妨借用幽默的力量，就可達到妙「口」回春的效果。

厚黑妙用

有一次，英國上院議員里德在一篇演講將近結束時，聽眾都很認真地望著他，都在傾耳聽著每一個字，但就在這時候，突然有一個人的椅腳斷了，那個人跌倒在地上。如果這時在臺上演講的不是像里德這樣靈巧的人，恐怕當時的局面會對演講產生一種破壞性的影響。但是聰明的里德馬上說：「各位現在一定可以相信，我提出的理由足以壓倒別人。」就這樣，他立刻就恢復了聽眾的注意，而那個跌倒的人也在別人善意的笑聲中，找到了一個新座位。一句幽默的話使雙方都從窘迫的情形中脫身而出，里德就這樣獲得了滿堂彩。

如果我們不得不拒絕別人的非分要求，不妨採用一點幽默來達到自己的目的。有一次，法官布洛肯布魯請約克遜將軍把他的軍事秘密告訴他。布洛肯布魯原是將軍的好友，將軍不想拒絕他的請求，怕使他難堪，而同時又覺得告訴他不好，於是他便這樣應付：「法官大人，你能絕對保守秘密嗎？」將軍問。

「將軍閣下，那當然，我想我是能夠的。」

「那麼，法官大人，我也能夠。」將軍答道。

法官聽了這種很巧妙的拒絕，心中不但沒有感到不高興，而且覺得很有趣。許多年以後，每當他們兩個回憶起這件事的時候，都覺得很有意思。

如果我們面臨不好回答的問題，而又不能以「無可奉告」進行簡單地說明，不妨找句幽默的話一笑百了。

處在窘境中的人就像站在懸崖上，前面是深淵後面是追兵。這時幽默語言引發的笑聲，就像突然生出的翅膀，能把人帶出這個進退維谷的地方。

在生活中，不僅別人常使我們身處窘境，我們自己也常因失言而導致尷尬場面出現。那麼，我們該如何化解失言後的尷尬呢？

有一位先生在宴會上見一位老先生與一位年輕小姐動作親密，就湊過去說：「先生，您的女兒真漂亮！」沒想到老先生的臉一下子就沉了下來，冷冷地說：「你錯了，她是我妻子！」此時，這位先生為他的失言感到很尷尬，一時無所適從。

如果你碰到如此尷尬的場面，你會怎麼辦？在人際交往中，誰都難免觸犯別人的忌諱，令自己處於尷尬的境地。如果不及時彌補，將會貽笑大方或者使局面不堪收拾。在這種境況下，怎樣說話讓自己擺脫尷尬，不僅需要臨危不亂的心理素質，更需要高超的說話技巧。為了使自己的失誤能夠及時得以補救，創造良好的人際關係和心境，就要掌握必要的方法。

方法一：就地取材

當在特定的環境中，說錯了話或做錯了事，又沒有別的辦法可以彌補時，不妨順著這個既定的話題大作文章，就地取材，看當時情境中有沒有可在自己的話中借用的事物，盡量把自己的失誤往美好吉祥的一面解釋。

在湖北農村有個風俗習慣，家裡來了貴客，以雞蛋為敬。有位老漢來妹妹家作客。剛巧在外地讀書的外甥女也在家，她主動為舅舅燒火煮蛋。誰知端到桌上，她舅舅拿著筷子遲遲不吃。她媽一看，糟了，舅舅碗裡是六個雞蛋。這是當地人最忌諱的，它的諧音是「祿斷」。媽媽責怪女兒說：「你怎麼能給舅舅六個雞蛋呢？你知道念起來是什麼音嗎？」

女兒畢竟是聰明人，一下子明白了含義。怎麼辦呢？她腦子一轉，從容不迫地說：「您怎麼那樣看呢？依我看，一個雞蛋一個橢圓體，滿滿的紅心白肉。六個雞蛋象徵舅舅已經穩穩妥妥、圓圓滿滿地度過了六十個春秋。這就是福，合起來就是有福有祿。我再敬舅舅一個雞蛋。」

說著從自己碗裡夾過一個雞蛋給舅舅，說：「等到舅舅七十歲生日時，我再來敬雞蛋，祝舅舅健康長壽。」

一席話，說得舅舅眉開眼笑，尷尬煙消雲散。

方法二：轉移目標而言他

失言後，為自己打圓場最主要的是不刻意迴避掩飾。如果是細枝末節的問題，不妨用轉移目標或話題的辦法，轉移別人的注意力；如果別人已有所覺察而問題並不嚴重，稍微解釋一下即可；如果性質較嚴重而且已引起了別人的不快甚至反感，就要立刻當場予以解決，拖得越久，結果越不好。

方法三：借題發揮

如果你說錯了話，確實很難挽救，不妨借題發揮一下，有意地凸顯錯處，藉機大作文章，為自己的話找到最佳效果的解釋。這種方法就妙在一個「借」字，難在一個「發揮」上，借什麼樣的「題」，如何發揮，這就是關鍵所在。借題發揮得好，就會輕鬆走出尷尬境地。一個應屆大學生去一家合資公司求職，一位負責接待的先生遞過名片，大學生神情緊張，匆匆一瞥，脫口而出：「滕野拓先生，您身為日本人，拋家別舍，來華創業，令人佩服。」那人微微一笑：「我姓滕，名野拓，是地道的中國人。」

大學生頓時面紅耳赤，無地自容。幸好，反應得快，短暫的沉默後，連忙誠懇地說道：「對不起，您的名字讓我想起了魯迅先生的日本老師——藤野先生。他教給魯迅許多為人處世的道理，讓魯迅受益終身。今天我在這裡也學到了難忘的一課，那就是『凡事認真』，希望滕先生在以後的工作中能時常指教我！」滕先生面帶驚喜，點頭微笑，最後這位大學生如願以償地被錄用了。

方法四：將錯就錯

不經意間，錯話說出口，有時不便於及時更正，不如有意在錯的地方大作文章，讓聽者隨之進入新的情境中，從而使自己順利走出尷尬境地。

當然，如何化解尷尬的局面還得靈活變通、針對問題具體分析，切不可死搬硬套，下面是日常生活中需要注意的幾點：

一．並非所有的尷尬都能立即化開，切忌「猶抱琵琶半遮面」刻意進行掩飾，最好是公開道歉，用你的坦率、真誠贏得他人的諒解。

二．太緊張的時候別急於說話，等稍微放鬆一下，想清楚了再說。

三．答話和問話時，不該省略的話切忌隨便省略，否則你本無此意卻讓人聽著難以接受。

四．談話時切忌單向思維，因為既是談話，就要考慮雙向溝通，你只按自己的思維模式去對話，難免會出現不合拍的現象。

厚話黑說三十二：軟釘子扎「刺頭」

厚黑真經

有的人蠻橫無理，卻又總是強詞奪理。對付這種人既硬不得，又軟不了。而在這個時候，只有「趣說」才能達到有理、有力、有節的反擊效果。

厚黑妙用

有一天，在擁擠喧鬧的百貨大樓裡，一位女士忿忿地對售貨員說：「幸好我沒有打算在你們這兒找『禮貌』，在這兒根本找不到！」

售貨員沉默了一會兒說：「你可不可以讓我看看你的樣品？」

那位女士愣了一下，笑了。

售貨員的幽默，打破了與顧客間的僵局。

幽默的語言往往給人以詼諧的情趣，又使人在笑意中有所領悟，幽默往往是緩解緊張、祛除畏懼、平息憤怒的最好方法。

一個可憐的、莊嚴的省議員覺得受到了別人的侮辱，他頓時怒氣沖天。他迫不及待地想報復，但一時又找不到什麼方法，結果，他的行為舉止好像一個小學生在遇到同樣困難時的舉動一樣幼稚。這時，小學生往往是去找老師告狀，要求老師去懲罰他的敵人，這個議員則是去主席那裡申訴。

這個議員找的是麻省省議會的主席柯立芝。這個議員所受的委屈使他相信柯立芝一定會替他當場主持公道的，但是，柯立芝卻以一種非常幽默的口氣對付過去了。

糾紛是這樣引起來的：當一個議員在做一篇很漫長的演講時，他覺得對方占用的時間太長，就走到對方跟前低聲說：「先生，能不能請你快點……」話未說完，那個正在演講的議員便回過頭來，用嚴厲的口氣低聲呵斥他道：「你最好出去。」然後仍舊繼續其演講。

於是，這個受了委屈的議員走到柯立芝面前說：「柯立芝先生，你聽見某某剛剛對我說的話了嗎？」

「聽見了，」柯立芝不動聲色地答著，「但是，我已經看過了有關的法律條文，你不必出去。」

這種回答實在是太聰明了。柯立芝把那位議員的憤怒當成了玩笑，他不讓自己捲入這種兒童式的爭吵的漩渦中，就是因為他能看出這種無聊的爭吵的幽默之處。

機智的人不僅善於以局外者的身分化解他人的爭吵，而且更善於化解在與人交往時因發生矛盾而出現的僵局。

在跟「刺頭」打交道時，往往把事情弄得很緊張、很嚴重，能在這種白熱化的僵局中看出其中所包含的幽默成分，這樣便能鎮定自若，超然物外。有了這種心理素質，便可巧妙地避免麻煩、糾紛。如果柯立芝或是那位售貨員對於爭吵也採取一種較真的態度，那對於大家又有什麼好處呢？無非是更加激化兩方面的爭吵。而由於採取了一種幽默的態度，柯立芝便可以緩解那種大傷感情的糾紛，那位售貨員也巧妙地批評了那位女士的無禮，從而制止了雙方進一步的爭論。

美國作家魯特克先生在《幽默人生》一書中指出，在人生的各種際遇中，幽默是人際關係的潤滑劑。它以善意的微笑代替抱怨，避免爭吵，使你與他人的關係變得更有意義；幽默力量能幫助你把許多不可能變為可能；幽默力量比笑更有深度，它產生的效果遠勝於咧嘴一笑。總之，幽默力量是一切奮發向上者所必不可少的力量。

幽默不僅能夠活躍談話氣氛，如果運用得好，還能在跟「刺頭」打交道時，化干戈為玉帛。就拿談判來說，一般人都會認為，談判是很莊重與嚴肅的。其實談判中運用幽默技巧，可以緩和緊張形勢，造成友好和諧的氣氛，也就縮短了雙方的心理距離，鈍化了對立感。因此，幽默能使你在談判中左右逢源，常常在「山重水複疑無路」時變得「柳暗花明又一村」。因為，談判時具有幽默心理能使你情緒良好、充滿自信，思路清晰、判斷準確。

談判中要想制伏「刺頭」，必須使自己變成「軟釘子」，進退自如，而這沒有幽默力量幫助是難以達到預期效果的。

一九五九年，美國副總統尼克森訪問蘇聯。在此之前，美國國會通過了一項關於被奴役國家的決議。赫魯雪夫在與尼克森的會談中激烈地抨擊了這個決議，並且怒容滿面地嚷道：「這項決議很臭，臭得像馬剛拉的屎，沒什麼東西比這玩意兒更臭了！」作為國家元首，這樣的場合，這樣的講話有失體面。

尼克森曾認真地看過關於赫魯雪夫的背景資料，得知他年輕時曾當過豬官，於是盯著赫魯雪夫，說：「恐怕主席說錯了。還有一樣東西比馬屎更臭，那就是豬糞。」

談判桌上，赫魯雪夫無所顧忌，出言不遜，好在尼克森幽默詼諧，暗藏機鋒。否則，兩人大吵大嚷，那麼談判就成了市井中的吵架、撒野了。

適度的幽默能夠建立良好的氣氛，讓大家精神放鬆，進一步密切雙邊關係。這樣就可以營造一個友好、輕鬆、誠摯、認真的合作氛圍，對談判雙方來說，都是具有實質性意義的。

一九四三年，英國首相邱吉爾與法國總統戴高樂由於對敘利亞問題的意見產生分歧，兩人心存芥蒂。直接原因是戴高樂宣佈逮捕布瓦松總督，而此人正是邱吉爾頗為看重的，要解決這一件令雙方都頗為棘手的事，只有依靠卓有成效的會晤了。

邱吉爾的法語講得不是很好，但是戴高樂的英語卻講得很流利。這一點，是當時戴高樂的隨員們以及邱吉爾的大使達夫．庫柏早就知道的。

這一天，邱吉爾是這樣開場的，他先用法語說道：「女士們先去逛市場，戴高樂，其他的先生跟我去花園聊天。」然後他用足以讓人聽清的聲音對達夫．庫柏說了幾句英語：「我用法語對付得不錯吧，是不是？既然戴高樂將軍英語說得那麼好，他完全可以理解我的法語的。」戴高樂及眾人聽後哄堂大笑。

邱吉爾的這番幽默消除了緊張，建立了良好的會談氣氛，使談判在和諧信任中進行。

因此，當意見不一致時，要學會運用幽默來化解，避免讓雙方進入對話的死胡同，從而化干戈為玉帛。

厚話黑說三十三：嬉笑促人自省

厚黑真經

輕鬆幽默使人身心愉悅，莊重嚴肅使人緊張慎重。如果能把莊重嚴肅的話題用輕鬆幽默的形式說出來，就可以在嬉笑怒罵中，讓對方自己說服自己，從而達到目的。

厚黑妙用

有個人想平息餐桌上的爭論，他提了一個十分意外的問題：「諸位，剛才是一道什麼菜？大概是雞！」「是的。」一位客人回答。「一定是公雞！」這人一本正經地說，「原來是雞在作祟，難怪大家要鬥起來。」說完他舉起酒杯：「來點滅火劑吧，諸位！」一場餐桌上的征戰頃刻間平息了。

要想化解困境，讓人自省，必須靈活運用幽默的方法。

作家歐希金也曾以幽默擺脫了一個困境。他在他的《夫人》一書中，寫到了美容產品大王魯賓絲坦女士。後來在一次他自己舉行的家宴中，一位客人不斷地批評他，說他不應該寫這種女人，因為她的祖先燒死了聖女貞德。其他客人都覺得很窘，幾度想改變話題，但是都沒有成功。談話越來越令人受不了，最後歐希金自己說：「好吧，那件事總得有個人來做，現在你差不多也要把我燒死了。」這句話馬上使他從窘境中脫身出來，隨後他又加上一句妙語：「作家都是他的人物的奴隸，真是罪該萬死！」

有時候，我們確實需要以有趣並有效的方式來促人自省。

據說有位大法官，他寓所隔壁有個音樂迷，常常把電唱機的音量放大到使人難以忍受的程度。這位法官無法休息，拿著一把斧子，來到鄰居門口。他說：「我來修修你的電唱機。」音樂迷嚇了一跳，急忙表示抱歉。法官說：「該抱歉的是我，你可別到法庭去告我，瞧我把兇器都帶來了。」說完兩人像朋友一樣笑開了。

提意見出於需要，把本來可以直說的話，故意不直說，卻用幽默的辦法表達，從而產生一種耐人尋味的效果。

有一個酒店老闆，脾氣非常暴躁。一天，有個客人來喝酒。客人才喝了一口，嘴裡便叫：「好酸，好酸！」

老闆大怒，不由分說，把客人綁起來，吊在屋樑上。這時來了另一個顧客，問老闆為什麼吊人。老闆回答：「我店裡的酒明明香醇甜美，這傢伙硬說是酸的，你說該不該吊？」

來客說：「可不可以讓我嘗嘗？」老闆殷勤地給他端了一杯酒，客人呷了一口，酸得皺眉瞇眼，對老闆說：「你放下這個人，把我吊起來吧！」後一個顧客回答是很機智的，他嘗到了酒酸，但不說個「酸」字，卻幽默地請老闆把自己吊起來。這樣說，顯得含蓄，既收到強烈的諷刺效果，而且顯得有藝術。

傳說漢武帝晚年時很希望自己長生不老。一天，他對侍臣說：「相書上說，一個人鼻子下面的『人中』越長，命就越長；『人中』長一寸，能活百歲。不知是真是假？」

東方朔聽了這話，知道皇上又在作長生不老夢了，臉上露出一絲譏諷的笑意。皇上見東方朔似有譏諷之意，面有不悅之色，喝道：「你怎麼敢笑話我？」

東方朔脫下帽子，恭恭敬敬地回答：「我怎麼敢笑話皇上呢？我在笑彭祖的臉太難看了。」漢武帝問：「你為什麼笑彭祖呢？」

東方朔說：「據說彭祖活了八百歲，如果真像皇上剛才說的，『人中』就有八寸長，那麼，他的臉不是有丈把長嗎？」

漢武帝聽了，也哈哈大笑起來。

東方朔是聰明的，他用笑彭祖的辦法來幽默地譏諷漢武帝的荒唐，真有些指桑罵槐的味道。這種批評，漢武帝也愉快地接受了。

一八九〇年，美國著名的幽默作家馬克·吐溫和一些社會名流參加道奇夫人的家宴。不一會，就出現了大宴會經常發生的情況：人人都在跟旁邊的人談話，而且同一時間講話，慢慢地，大家便把噪音越提越高，拚命想讓對方聽見。

馬克．吐溫覺得這樣有傷大雅，太不文明了。而如果這一時間大叫一聲，讓人們都安靜下來，其結果肯定會惹人生氣，甚至鬧得不歡而散。怎麼辦呢？

馬克．吐溫心生一計。他對鄰座的一位太太說：「我要把這場騷亂鎮下去。我要讓這場吵鬧靜下來，法子只有一個，可是我懂得其中奧妙。您把頭歪到我這邊來，彷彿對我講的話非常好奇，我就這樣低聲說話。這樣，旁邊的人因為聽不到我說的話，就會想聽我的話。我只要嘰嘰咕咕一陣子，你就會看到，談話會一個個停下來，便會一片寂靜，除了我嘰嘰咕咕的聲音外，其他什麼聲音也沒有。」

接著，他就低聲講了起來：「十一年前，我到芝加哥去參加歡迎格蘭特的慶祝活動時，第一個晚上設了盛大的宴會，到場的退伍軍人有六百多人。坐在我旁邊是某某先生，他耳朵很不靈光，有了聾子通常有的習慣，不是好好地說話，而是大聲地吼叫。他有時候手拿刀叉沉思五、六分鐘，然後突然一聲吼叫，會嚇你一跳，跳出美國。」

說到這裡，道奇夫人那邊桌上鬧哄哄的聲音小下來了。然後寂靜沿著著長桌，一對對一雙雙蔓延開來，馬克．吐溫用更輕的聲音一本正經地講下去：「在某某先生不作聲時，坐在我對面的一個人對他鄰座講的事快講完了。……說時遲，那時快，他一把揪住她的長頭髮，她尖聲地叫喚，哀求著，他把她的領子按在他的膝蓋上，然後用刺刀猛然一劃……」

到這時候，馬克．吐溫的玩笑已經達到了目的，餐廳裡一片寂靜。

馬克．吐溫見時機已到，便開口說明為什麼他要玩這個遊戲，是請他們把應得的教訓記在心頭上，從此要講些禮貌，顧念大家，不要一大夥人同聲尖叫，讓其中一個人講話，其餘的人好好聽著。大家聽了，哄堂大笑，只是個個表情都有些尷尬。

提意見從出發點來看是出於好心，但不小心就會得罪了別人。如果能把直言而實的意見變成幽默語言，同時達到既表達自己意見，又使對方在笑聲中認知錯誤，聽取你的意見的目的。

厚話黑說三十四：意料外，情理中

厚黑真經

要想達到厚話黑說的目的，就得有「口吐蓮花」的本領。趣話逗著說既需要天賦，也需要訓練，更需要技巧，而最重要的是善於製造「意料之外，情理之中」的效果。這樣才能更好地展現自己不凡的幽默能力，讓笑聲為你的個人魅力加分。

厚黑妙用

有影響力的人士之所以成功，不僅是因為他們付出了比平常人更為艱辛的努力。在實幹的基礎之上，他們或者以聰明智慧取勝；或者以勤奮儉樸發家；或者機遇適才，時勢造人；或者愈挫愈勇，以超人的毅力獲得最後的成功。

林肯、邱吉爾、愛因斯坦、卓別林、蕭伯納等人能夠成功，能夠聲譽卓著，除了意志堅強、思維敏捷、機智靈活、自信敢為外，他們還有一個利器——幽默感。

邁克是一個極富幽默感的警官，無論什麼樣的案件或難題，在他手中總能迎刃而解。所以在警署裡，他總是受到同事們的歡迎。

有一天，一位男子試圖製造一條轟動全國的新聞，便爬上紐約國際貿易中心，站在樓頂上，並做出要跳下去的樣子。他的行為很快引起了人們的關注，不一會兒，樓下圍滿了人，包括各大媒體的記者。局長和警長輪番喊話，並試圖救險，那男人總是要脅救他的員警：「別過來！誰要是敢過來，我就立刻跳下去！」僵持片刻後，邁克帶來了一名醫生，他只說了一句話，那男子便默默地走下樓去。邁克說：「我不是來抓你的，是這位醫生要我來問問你，你跳樓自殺以後，願不願意把遺體捐獻給醫院？」

一位作家寫道：幽默是一種成人的智慧，帶有一種穿透力。幽默透過會心一笑的方式彌合人際間的思想鴻溝，連接人際間的感情分界，增加人際間的信任。

在一次貿易洽談中，由於雙方都堅持自己的立場而不做任何讓步，使洽談陷入僵局。主人只好宣佈休會。用餐時，站著的主人為坐著的客人斟酒，手一抖，酒杯碰到客人的額角，竟將酒澆了客人一頭。當時情形十分尷尬，公關小姐見狀，從容地舉起酒杯，對客人說：「讓我們為雙方的共同利益和友好合作，從頭來乾一杯！」主客一愣，隨即會意地大笑。幽默拉近了雙方的距離，貿易洽談在互諒互讓的友好氣氛中又開始了。

一句得體的幽默，就讓人際關係和諧融洽，消除人際間的誤會和紛爭。因此，幽默也是一種富有感染力和人情味的人際交往傳遞藝術。一個富有幽默感的人在人際交往中通常是極富感染力的，在輕鬆自如的談吐間、在不知不覺中影響他人的態度或思想。

一個具有幽默感的人，一定會具有強大的人格魅力，因為他總能強烈地感受到自己力量的存在，所以能夠從容地應對各種尷尬困苦的窘境。英國首相溫斯頓．邱吉爾正是這樣的一個人。他不僅是一位聲名卓著的政治家、軍事家，而且也是一位機敏睿智的幽默大師。他思維敏捷，語言機智，常常用幽默的語言化被動為主動，捍衛自己和國家的尊嚴。

有一次，蕭伯納為慶賀自己的新劇本演出，特發電報邀請邱吉爾看戲：「今特為閣下預留戲票數張，敬請光臨指教。並歡迎你帶友人來——如果你還有朋友的話。」

邱吉爾看到後立即覆電：「本人因故不能參加首場公演，擬參加第二場公演——如果你的劇本能公演兩場的話。」邱吉爾善用幽默的特點由此可見一斑。

不僅在生活中如此，即便是在政治上，邱吉爾也能夠將這種智慧運用自如。邱吉爾有一個習慣，一天之中無論什麼時候，只要一停止工作就爬進熱氣騰騰的浴缸中去泡澡，然後裸著身體在浴室裡來回踱步，以事休息。二戰期間，一次，邱吉爾來到白宮，要求美國給予軍事援助。當他正在白宮的浴室裡光著身子踱步時，有人敲浴室的門。

「進來吧，進來吧。」他大聲喊道。門一打開，出現在門口的是羅斯福。他看到邱吉爾一絲不掛，便轉身想退出去。「進來吧，總統先生。」邱吉爾伸出雙臂，大聲呼喊，「大不列顛的首相是沒有什麼東西需要對美國總統隱瞞的。」看到此景的羅斯福會心一笑，也被邱吉爾的機智幽默所折服。

就是透過這樣直白坦率而又幽默的方式，邱吉爾最終贏得了美國總統的信任，讓美國和英國結成了同盟，從而幫助自己的國家走出了困境。邱吉爾的幽默是一種智慧，更是一種胸襟和力量。他曾經兩次選上英國首相，被認為是二十世紀最重要的政治領袖之一。

生活中的你，是整天一副嚴肅的表情，還是常能於妙趣橫生中化干戈為玉帛呢？幽默並不僅僅是一種單純說笑，它還是一種智慧的迸發、善良的表達，是交往的潤滑劑，更是一種胸懷和境界。幽默不僅能增加你和同學之間的友誼，更能使一些誤解得到消除。幽默就像陽光一樣，可以使這個世界變得溫暖明媚。

厚話黑說 三十五：玩詞語造笑料

厚黑真經

「笑料」製造不當，會讓對方看作無意義的「傻笑」，或不懷好意的「壞笑」。趣話逗著說的最高境界是運用巧妙的語句，化陳腐為新奇。

厚黑妙用

據說胡適先生在北大任教時，有一次給新生上課，他把孔子學說稱作「孔說」，孟子學說稱作「孟說」，他自己的學說稱作「胡說」，同學們在笑聲中感受到了這位大師的謙和。

無獨有偶。據說文化大師啟功先生在一次講演中，也曾經在自我介紹時幽自己一默。他這樣說道：「剛才你們老師給我封了許多頭銜，我實在是不敢當。我們家的祖先原來生活在東北，是滿族，古代叫做胡人。所以我今天所講都是『胡說』，同學們不必太過認真。」

這個輕鬆的開場幽默引得大家全部笑出聲來，說者和聽者的距離一下子就拉近了。

第一印象給人的影響一向都非常大。一般我們對一個人的第一印象會形成心理定式，頑固地保持很長時間，所以在雙方初次認識時的自我介紹十分重要。那麼自我介紹應該採用什麼方式呢？幽自己一默是比較好的方式。如果能夠巧而不俗地透過玩詞語來點幽默，會立即拉近自己和聽者之間的距離。

在運用這一幽默方法時，若能用上巧用「諧音」的方法，則能取得更好的效果。

諧音，是指利用語言的語音相同或相近的關係，有意識地使用語句的雙重意義，言在此而意在彼。諧音的妙用，在於能讓人把話說圓而擺脫困境，甚至化險為夷。因為許多字詞在特定場合中，用本音是一個意思，而用諧音則成了另一個意思。

據傳，從前有個宰相，他有一個名叫薛登的兒子，生得聰明伶俐。當時有個奸臣金盛，總想陷害薛登的父親，但苦於無從下手，便在薛登身上打主意。有一天，金盛見薛登正與一群孩童玩耍，於是眉頭一皺，詭計頓生，喊道：「薛登，你像個老鼠一樣膽小，不敢把皇門上的桶砸掉一只。」

薛登不知是計，一口氣跑到皇門邊上，把立在那裡的雙桶砸碎了一只。金盛一看，正中下懷，立即飛報皇上。皇上大怒，立刻傳薛登父子問罪。

薛登父子跪在堂下，薛登卻若無其事地嘻嘻笑著。皇上怒喝道：「大膽薛登！為什麼砸碎皇門之桶？」

薛登想了想，反問道：「皇上，您說是一桶（統）天下好，還是兩桶（統）天下好？」

「當然是一統天下好。」皇上說。

薛登高興得拍起手來：「皇上說得對！一統天下好，所以，我便把那只多餘的『桶』砸掉了。」

皇上聽了轉怒為喜，稱讚道：「好個聰明的孩子！」又對宰相說：「愛卿教子有方，請起請起！」

金盛一計未成，賊心不死，又進讒言道：「薛登臨時胡編，算不得聰明，讓我再試他一試。」皇上同意了。

金盛對薛登嘿嘿冷笑道：「薛登，你敢把剩下的那只也砸了嗎？」

薛登瞪了他一眼，說了聲「砸就砸！」便頭也不回，奔出門外，把皇門邊剩下的那只木桶也砸了個粉碎。

皇上喝道：「頑童！這又如何解釋？」

薛登不慌不忙地問皇上：「陛下，您說是木桶江山好，還是鐵桶江山好？」

「當然是鐵桶江山好。」皇上答道。

薛登又拍手笑道：「皇上說得對。既然鐵桶江山好，還要這木桶江山幹什麼？皇上快鑄一個又堅又硬的鐵桶吧！祝吾皇江山堅如鐵桶。」

皇上高興極了，下旨封薛登為「神童」。

諧音是一語雙關的表現形式之一。在上面這個例子中，薛登之所以能夠化險為夷，就在於他巧妙地運用了諧音把話說圓了。

一日，小君請了兩位要好的朋友到家中小坐，幾人猜拳行令，好不痛快，談及三兄弟友誼，更是情深意篤。小君掏出菸，一一給兩人點上，然後又點上自己的。誰知當他熄滅火柴扭頭準備勸酒時，卻見兩位朋友吊著臉。小君一尋思：壞了！三個人不能同時用一根火柴點菸，因一根火柴點三次火的諧音是「散夥」。

面對這尷尬的場面，小君並沒有用「對不起」、「請原諒」等客套話解圍，他一笑說：「咱們這地方都說三個人用一根火柴點菸的意思是『散夥』，我感到不對。我的解釋是三個人用一根火柴點菸是三個人不分你我，是『仨人一夥』的意思。所以今天我特意用一根火柴點三支菸，我們三人今後永遠是一夥的，有福同享，有難同當。哥兒們，你們說對不對呀！」經小君這麼一解釋，兩位朋友都樂了，「是！我們永遠是一夥的。」

小君面對尷尬的局面，遇事不慌，巧妙地用諧音解釋了詞義，反貶為褒，不僅使誤會消除了，而且加深了彼此之間的友誼。

由此可見，藉由玩詞語造笑料，用諧音來把話說圓，是一種趣話逗著說的好方式。

厚話黑說三十六：順杆爬出彩頭

厚黑真經

說出去的話，潑出去的水。對方是無法否認自己的說法的，只要順勢推演一番，以謬制謬，以錯糾錯，趣話逗著說的效果就會油然而生。

厚黑妙用

當我們面對固執己見的人，直接反駁其錯誤會有諸多的不便，而最有效、最巧妙的方法當屬歸謬說服方式了。

歸謬的說服方式就是指在說服他人的過程中並不直接反駁對方的錯誤觀點，而是抓住對方觀點中隱蔽的荒謬點，加以推衍，或由此及彼，或由小到大，或由隱到顯，最後得出一個荒謬可笑的結論，從而攻破對方錯誤的論點。這種順言逆意的說辯謀略，在邏輯上屬於引申歸謬，雖帶有某種諷刺意味，但多屬善意的，能使對方知難而退，從而達到軟性說服的目的。

運用歸謬方式使說服對象認識原來觀點的錯誤，還可採用這樣一套方式，即先提出一些問題讓對方談自己的見解，即便對方說錯了，也不要急於直接指出，而要不斷地提出補充的問題，誘導對方由錯誤的前提推到顯然荒謬的結論上，使之不得不承認其錯誤，然後再設法引導他隨著你的正確的思維邏輯，一步一步通向你所主張的觀點，達到勸導說服的目的。

魯迅的文章尖銳犀利，諷刺國民黨的封建文化常採用這一手法，最經典的便是笑斥「男女大防」。

民國時期一個地方官僚禁止男女同學、男女同泳，鬧得滿城風雨。魯迅先生幽默地說：「同學同泳，皮肉偶爾相碰，有礙男女大防。不過禁止以後，男女還是一同生活在天地中間，一同呼吸著天地間的空氣。空氣從這個男人的鼻孔呼出來，被那個女人的鼻孔吸進去，又從那個女人的鼻孔呼出來，被另一個男人的鼻孔吸進去，淆亂乾坤，實在比皮肉相碰還要壞。要徹底劃清界限，不如再下一道命令，規定男女老幼，諸色人等一律戴上防毒面具，既禁空氣流通，又防拋頭露面。這樣，每個人都是……唔！唔！」魯迅先生一面站起來，模擬戴著防毒面具走路的樣子。當時逗得大家笑得前俯後仰，事後又引起大家深深的思索。這固然是由於他採取了諷刺和幽默的形式，更重要的，還因為他揭開了矛盾，把大家的思想引導到事物內蘊的深度。

還有一次是魯迅擔任廈門大學教授時，校長常常克扣教學經費。這錢不能花，那錢沒有預算，再一筆錢又可以不花。老是這樣刁難師生，弄得大家意見很多。

這天，校長又決定把經費削減一半。他把各研究院的負責人和教授們召集起來。一說出削減方案，馬上遭到教授們的反對。大家說：「研究經費本來就少得可憐，好多科研項目不能上馬，正進行的一些研究工作也日子難熬，不能往縱深發展。再說，許多研究成果、論著因沒錢不能印刷，再削減經費怎麼得了？不行，不行！」校長根本不認真傾聽教授們的意見，他強詞奪理，說：「對於經費問題，你們沒有發言權。學校是有錢人掏錢辦的，只有有錢人才可以發言，在這個問題上應充分重視有錢人的意見。」

校長話音剛落，魯迅霍地起身，從長衫裡摸出兩個銀幣：「啪」的一聲放在桌上，說：「我有錢！我有發言權！」接著，他力陳經費只能增加不能減少的道理。論據充分，思路嚴密，無懈可擊，駁得校長啞口無言，只得收回主張。教授們勝利了。

魯迅先生在這裡巧妙地將校長所說的「錢」（即財富，廣義的錢）偷換成一分兩分的零花錢的狹義的「錢」，從而以兩個銀幣的「錢」為引子提出了自己的理由，使校長無話可說。巧以對方的謬論「有錢人才有發言權」，將自己的「小錢」掏出來拿到發言權，既詼諧，又諷刺，又能把意見表達出來，魯迅不愧為一代大文豪。

以謬制謬實際上是攻守易位，是將對方的觀點為我方所用，再用對方觀點攻對方，即攻和守的角色轉換。

典藏中國：

01	三國志--限量精裝版	秦漢唐	定價：199元
02	三十六計--限量精裝版	秦漢唐	定價：199元
03	資治通鑑的故事--限量精裝版	秦漢唐	定價：249元
04-1	史記的故事	秦漢唐	定價：250元
05	大話孫子兵法--中國第一智慧書	黃樸民	定價：249元
06	速讀二十四史--上下	汪高鑫李傳印	定價：720元
08	速讀資治通鑑	汪高鑫李傳印	定價：380元
09	速讀中國古代文學名著	汪龍麟主編	定價：450元
10	速讀世界文學名著	楊坤　主編	定價：380元
11	易經的人生64個感悟	魯衛賓	定價：280元
12	心經心得	曾琦雲	定價：280元
13	淺讀《金剛經》	夏春芬	定價：210元
14	讀《三國演義》悟人生大智慧	王　峰	定價：240元
15	生命的箴言《菜根譚》	秦漢唐	定價：168元
16	讀孔孟老莊悟人生智慧	張永生	定價：220元
17	厚黑學全集【壹】絕處逢生	李宗吾	定價：300元
18	厚黑學全集【貳】舌燦蓮花	李宗吾	定價：300元
19	論語的人生64個感悟	馮麗莎	定價：280元
20	老子的人生64個感悟	馮麗莎	定價：280元
21	讀墨學法家悟人生智慧	張永生	定價：220元
22	左傳的故事	秦漢唐	定價：240元
23	歷代經典絕句三百首	張曉清 張笑吟	定價：260元
24	商用生活版《現代36計》	耿文國	定價：240元
25	禪話•禪音•禪心禪宗經典智慧故事全集	李偉楠	定價：280元
26	老子看破沒有說破的智慧	麥迪	定價：320元
27	莊子看破沒有說破的智慧	吳金衛	定價：320元
28	菜根譚看破沒有說破的智慧	吳金衛	定價：320元
29	孫子看破沒有說破的智慧	吳金衛	定價：320元
30	小沙彌說解《心經》	禾慧居士	定價：250元
31	每天讀點《道德經》	王福振	定價：320元
32	推背圖和燒餅歌裡的歷史	邢群麟	定價：360元
33	易經：現代生活的智慧	孫三寶	定價：280元
34	《傳習錄》白話本	姜波	定價：330元
35	《史記》故事導讀	姜波	定價：340元
36	《資治通鑑》故事導讀	姜波	定價：300元

37　厚黑學全集【參】厚黑心術　李宗吾　定價：300元
38　《碧巖錄》中的100大智慧　于水音　定價：280元
39　入骨相思知不知—醉倒在中國古代情詩裡　維小詞　定價：300元
40　厚黑學全集【肆】厚黑之道　李宗吾　定價：320元

李宗吾 原著 定價：300元

李宗吾 原著 定價：300元

李宗吾 原著 定價：300元

世間學說，每每誤人，惟有厚黑學絕不會誤人，就是走到了山窮水盡，當乞丐的時候，討口，也比別人多討點飯。厚黑學這種學問，原則上很簡單，運用起來卻很神妙，小用小效，大用大效。知己而又知彼，既知病情，又知藥方。讀過中外古今書籍，而沒有讀過李宗吾「厚黑學」者實人生憾事也！

——林語堂

李宗吾 簡介

李宗吾(1880--1943)，四川富順人，自幼聰明好學，博覽群書。他思想獨立，崇尚自由，富有懷疑和批判精神，敢於質疑和顛覆已有的結論和定見。1912年，他在成都《公論日報》連載《厚黑學》，大膽揭穿中國歷史上英雄豪傑成功的秘密，語言諷刺辛辣，觀點驚世駭俗，讀者譁然，轟動四川乃至全國。1934年，《厚黑學》單行本在四川和北京同時出版，成為當時的暢銷書。

國家圖書館出版品預行編目資料

厚黑學全集. 肆. 厚黑之道 / 李宗吾 作 姜波 譯--
一版. -- 臺北市：廣達文化, 2013.9
面；公分. --（典藏中國：40）（文經閣）
ISBN 978-957-713-530-8(平裝)
1. 應用心理學 2. 成功法

177　　　　　　　　　　　　　　102013381

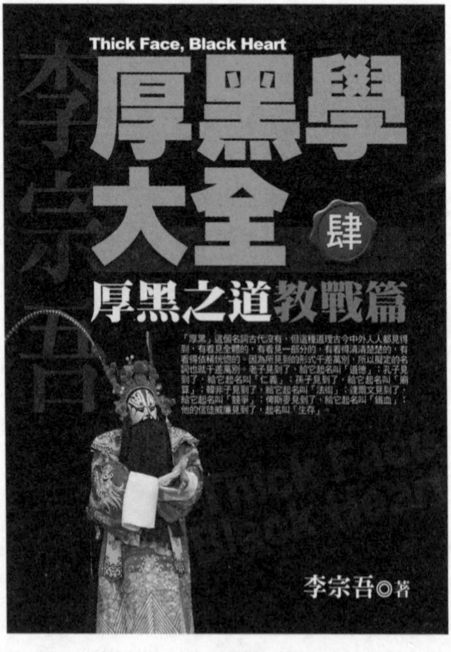

書山有路勤為經
學海無涯苦作舟

厚黑學全集【肆】厚黑之道

作者：李宗吾
編譯者：姜波
叢書別：典藏中國 40
文經閣 編輯室 企畫出版
出版者：廣達文化事業有限公司
Quanta Association Cultural Enterprises Co. Ltd
編輯執行總監：秦漢唐

發行所：臺北市信義區中坡南路 287 號 4 樓
電話：02-27283588　傳真：02-27264126
E-mail：paolinan58@gmail.com

印　刷：卡樂印刷排版公司
裝　訂：秉成裝訂有限公司
上　光：全代上光有限公司

代理行銷：創智文化有限公司
23674 新北市土城區忠承路 89 號 6 樓
電話：02-2268-3489　傳真：02-2269-6560

CVS 代理：美璟文化有限公司
電話：02-27239968　傳真：27239668

一版一刷：2013 年 9 月
一版二刷：2019 年 12 月
定　價：300 元

書山有路勤為徑

學海無崖苦作舟

文經閣

書山有路勤為徑

學海無崖苦作舟

文經閣